憲法の基本〔第3版〕

小泉洋一
＋
倉持孝司
＋
尾形　健
＋
福岡久美子
＋
櫻井智章
［著］

法律文化社

第３版はしがき

本書は，初版が2008年，第２版が2011年に出版されたが，ありがたいことにさらに多くの読者を得ることができ，今回，第３版を出版することとなった。

今回は，これまでと同様，憲法の初学者を主な対象として，憲法の全体を網羅し，学説・判例の展開を取り込みつつ，平易な記述をするよう心がけるとともに，必要に応じて，内容を最新のものと差替えた。執筆者も，新たに櫻井智章氏（甲南大学法学部教授）に加わっていただいた。また，判例は，これまでと同様に，読者の便宜を考慮して，長谷部＝石川＝宍戸編『憲法判例百選Ⅰ・Ⅱ〔第６版〕（別冊ジュリスト）』（有斐閣，2013年）から優先的に引用することとした。

本書の改訂作業を進めていた頃，憲法問題が俄然注目を浴び，憲法論議が毎日のニュースで伝えられるというような政治情勢が展開した。その発端は，2014年７月１日の「閣議決定」であったが，憲法論議は，憲法第９条を中心にしつつ，「立憲主義」という言葉が頻繁に用いられるなかで行われることとなった。このようなことは，未だかつてなかったことだと言えるだろう。他方で，選挙権年齢が18歳に引き下げられ，240万人の新たな有権者が誕生することとなった。こうして，憲法学習の重要性はますます高まってきている。幸いにして版を重ねることができた本書が，市民のみなさん，とくに新有権者のみなさんの憲法学習に少しでも貢献するところがあれば，こんなにうれしいことはない。

今回の改訂作業は，法律文化社の上田哲平氏の全面的なご支援・ご協力を得ながら進められた。感謝を申し上げる。

2015年７月16日

執筆者を代表して　　倉持孝司

第２版はしがき

初版を発行して以来，国籍法を違憲とする最高裁大法廷判決など重要判例が相次いだ。また，裁判員裁判が始まり，政権交代も起こった。そこで，憲法を勉強する読者に少しでも新しい内容をも理解していただくため第２版を発行することにした。そのため，第２版では，判例を差し替えるなどして内容を最新の状況に改めるように努めた。あわせて，誤記を改め記述の重複もなくした。

それに加えて，初版の「はしがき」で示した，学習者のための「工夫」も充実させることにした。記述をより理解しやすいように修正したこと，各章末にある自学自習の課題を初学者の学習により有益なものに代えるとともにその数を増やしたこと，図表も増やしたことが，その試みである。また，第２版では，新しい重要判例については各年度の『重要判例解説（ジュリスト臨時増刊）』（有斐閣）から引用することにした。これも，判例の『憲法判例百選Ⅰ・Ⅱ（別冊ジュリスト）』（有斐閣）から優先的な引用を採用した初版と同様，読者への配慮による。

本書が多くの読者に読まれてきたことは執筆者としてうれしい限りである。さらに幸いなことに，初版には多くの方々からご教示も賜った。また第２版の発行にも多くの方々とりわけ法律文化社の小西英央氏にはたいへんお世話になった。あわせてここにお礼申し上げたい。

引き続き本書を通じて多くの方々が「憲法の基本」を学ばれるように祈ってやまない。

2011年１月

執筆者一同

はしがき

昨年は日本国憲法施行60周年であった。「だからこそ」というべきか，「だが」というべきかは知らないが，とにかく日本国憲法をめぐる状況は変化し続けている。一方で，在外邦人選挙権訴訟の最高裁判所大法廷判決など重要な憲法判例が積み重ねられ，他方で日本国憲法の改正手続に関する法律が制定されたことを想起すれば，それは明らかであろう。

さらに最近の状況で目立つこととして，法科大学院発足に前後する頃から，高等教育機関における法学教育の質がますます問われるようになったことがある。それは憲法教育についても同様であり，質の高い憲法教育が求められるようになった。

こうした状況を踏まえ，われわれは，憲法に関する現況の全体像を初学者にもわかりやすく示す概説書として本書を執筆した。それに際し，われわれは何よりも読者の正しい理解と学習を促すように心を砕いた。本書で，各章の冒頭に学習内容を把握できるようにしたこと，理解を助ける図表を適宜掲げたこと，各章末には「まとめてみよう」と「考えてみよう」として読者の自学自習課題を示したことなどに，そうした工夫を感じていただければ幸いである。なお，「まとめてみよう」は，基本的に本書の記述のみから読者が答えられる課題である。これに対して，「考えてみよう」は本書の記述を超えた発展的な課題であり，これに取り組むときには他の文献も参照することを読者に勧めたい。もし考え方がわからない場合，身近に憲法の先生がいれば質問するのもよいだろう。

また，本書では多数の重要判例も解説した。しかも，高橋和之・長谷部恭男・石川健治編『憲法判例百選Ⅰ・Ⅱ〔第５版〕(別冊ジュリスト)』(有斐閣，2007年）から，その引用を優先的に行った。これは同書が読者にとって入手が容易であり，かつ大学の講義でもよく参照されているからである。

このような本書から多くの読者が憲法に関する理解を深められることをわれわれは切に願う。

われわれが本書を執筆するにあたり，多くの憲法研究者の研究成果を参照させていただいたことはいうまでもない。ただし，本書が初学者を対象としていることから学説の注記は一切省いた。この点，諸先生，諸学兄のご寛容を乞いたい。

最後に，本書を企画していただいた法律文化社前社長の岡村勉氏に心よりお礼申し上げる。あわせて，出版に至るまでお世話いただいた同社編集部の尾﨑和浩氏にも感謝申し上げたい。

2008年3月

執筆者を代表して

小泉　洋一

目　　次

第2編　基本的人権

第3編　統治機構

コラム目次

重要判例一覧

凡　　例

◆法　令

本文中に出てくる法令名は，以下の略記を用いる。但し，日本国憲法については条文番号のみとし，他の法律と混同し判別しづらい場合にのみ「憲」と表記する。

イラク特別措置法	イラクにおける人道復興支援活動及び安全確保支援活動の実施に関する特別措置法
海上輸送規制法	武力攻撃事態における外国軍用品等の海上輸送の規制に関する法律
議院証言	議院における証人の宣誓及び証言等に関する法律
行政情報公開	行政機関の保有する情報の公開に関する法律
行組	国家行政組織法
行訴	行政事件訴訟法
クローン技術規制法	ヒトに関するクローン技術等の規制に関する法律
刑	刑法
警	警察法
刑事収容	刑事収容施設及び被収容者等の処遇に関する法律
刑訴	刑事訴訟法
刑訴規	刑事訴訟規則
皇経	皇室経済法
公選	公職選挙法
皇典	皇室典範
国際緊急援助隊法	国際緊急援助隊の派遣に関する法律
国民保護法	武力攻撃事態等における国民の保護のための措置に関する法律
国際人道法違反処罰法	国際人道法の重大な違反行為の処罰に関する法律
個人情報	個人情報の保護に関する法律
国会	国会法
国公	国家公務員法
雇保	雇用保険法
裁	裁判所法
災害基	災害対策基本法
自	自衛隊法
自治	地方自治法
児童買春	児童買春，児童ポルノに係る行為等の処罰及び児童の

	保護等に関する法律
周辺事態法	周辺事態に際して我が国の平和及び安全を確保するための措置に関する法律
食品	食品衛生法
所税	所得税法
生保	生活保護法
船舶検査活動法	周辺事態に際して実施する船舶検査活動に関する法律
男女雇用機会均等法	雇用の分野における男女の均等な機会及び待遇の確保等に関する法律
地公	地方公務員法
地税	地方税法
通信傍受法	犯罪捜査のための通信傍受に関する法律
テロ対策特別措置法	平成十三年九月十一日のアメリカ合衆国において発生したテロリストによる攻撃等に対応して行われる国際連合憲章の目的達成のための諸外国の活動に対して我が国が実施する措置及び関連する国際連合決議等に基づく人道的措置に関する特別措置法
特定公共施設利用	武力攻撃事態等における特定公共施設等の利用に関する法律
独禁	私的独占の禁止及び公正取引の確保に関する法律
内	内閣法
破防	破壊活動防止法
PKO 等協力法	国際連合平和維持活動等に対する協力に関する法律
風営	風俗営業等の規制及び業務の適正化等に関する法律
武力攻撃事態対処法	武力攻撃事態等における我が国の平和と独立並びに国及び国民の安全の確保に関する法律
米軍行動関連措置法	武力攻撃事態等におけるアメリカ合衆国の軍隊の行動に伴い我が国が実施する措置に関する法律
捕虜取扱い法	武力攻撃事態における捕虜等の取扱いに関する法律
明憲	大日本帝国憲法（明治憲法）
薬	薬事法
民	民法
民訴	民事訴訟法
民訴規	民事訴訟規則
労基	労働基準法
労組	労働組合法
労調	労働関係調整法

◆条　約

本文中で挙げる条約名は，以下のような略記を用いる。

日米安保条約	日本国とアメリカ合衆国との間の相互協力及び安全保障条約
対日平和条約	日本国との平和条約
日米安保共同宣言	日米安全保障共同宣言
人種差別撤廃条約	あらゆる形態の人種差別の撤廃に関する国際条約

◆裁判所の判決・決定等

本文中で挙げる判決・決定等は，以下のような略記を用いる。

最大判（決）	最高裁判所大法廷判決（決定）
最判（決）	最高裁判所小法廷判決（決定）
高［支］判（決）	高等裁判所［支部］判決（決定）
地［支］判（決）	地方裁判所［支部］判決（決定）
簡判（決）	簡易裁判所判決（決定）

◆判例集

本文中で挙げる判例の出典は，以下のような略記を用いる。

民（刑）集	最高裁判所民事（刑事）判例集
行集	行政事件裁判例集
訟月	訟務月報
裁時	裁判所時報
労民	労働関係民事裁判例集
判時	「判例時報」（判例時報社）
判自	「判例地方自治」（ぎょうせい）
判タ	「判例タイムズ」（判例タイムズ社）

◆判例解説書

学習の便宜を考慮して，本書で取り上げた重要判例等が定評のある下記の判例解説書に所収されている場合は，その巻数および項目番号を略記にて明示した（例：【百選Ⅰ－96】【平21重判－憲1】）。

長谷部恭男・石川健治・宍戸常寿編『憲法判例百選Ⅰ〔第6版〕（別冊ジュリスト）』（有斐閣，2013年）

長谷部恭男・石川健治・宍戸常寿編『憲法判例百選Ⅱ〔第6版〕（別冊ジュリスト）』（有斐閣，2013年）

『平成○○年度重要判例解説（ジュリスト臨時増刊）』（有斐閣）

第 1 編

総　　論

第**1**章

憲法とは

この章で学ぶこと

「憲法」という語にはさまざまな意味・用法があるが，その中で最も重要な「近代的（立憲的）意味の憲法」について学習する。なお，日本国憲法は，「近代」憲法の系譜に属するが，同時にその「現代」的変容も反映したものになっていることから，「近代」と「現代」の課題を同時に追求するという困難に直面することとなった。また，日本国憲法制定後の新たな課題，たとえば，第二次世界大戦以降進展する国際人権保障の課題などにも注意を払う必要があることを確認する。

1　憲法とは何か

（1）「憲法」のさまざまな意味

『六法全書』を開くと最初に載っているのが「日本国憲法」である。「憲法」というと，通常思い起こすのはこの「日本国憲法」であるかもしれない。このような「憲法」という名のついた成文の文書は「憲法典」といわれ，「**形式的意味の憲法**」と呼ばれる。この「形式的意味の憲法」は，「憲法」の存在形式に着目するものであり，内容いかんとは関係がない。

これに対して，「憲法」の存在形式ではなく内容いかんに着目して，一定の内容をもつ「憲法」を「**実質的意味の憲法**」と呼ぶ。この「実質的意味の憲法」は，第1に，国家の統治の基本を定めるという内容をもった「憲法」を意味し，それは「**固有の意味の憲法**」といわれる。この意味の「憲法」は，時代を問わず国家あるところどこにでも存在する。第2に，国家権力を制限して人権を保障するという立憲主義の考え方に基づく内容をもった「憲法」を意味し，これは「**近代的（立憲的）意味の憲法**」といわれる。この意味の「憲法」

コラム① イギリスの「憲法」

「近代的意味の憲法」は，欧米における近代市民革命の成果として生まれた。

憲法史の先頭ランナーであったイギリスの場合は，名誉革命の成果が1689年権利章典に記された。国王対議会という対抗図式でいえば，ピューリタン革命では国王の首をはね共和制が試みられたこともあったが，名誉革命では議会が王位継承順位を決定し，また国王の権限を制限するという形で議会側の勝利に終わった。その際，国王を否定するのではなく，国王，貴族院および庶民院が一緒になって国を統治する，つまり王政・貴族政・民主政を統合した混合統治と呼ばれる形式がとられた。国王，貴族院および庶民院は一体となって国会（「国会における国王」といわれる）を構成し，そこに最高の立法権が帰属するとされ，これは「国会主権」と呼ばれる（つまり，国会がその都度制定する国会制定法（法律）が法的には最高の地位を占める）。

以後，イギリスの「憲法」は，「国会主権」を基本原理にして展開していくことになり，現在でも「イギリス憲法」という名のついた憲法典は存在しない。

は，欧米における近代市民革命期を経て成立する。

憲法の学習で「憲法」という場合は，「日本国憲法」をさすことが多いが，より一般的には「近代的意味の憲法」が念頭におかれている。どのような意味で「憲法」という語が用いられているかは，文脈から判断することになる（**コラム①**参照）。

「近代的意味の憲法」

「近代的意味の憲法」は，一般に，「18世紀末の近代市民革命期に主張された，専断的な権力を制限して広く国民の権利を保障するという立憲主義の思想に基づく憲法」（芦部信喜）のことをいうとされる。そして，「近代的意味の憲法」のあり方を端的に示すものとして，「権利の保障が確保されず，権力の分立が定められていないすべての社会は，憲法をもたない」とする1789年フランス人権宣言（正式名称「人及び市民の権利宣言」）16条の規定が引かれる。こうして，「近代的意味の憲法」は，権利保障と権力分立とを不可欠の内容とするとされるが，これら２つの関係は，一般に，前者が目的であり後者はそのための手段であると位置づけられるとされる（ただし，「立憲主義の思想」の核に「権力の制限」がある）。

権力分立は，国家権力の集中・濫用を防ぐために，権力を作用に応じて立法・行政・司法に分け，それぞれを異なる機関に担当させ相互の「抑制と均衡」を図ることによって，国家権力による国民の権利・自由に対する侵害を防止しようとするものである。しかし，現代において権力分立制は，実際には，①積極国家化（本書6頁）に伴い行政の役割の拡大・行政権の肥大化が進展し，行政府が国の基本政策決定に中心的な役割を果たすようになったことから「行政国家」現象が生じ（本書218頁），②政党が国家意思形成において重要な役割を果たすようになったことから「政党国家」現象がみられ，③裁判所による違憲審査制の一般化により司法権が政治部門を統制する「司法国家」現象が進展したなどとされ，「抑制と均衡」のあり方は対等な三権相互間のそれとは大きく変容していることが指摘される。また，最近は，以上で問題とされた中央政府における機能の分割を「水平的分立」と呼び，それに対して中央の政治と地方の政治との分割を「垂直的分立」と呼び，後者をどのように実現していくかが課題だとする見解が出されている。

また，国家権力を制限するという立憲主義の思想は，国民の権利・自由を守るために「人の支配」（すなわち，専断的な国家権力の支配）を否定して，法によって国家権力を拘束するという「**法の支配**（rule of law）」の原理と密接に関連しているとされる。

日本国憲法と権力分立

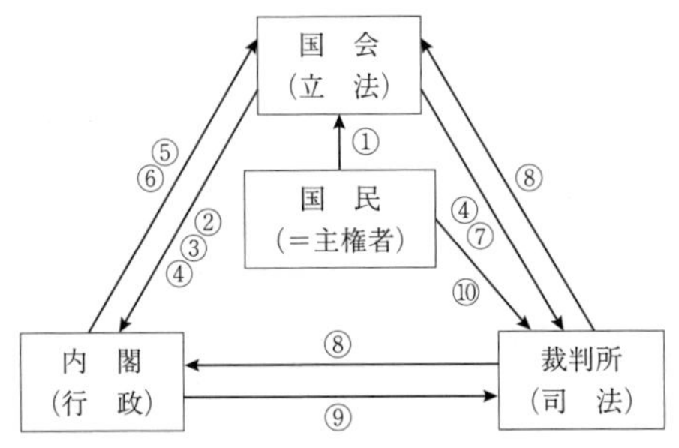

①選挙（15条1項），②内閣総理大臣の指名（67条），③内閣不信任決議（69条），④国政調査権（62条），⑤衆議院解散権（69条，7条3号），⑥国会に対する連帯責任（66条3項），⑦弾劾裁判（64条），⑧違憲審査権（81条），⑨最高裁判所長官の指名（6条2項），最高裁判所裁判官の任命（79条1項），下級裁判所裁判官の任命（80条1項），⑩国民審査（79条2項～4項）

（2）　憲法の分類

憲法はまたさまざまに分類されるが，①形式，②性質，③制定主体の観点からする分類が一般的である。

①につき，成文化されているか否かによって**成文憲法**と**不文憲法**に分類される。18世紀後半以降，成文憲法が普遍化してきており，イギリスにみられる不文憲法は例外的である。ただし，イギリスの「憲法」はまったく不文であるというわけではなく（国会制定法や判例法の形で一部成文化されている），「イギリス憲法」という形で法典化されたものがない（「形式的意味の憲法」をもたない）ということである。

②につき，改正手続が通常の法律の場合と比べて厳格なものとされているか否かによって**硬性憲法**と**軟性憲法**に分類される。この点でも，硬性憲法が一般的であり，憲法典をもたないイギリスの「憲法」が軟性憲法の例とされる。

③につき，国民が制定する**民定憲法**と君主が制定する**欽定憲法**に分類される。

以上の分類によると，日本国憲法は，①成文憲法，②硬性憲法，③民定憲法ということになる（②については，96条参照。③については，憲法前文が「日本国民は，……ここに主権が国民に存することを宣言し，この憲法を確定する」と述べている）。

2　憲法史における「近代」と「現代」

「近代」・「現代」憲法の課題と日本国憲法

憲法史上，「近代」とは，一般に，17・18世紀の市民革命期以後の歴史の段階を意味する。その段階では，自由かつ平等な個人が自由に競争し合うことを通して社会全体は調和的に発展していくとされ，その場合の国家の役割は秩序維持的なものに限定されるとされた。そのような国家のあり方は，**消極国家**とか自由国家（夜警国家）などと呼ばれ，人権論として重視されたのは，**自由権**とくに経済的自由権であり，それは不可侵のものと位置づけられた。

その後，資本主義の進展にともない富の偏在が生じ，自由かつ平等とされた個人が「社会的・経済的」な「強者」と「弱者」へと二極化したことが問題とされた。そこでは，自由かつ平等な個人が自由な競争を行うということは現実にはありえず，「強者」と「弱者」とが競争すれば利益を得るのは前者であり，後者には「貧困の自由」があるだけだなどとされた。こうしたことから，消極国家・自由国家という国家のあり方は見直され，「強者」（とくにその経済的自由権）には制限を課して「弱者」には保護を与える国家のあり方として**積極国家**・福祉国家（社会国家）がめざされることとなる。この段階は，憲法史上，「現代」と呼ばれる。ここで人権論としてとくに重視されるのは，経済的自由権が不可侵性を喪失し制限の対象とされ，同時に**社会権**という新たな人権が保障されるようになったということである。

以上は，「近代」憲法の「現代」的変容として論じられる問題の1つの局面である。第**2**章でみるように，「近代」憲法の課題の追求という点で大きな限界のあった大日本帝国憲法を経て，20世紀半ばに成立した日本国憲法は，「近代」憲法の課題と「現代」憲法の課題とを同時的に追求するものと位置づけられ，さらに成立から70年を経てその間の歴史的展開の中で新たな今日的課題に直面している（たとえば，人権の国際的保障の動向，新自由主義やグローバリズムが提起する問題など）。

3　人権の国際的保障

人権保障について，今日における特徴の1つとして人権の国際的保障の進展を挙げることができる（本書42頁）。

従来，人権保障の問題は，各国の国内問題とされてきた。しかし，とくに第二次世界大戦後は，国際平和への動きが強まるとともに，人権保障の課題を各国に任せておくだけでなく国際的にも追求しようとする動きが強まった。その背景として，「第二次大戦におけるナチズムやファシズムの残虐な戦争による人権侵害」があったことなどが指摘される。国際社会における平和の確保・維持と各国における人権保障の確保・実現とは不可分であると考えられるようになったのである。

1945年国際連合憲章は，国連の目的の１つとして「人権及び基本的自由」尊重のための国際協力をうたったが（１条），そこにみられる人権の国際的保障の最初の代表的な試みと位置づけられるのが1948年国連総会で採択された**世界人権宣言**である。そして，世界人権宣言で述べられた人権を条約で保障するものとして1966年国連総会で採択されたのが**国際人権規約**である。国際人権規約は，「経済的，社会的及び文化的権利に関する国際規約」（A 規約または社会権規約）と「市民的及び政治的権利に関する国際規約」（B 規約または自由権規約）の２つがあり，日本は1979年に批准した。しかし，日本は，個人通報制度を認めるという点で画期的な**B 規約選択議定書**を批准していない。

そのほかに，日本が批准している重要な条約として，「難民の地位に関する条約」（難民条約，1981年批准），「女子に対するあらゆる形態の差別の撤廃に関する条約」（女性差別撤廃条約，1985年批准），「児童の権利に関する条約」（子どもの権利条約，1994年批准），「あらゆる形態の人種差別の撤廃に関する国際条約」（人種差別撤廃条約，1995年批准（ただし，憲法との関係で留保が付された））などがある。今日，これら国際人権条約は，日本の国内法にさまざまな影響を与えており，たとえば，女性の人権保障のあり方を考える場合，女性差別撤廃条約を検討することは不可欠になっている。また，国内の訴訟で国際人権条約違反を主張する例もみられる。

まとめてみよう

「憲法」，「立憲主義」という語の意味・用法について整理してみよう。

考えてみよう

女性差別撤廃条約を調べ，日本国憲法と比較しながら，国内法（たとえば，男女雇用機会均等法）への影響を調べてみよう。

第**2**章
日本国憲法の成立と特色

この章で学ぶこと

第**1**章で学んだ「近代的意味の憲法」との関係で，日本の２つの憲法典，すなわち大日本帝国憲法と日本国憲法の成立と特色について整理しておこう。日本の２つの憲法典について，憲法の法的地位，誰が作ったのか，誰が主人公か，人権は保障されたか，戦争と平和についての考え方，統治機構の役割などの諸点で比較してみると両者の考え方の違いが明白になってくる。「近代的意味の憲法」と呼ばれるのにふさわしいのは，人権保障を目的とする日本国憲法である。また，日本国憲法前文についても検討しておこう。

1　日本の２つの憲法典

(1)　大日本帝国憲法の成立

世界の憲法史において，18世紀後半以降，市民革命や国家の独立，世界大戦の敗北など政治的大変動の後に成文憲法典を作るのが一般的になったとされる。

日本の場合，この政治的大変動にあたる第１のものが明治維新であったとすると，それから20年以上経った1889年に最初の成文憲法典である**大日本帝国憲法**が作られたということになる。この大日本帝国憲法の制定の背景には，一般に，徳川幕藩体制末期に欧米列強諸国との間に締結された不平等条約の改正という緊急課題の達成という事情があったことが指摘される。つまり，条約改正に応じてもらうためには，国際社会において西欧列強諸国と対等の関係をもつ独立した近代国家になることが必要であり，そのためには近代的な法制度を用意する必要があったのである。また，国内的には，1874年板垣退助らによる「民撰議院設立建白書」にはじまる**自由民権運動**の展開があったことも重要である。

政府側の憲法作りへ向けた本格的な動きは，1876年「国憲編纂ノ勅令」により元老院が「国憲」作りに着手したことにはじまる。そして，民間でも，自由民権運動を背景に，さまざまな憲法草案（**私擬憲法**と呼ばれる）が作られた。中でも植木枝盛の「日本国国憲案」や千葉卓三郎らの「日本帝国憲法」（「五日市憲法草案」として知られる）などが有名である。

しかし，実際には，政府は，憲法制定過程から国民を排除しつつ，「海外」に目を向けながらさまざまなモデルの中から選びとったドイツ・プロイセン憲法をモデルとした憲法作りを進めた。そのモデルは強力な君主権を認めたものであったことが，天皇を中心にした国作り構想と合致したのである。

（2）　日本国憲法の成立

日本で2つ目の成文憲法典である日本国憲法は，1945年敗戦という政治的大変動を経た直後に制定された。この制定過程については2つの大きな問題があった。第1は，当時連合国軍の占領下にあったことから，日本国憲法の制定は，連合国軍総司令部（GHQ）の関与の下で行われたということであり，第2は，日本国憲法は，手続的には大日本帝国憲法の改正として行われたということである。

「押しつけ憲法」

第1のGHQの関与の問題については，その後，日本国憲法は「押しつけられたもので，日本国民自らが作ったものではない」とする**「押しつけ憲法」論**として展開され，「自主憲法」制定を主張する改憲論の論拠となった。したがって，この問題は，日本国憲法成立過程をどのようにみるかということであり，次のような諸点が関連する。

①事実上無条件降伏を意味したポツダム宣言受諾に際して，当時の支配層の関心は，**「国体の護持」**（端的には，「国家機構としての『天皇』制度の存続」のこと）にあった。

②ポツダム宣言は，1945年7月26日，米・英・中三か国により発せられたが，8月8日対日宣戦とともにソ連が参加した。ポツダム宣言は，「……日本

コラム②　さまざまな憲法草案

「松本４原則」の第１は，天皇が統治権を総攬するという基本原則は変更しないというものであり，それを踏まえて「憲法問題調査委員会」が作成した「憲法改正要綱」は，「天皇ハ神聖ニシテ侵スヘカラス」（明憲３条）を「天皇ハ至尊ニシテ侵スヘカラス」と字句を変更したものにすぎなかった。

これに対して，民間のたとえば憲法研究会の案は，「日本国ノ統治権ハ日本国民ヨリ発ス」，「天皇ハ国民ノ委任ニヨリ専ラ国家的儀礼ヲ司ル」などとしていた。

このようなことから，GHQは，大日本帝国憲法の字句修正程度にとどまる改正案を「全面的に受諾しがたいもの」として拒否したのである。

国政府ハ日本国国民ノ間ニ於ケル民主主義的傾向ノ復活強化ニ対スル一切ノ障碍ヲ除去スヘシ　言論，宗教及思想ノ自由並ニ基本的人権ノ尊重ハ確立セラルヘシ」（10項），「……日本国国民ノ自由ニ表明セル意思ニ従ヒ平和的傾向ヲ有シ且責任アル政府ガ樹立セラルル」こと（12項）などの要求を含み，軍国主義の除去，基本的人権の尊重，国民主権の確立，平和的傾向を有する政府の樹立などを内容とするものであった。しかし，当時の支配層は，そのようなポツダム宣言受諾と大日本帝国憲法の全面変更の必要性とを結びつけて理解しようとはしていなかった。

③ GHQより憲法改正の示唆を受けた幣原喜重郎首相は，松本烝治国務相を長とする「**憲法問題調査委員会**」を設置した。これに対して，政党や民間団体において，さまざまな憲法草案作りが行われた。

④「憲法問題調査委員会」が「松本４原則」に沿って用意した改正案は，大日本帝国憲法の一部字句を訂正した程度のものにすぎなかった（**コラム②**参照）。

⑤これに驚いたGHQは，自ら憲法改正のリーダーシップをとることとし，マッカーサーの指示の下に憲法改正草案（GHQ草案・**マッカーサー草案**）作りに取り組んだ（1946年２月４日から10日。この作業にかかわったメンバーの１人に，ベアテ・シロタがいた（**コラム③**参照））。

⑥政府は，1946年２月13日提示されたGHQ草案の民主性に大きな衝撃を受け抵抗したとされるが結局それを受け入れざるをえず，以後GHQ草案を基に作業が進められることとなり，３月６日「憲法改正草案要綱」として国民に対

コラム③　ベアテ・シロタさん

ベアテさんは，GHQ のメンバーとして日本国憲法の草案作りにかかわった。ベアテさんは，戦前日本で生活していたことから当時の日本女性がおかれていた状況をよく知っており，戦後の日本女性にとくに必要と思われる条項を取り入れようと懸命の努力をした。そのベアテさんが，2000年参議院の憲法調査会に参考人として呼ばれた際に，次のように語った。

「……マッカーサー元帥が憲法を日本の政府に押しつけたということが言えますでしょうか。普通，人がほかの人に何か押しつけるときに，自分のものよりいいものを押しつけませんでしょう。……特に，この憲法が日本の国民に押しつけられたというのは正しくありません。日本の進歩的な男性と少数の目覚めた女性たちは，もう19世紀から国民の権利を望んでいました。そして，女性は特別に参政権のために運動をしていました。この憲法は，国民の抑えつけられていた意思をあらわしたので，国民に喜ばれました。……

いい憲法だったらば，それを守るべきではないですか。この憲法は50年以上もちました。それは世界で初めてです。今まではどんな憲法でも40年の間に改正されました。私は，この憲法が本当に世界のモデルとなるような憲法であるから改正されなかったと思います。

日本はこのすばらしい憲法をほかの国々に教えなければならないと私は思います。平和はほかの国々に教えなければなりません。ほかの国々がそれをまねすればよいと思います。」

（ベアテ・シロタ・ゴードン（参議院憲法調査会2000年５月２日））

して公表された。

⑦1946年４月10日はじめて選挙権を認められた女性が参加して総選挙が行われ，いくらかの混乱を経て５月22日吉田茂内閣が成立した。憲法改正草案は，第90回帝国議会で審議され，一部修正の上可決されたのち，枢密院で可決，11月３日公布され，６か月後の1947年５月３日から施行するとされた。帝国議会での修正には，たとえば，衆議院での審議で生存権（25条１項）が追加されたこと，あるいは参議院での審議で普通選挙の保障（15条３項）が追加されたことなど重要なものが含まれている。

これらのうち，②③④から，当時の政府は，「近代的意味の憲法」にふさわしい憲法作りを「自主的に」行うことができなかったこと，これに対して，民間でも憲法草案作りが行われ，その内容は政府案と比べはるかに進歩的なものが多かったこと，⑦から，普通選挙で選出された議会が実質的な審議を行い，その過程で先のような重大な修正が行われたことなどに着目すると，⑤にのみ重点をおいて「押しつけられた」とするのは一面的な見方であることが指摘できる。なお，GHQ が憲法草案作りを急いだ事情には，連合国の最高対日政策決定機関である極東委員会の一部に強力な天皇制廃止論があり，その極東委員会が機能し始める前に既成事実をつくり，極東軍事裁判への天皇の召喚を阻止し，天皇と皇室制度の安泰をはかろうとしたという政治的配慮があったことが指摘される。

8月革命説

第２の手続的問題は，端的に天皇主権の大日本帝国憲法から国民主権の日本国憲法への原理的転換を前者の改正ということでは説明できないのではないか，それは，改正ではなく新しい憲法の制定なのではないかという問題である。考え方として，憲法改正には何ら限界はないとする無限界説をとれば上のような問題は生じないが，一般には憲法制定と憲法改正とは区別され憲法改正には限界があるとする限界説がとられる（本書282頁）。この限界説をとると，天皇主権を国民主権に転換するというようなことは改正の限界を超えるということになり，上のような問題が生じるわけである。この困難な理論問題は，一般には「**8月革命説**」によって解決される。この説の要点は，憲法改正限界説に立って，ポツダム宣言の受諾の時点で「法的な革命」が起きそれによって天皇主権から国民主権への原理的転換が生じ，この国民主権原理に基づいて日本国憲法が新たに制定されたのだとする点にある。この説によると，日本国憲法成立が大日本帝国憲法の改正手続によったということは，その手続が「便宜的に借用された」ということにすぎず，その手続によって日本国憲法を成立させた帝国議会は実質的には憲法制定議会であると位置づけられることになる。

(3) 大日本帝国憲法と日本国憲法の特色

日本の２つの憲法をいくつかの点で比較対照してみると，次のようである。

	大日本帝国憲法	日本国憲法
①地位	国務法体系の頂点	「国の最高法規」
②制定主体	欽定憲法	民定憲法
③主人公	「万世一系ノ天皇之ヲ統治ス」	「主権の存する日本国民」
④人権	「臣民ノ権利」	「基本的人権」
⑤戦争と平和	「天皇ハ陸海軍ヲ統帥ス」	「陸海空軍その他の戦力は，これを保持しない」
⑥統治機構	天皇大権の翼賛機関	国民の人権保障のための統治機構

①地　　位

大日本帝国憲法は，国務法体系の頂点に立つものではあったが，当時，これとは別に皇室令などによって皇室に関する事項を定めた宮務法体系がありその頂点に立つのは**皇室典範**であった。大日本帝国憲法は，「将来此ノ憲法ノ条規ヲ改正スルノ必要アルトキハ勅命ヲ以テ議案ヲ帝国議会ノ議ニ付スヘシ」(73条１項) としつつ，「皇室典範ノ改正ハ帝国議会ノ議ヲ経ルヲ要セス」(74条１項) としていた。要するに，皇室典範は，皇位継承等につき天皇が定めた特別の法規範なのであった。

これに対して，後に詳しく述べるように，日本国憲法は「国の最高法規」とされている。また，戦後の皇室典範は，名称は戦前と同じであるが，性格はまったく異なり，日本国憲法の下にある通常の法律にすぎない。日本国憲法は，「皇位は，世襲のもの」としつつ，「国会の議決した皇室典範の定めるところにより，これを継承する」(２条) としているが，これは戦前の特殊な地位にあった皇室典範を否定する意味をもっている。

②制定主体

大日本帝国憲法は欽定憲法だというとき，それは天皇が作ったものだということを意味する。憲法発布勅語は，「朕カ祖宗ニ承クルノ大権ニ依リ現在及将来ノ臣民ニ対シ此ノ不磨ノ大典ヲ宣布ス」としていた。つまり，天皇が，『日本書紀』で建国の初代天皇とされる神武天皇以来の「神霊」に基づき代々引き継がれてきた「大権」によって憲法を制定したとされた。

これに対して，日本国憲法は民定憲法だというとき，それは国民が作ったものだということを意味する。日本国憲法前文は，「日本国民は，……ここに主権が国民に存することを宣言し，この憲法を確定する」としている。

③主人公

いわば国の主人公は，大日本帝国憲法の場合は天皇であり，「万世一系ノ天皇之ヲ統治ス」（1条）とされた。そして，天皇は，神聖不可侵の存在であり（3条），「国ノ元首ニシテ統治権ヲ総攬（そうらん）」するものであった（4条）。

これに対して，日本国憲法における主人公は，主権者である国民である（**主権在民**）。天皇という制度は，日本国憲法において新たに「**象徴天皇制**」として創設され，その地位は「主権の存する日本国民の総意に基く」ものとされた（1条）。

④人　　権

大日本帝国憲法は，「**臣民の権利**」について規定したが，「人権」という考え方はとっていなかった。「臣民」とは当時主人であった天皇の家来のことであり，臣民は天皇の恩恵によって一定の権利が付与された。これが，「臣民の権利」であり，「法律ノ範囲内ニ於テ」とされ必要に応じて法律等によりいかようにでも制限されうるものとされた。とくにこの点で，大日本帝国憲法は人権保障を中核とする「近代的意味の憲法」と呼ばれるのにふさわしくないものであった。

これに対して，日本国憲法は，「この憲法が日本国民に保障する基本的人権は，……現在及び将来の国民に対し，侵すことのできない永久の権利として信託されたものである」（97条。なお，11条参照）として，生まれながらの永久不可侵の人権という考え方によっている（本書40頁）。

⑤戦争と平和

大日本帝国憲法は，「天皇ハ陸海軍ヲ統帥ス」（11条），「天皇ハ陸海軍ノ編制及常備兵額ヲ定ム」（12条），「天皇ハ戦ヲ宣シ和ヲ講シ」（13条）などのように戦争を遂行することを前提とした規定をおいていた。

これに対して，日本国憲法は，前文で「政府の行為によつて再び戦争の惨禍が起ることのないやうにすることを決意」すると述べ，これを受けて9条は1

項で**戦争の放棄**（のみならず，武力の行使・武力による威嚇の放棄），２項で**戦力の不保持**および**交戦権の否認**を規定して，徹底した「武力によらない平和主義」の考え方に立っている（本書19頁）。

⑥統治機構

大日本帝国憲法は，権力分立の形式をとってはいるが，統治機構は「統治権ヲ総攬」（４条）する天皇の大権を翼賛するためのものにすぎず，たとえば帝国議会につき「天皇ハ帝国議会ノ協賛ヲ以テ立法権ヲ行フ」（５条）とし，司法権につき「司法権ハ天皇ノ名ニ於テ法律ニ依リ裁判所之ヲ行フ」（57条）とし，内閣の規定はなく「国務各大臣ハ天皇ヲ輔弼シ其ノ責ニ任ス」（55条）とした。また，地方自治に関する規定はなかった。

これに対して，日本国憲法は，人権保障を目的として，それを実現するために権力分立制を採用した統治の仕組みについて規定しており，「近代的意味の憲法」にふさわしいものとなっている（13条は，人権について「立法その他の国政の上で，最大の尊重を必要とする」としている）。なお，日本国憲法の下で裁判所の**違憲審査権**が認められたことは重要である（本書249頁）。

2　日本国憲法前文

日本国憲法の基本原理

日本国憲法に付された前文は，日本国憲法の基本的な考え方を述べたものとして重要な意義を有する。

日本国憲法前文は，冒頭で「日本国民は，正当に選挙された国会における代表者を通じて行動し，われらとわれらの子孫のために，諸国民との協和による成果と，わが国全土にわたつて自由のもたらす恵沢を確保し，政府の行為によつて再び戦争の惨禍が起ることのないやうにすることを決意し，ここに主権が国民に存することを宣言し，この憲法を確定する」として，代表民主政を基本にすることおよび民定憲法であることを述べている。また，「自由のもたらす恵沢」の確保という表現で人権尊重をうたい，「政府の行為によつて再び戦争の惨禍」が起こらないようにするという表現で平和主義をうたい，「主権が国民に存する」として主権在民をうたっており，通常これら３つを**日本国憲法の**

三大原理あるいは基本原理と呼んでいる。

また，日本国憲法前文は，「国政は，国民の厳粛な信託によるものであつて，その権威は国民に由来し，その権力は国民の代表者がこれを行使し，その福利は国民がこれを享受する」として，国民の「信託」による「国政」という基本思想を述べ，「国政」が「国民の，国民による，国民のための」ものであることを宣言した上で，これを「人類普遍の原理」と呼び，日本国憲法がこの原理に基づくものであることを確認し，「これに反する一切の憲法，法令及び詔勅を排除する」としている。

さらに，日本国憲法前文は，「平和を愛する諸国民の公正と信義に信頼して，われらの安全と生存を保持しようと決意した」として，９条の前提となる「武力によらない平和主義」の考え方を述べている。続けて，「われらは，全世界の国民が，ひとしく恐怖と欠乏から免かれ，平和のうちに生存する権利を有することを確認する」としており，これは「**平和的生存権**」の保障を述べたものだとされている。この「平和的生存権」については，その裁判規範性が日本国憲法前文の法的性格と関連して問題とされている。一般に，日本国憲法前文は，それに基づいて裁判所に救済を求めることができるという意味での法規範とは解されていないが，「平和的生存権」については，このような意味での法規範性を認めることができるとする見解が主張されている。

3　最高法規としての日本国憲法

国法秩序

日本国憲法98条１項は，「この憲法は，国の最高法規」であり憲法に違反する「法律，命令，詔勅及び国務に関するその他の行為の全部又は一部は」無効であるとして，憲法が国法秩序において最も強い形式的効力をもつとしている。つまり，憲法が形式的効力の点で国法秩序の頂点に位置し，その下に法律，命令が段階的に位置づけられることになる（段階的というのは，たとえば，憲法は法律によって具体化され，法律は憲法によって有効性の根拠が与えられ，したがって，下位の法律は上位の憲法に反することはできないということを意味する)。

ここで，**法律**とは，国会が制定する法形式のことであり，**命令**とは，行政機関が制定する法形式のことである。命令には，法律による具体的な委任に基づき定められる委任命令と，法律を執行するために必要な細則を定める執行命令とがある。また，内閣の制定する命令は「**政令**」と呼ばれる（73条6号)。**規則**には，国会の両議院が定める**議院規則**（58条2項）および最高裁判所が定める**裁判所規則**（77条1項）とがある。規則と法律との効力関係について，考え方は分かれている。問題となるのは，日本国憲法98条1項が明示的にふれていない条例と条約である。**条例**とは，地方公共団体が制定する法形式である。条例は，一般に，法律および命令よりも下位に位置するとされる。**条約**は，国家または国際組織相互間で締結され，一般に，憲法より下位にあるが法律よりも上位に位置するとされる。

第10章　最高法規

日本国憲法は，第10章の表題を「最高法規」としているが，第1に，その冒頭におかれた97条は人権の永久不可侵性を述べた条文であり，「最高法規」は次の98条1項においてはじめて述べられるという順番になっているのはなぜか，第2に，97条，98条に続く99条は憲法尊重擁護義務を規定しているが，その義務の担い手として列挙されたものの中に「国民」が含まれていないのはなぜかということが問題となる。

第1については，人権の永久不可侵性を宣言する97条は，硬性憲法（本書5頁）の建前（96条）から当然に派生する憲法の形式的最高法規性（98条1項）の実質的な根拠を明らかにした規定であると解されている。つまり，日本国憲法が形式的効力の点で「**最高法規**」であるのは，それが人権を国家権力から不可侵のものとして保障するものだからだということを示すのが97条なのである。

第2については，99条はまさにそのようにして国民の人権を守るために国家権力を制約するという「近代的意味の憲法」のあり方を示しているのであり，そのために「国民が憲法を作ってそれを国家権力に押しつけた」という考えを示したものだと解されている。したがって，そのような国家権力機構を構成する公務員に対して国民の側から**憲法尊重擁護義務**を課すという構図になるため，そのような義務の担い手に「国民」が含まれていないのは当然のことだということになる。この憲法尊重擁護義務に関して，例えば国家公務員について，国家公務員法は，「職員は，政令の定めるところにより，服務の宣誓をしなければならない」(97条）と規定し，これに基づいて「職員の服務の宣誓に関する政令」が制定され宣誓書の様式を定めている。それによると，新たに職員になった者は，次のような「宣誓書」に署名し任命権者に提出しなければならない。「私は，国民全体の奉仕者として公共の利益のために勤務すべき責務を深く自覚し，日本国憲法を遵守し，並びに法令及び上司の職務上の命令に従い，不偏不党かつ公正に職務の遂行に当たることをかたく誓います」，と。なお，国民には，人権を「不断の努力によつて，……保持」する義務が課されていることに注意を払う必要がある（12条)。

まとめてみよう

1.　大日本帝国憲法と対比しながら日本国憲法の特色を整理してみよう。
2.　日本国憲法99条は憲法尊重擁護義務を規定しているが，その担い手として誰が挙げられているかを確認し，「国民」が挙げられていない理由を整理してみよう。

考えてみよう

敗戦後，新たに日本国憲法が制定されたことの意義を，それが否定した大日本帝国憲法と対比しながら，あらためて考えてみよう。

第3章
平和主義

この章で学ぶこと

国際社会は戦争を違法化する方向での努力を重ねてきたが，1928年不戦条約や1945年国連憲章などがその足跡を示すものとして挙げられる。日本国憲法は，こうした国際社会の流れに沿ったものであるが，独自の新しい考え方を採用したものとなっている。この日本国憲法の独自性をどのように受け止めるかがまず問題となる。そして，その受け止め方の違いが，戦後日本の憲法史上最大の論点である「9条問題」となって争われてきたことを検討する。

1　日本国憲法における平和主義の特色

（1）　国際社会における戦争違法化の努力

国際社会は，長い歴史の中で戦争廃絶，戦争違法化へ向けてさまざまな努力をし，さまざまな試みを継続してきた。諸国の憲法においても，たとえば早くもフランス1791年憲法は，「フランス国民は，征服の目的でいかなる戦争を企てることも放棄」するとし，また，1928年戦争抛棄ニ関スル条約（不戦条約）は，「締約国ハ国際紛争解決ノ為戦争ニ訴フルコトヲ非トシ且其ノ相互関係ニ於テ国家ノ政策ノ手段トシテノ戦争ヲ抛棄スルコトヲ其ノ各自ノ人民ノ名ニ於テ厳粛ニ宣言ス」（1条）などとした。1919年国際連盟規約，1945年国際連合憲章なども重要である。さらに，第二次世界大戦後の諸国の憲法（フランス1946年憲法や1947年イタリア共和国憲法など）においても，戦争放棄の規定が設けられた。ただし，ここで戦争の放棄とは，侵略戦争の放棄のことであった。

（2） 日本国憲法の独自性

戦力の不保持・戦争の放棄

第二次世界大戦後に制定された日本国憲法も国際社会の戦争違法化の流れに沿ったものであると位置づけることができるが，日本国憲法はそれらとは異なる独自性をもっている。つまり，第**2**章で検討した日本国憲法前文に示された「**武力によらない平和主義**」の考え方に基づいて，それを具体化するために9条が設けられたが，同条は，第1に，1項で戦争（「武力の行使」，「武力による威嚇」を含む）を放棄するとともに，第2に，2項で戦力の不保持，交戦権の否認を規定しているのである。日本国憲法の独自性は，この9条2項が規定する戦力不保持に際立った形で表現されている。なお，国際連合憲章も，加盟国に対して軍事的解決を原則として禁止しているが，安全保障理事会が陸海空軍による軍事的措置をとることを予定している（42条）などの点で日本国憲法の考え方とは異なっている。

『あたらしい憲法のはなし』

日本国憲法9条の原点を示すものとしてしばしば引用されてきた，1947年文部省が当時の中学生用教科書として作成した『あたらしい憲法のはなし』の一節をここでも引用しておくことにする。

「……そこでこんどの憲法では，日本の国が，けっして二度と戦争をしないように，二つのことをきめました。その一つは，兵隊も軍隊も飛行機も，およそ戦争をするためのものは，いっさいもたないということです。これからさき日本には，陸軍も海軍も空軍もないのです。これを戦力の放棄といいます。……もう一つは，よその国と争いごとがおこったとき，けっして戦争によって，相手を負かして，自分の言い分をとおそうとしないということをきめたのです。……これを戦争の放棄というのです」，と。

このように，「戦争の放棄」に先立って「戦力の放棄」が取り上げられていたことが注目される。

日本国憲法前文は，「平和を愛する諸国民の公正と信義に信頼して，われらの安全と生存を保持しようと決意した」と述べている。国際政治の現実に照らすとそれでは「国の安全」は守れないとされることがあるが，9条は憲法制定当時の国際社会の常識からすると「超常識」とでもいうべき戦力不保持をうたって前文の考え方を具体化しようとしたのだと考えることができる。

2 再軍備と日本国憲法9条の解釈

（1） 再軍備の歩み

日本国憲法の前文や9条が「武力によらない平和主義」をうたっているにもかかわらず，戦後日本は，占領下，東西冷戦構造の展開に影響されて早くも1950年に**再軍備**の道を歩き始めることとなった。1950年朝鮮戦争の際，当時日本に占領軍として居た在日駐留米軍の主力が投入されたため，GHQのマッカーサーの指示に基づいて警察予備隊令が制定され，いわば米軍不在時の留守番役として**警察予備隊**が発足した。これは，「わが国の平和と秩序を維持し，……警察力を補うため」（1条）のものとされたが，実際は7万5,000人の兵力をもつもので，これが事実上の再軍備の第一歩となった。

その後，日本は，1952年対日平和条約によって独立を達成すると同時に**日米安保条約**を締結したが，そこでは「自国の防衛のため漸増的に自ら責任を負うことを期待する」とされた。そして，この「期待」に応える形で1952年には保安庁法が制定され，主として陸上・海上それぞれにおいて行動することを任務とする**保安隊・警備隊**が発足し，1954年には防衛2法（防衛庁設置法および自衛隊法）が制定され，**防衛庁**および**自衛隊**が発足したが，以後，その憲法適合性が問われ続けることとなる。

（2） 憲法9条解釈

自衛隊と憲法9条の関係をどのように理解するか，いいかえると自衛隊の憲法適合性についてどのように考えるかについて，9条解釈をみておくことにする。

9条1項の「国際紛争を解決する手段として」の戦争（「武力による威嚇又は武力の行使」を含む）の放棄については，(a)一切の戦争放棄説と(b)侵略戦争限定放棄説（自衛戦争は放棄されない）とに分かれ，2項の戦力不保持については，(c)一切の戦力不保持説と(d)侵略のための戦力限定不保持説とに分かれる。

9条1項について(a)説をとれば，9条2項については(c)説をとることとなり，自衛隊は違憲となる。9条1項について(b)説をとれば，9条2項についての(c)説，(d)説との組み合わせによって結論が変わってくる。すなわち，(b)+(c)説をとると自衛隊は違憲となり，(b)+(d)説をとると自衛隊は合憲となる。

学説の圧倒的多数説とされるのは，自衛隊違憲説であるが，以上のようにその論理には(a)+(c)説と(b)+(c)説の2通りがある。

(3)　政府の憲法9条解釈

一般に，憲法を実際に運用するのは政府であるから，憲法政治的には政府がどのような憲法解釈の立場をとっているのかが重要である（ただし，法的には，最高裁判所が違憲審査権の行使の際に示す憲法解釈が最終的である）。このことは，とりわけ憲法9条についていえる。憲法9条は，すでに述べたように憲法前文を受けて，1項で「戦争」（「武力による威嚇又は武力の行使」を含む）を「永久に……放棄する」として，そのために2項で「戦力」の不保持と「交戦権」の否認をうたったのであり，政府も憲法制定時にそのように説明したこともあったが，その後，政府は再軍備を進め現実を憲法規定から乖離させていくことになった。したがって，憲法を改正しないかぎり9条は存在するわけであるから，それにもかかわらず政府が再軍備を推し進めようとするならば，政府は，再軍備の現実に合わせてそれが憲法に違反しないという「説明」をしなくてはならないのである。

警察予備隊　政府は，1950年発足の「警察予備隊」については，「日本の治安を維持する」というところに「その主要な目的がある」，「従ってその性質は軍隊ではない」と説明した（1950・7・29衆院本会議・内閣総理大臣吉田茂答弁）。

保安隊・警備隊　政府は，1952年発足の「保安隊」・「警備隊」については，①憲法9条2項は，侵略・自衛目的を問わず「戦力」の保持を禁止している，②「戦力」とは，「近代戦争遂行に役立つ程度の装備編成を具えるものをいう」，③保安隊・警備隊は，「その本質は警察上の組織である」，「従って戦争を目的として組織されたものではないから，軍隊でないことは明らかである。また客観的にこれを見ても保安隊等の装備編成は決して近代戦を有効に遂行し得る程度のものでないから，憲法の『戦力』には該当しない」と説明した（1952・11・25参院予算委・政府統一見解）。

自　衛　隊

1954年発足の「自衛隊」については，政府の説明は，結局次のようである。すなわち，①憲法9条は，戦争放棄，戦力不保持，交戦権の否認に関する規定をおいている，②日本国が独立国である以上，憲法9条は，「主権国家としての固有の自衛権を否定するものではない」，③日本国の自衛権が否定されない以上，その行使を裏づける「自衛のための必要最小限度の実力」の保持は憲法上認められる，とするのである。こうして，自衛隊は，「戦力」ではなく「**自衛のための必要最小限度の実力**」だと「説明」されるわけである。

政府見解の問題点

「自衛隊」の合憲性に関する政府見解については，いくつかの問題がある。

第1は，憲法には書かれていない「主権国家固有の**自衛権**」を根拠にしているが，この「自衛権」については学説の対立も複雑である。(a)説は，政府見解と同様の見解であるが，(b)説は，「主権国家固有の自衛権」は承認するが，その行使は軍事力によってではなく外交や警察力など非軍事的手段で行使するとし（**「武力によらない自衛権」説**などと呼ばれる），(c)説は，日本国憲法は自衛権を放棄したとする。自衛隊は，(a)説によれば合憲となるが，(b)説，(c)説によれば違憲となる。なお，「自衛権」は，国際法上の概念であり，一般に「外国からの違法な侵害に対し，自国を防衛するため緊急の必要がある場合，それを反撃するために武力を行使しうる権利」とされるが，この伝統的「自衛権」概念による限り，右の「武力によらない自衛権」説と呼ばれる(b)説は新たな「自衛権」概念を論じているということになる。

第2は，「戦力」と「自衛のための必要最小限度の実力」の境界線はどこに引かれるのかという問題である。これに対する政府の回答は，「戦力」とは「自衛のための必要最小限度の実力」を超えるものである，「自衛力の具体的な限度については，その時々の国際情勢，軍事技術の水準その他の諸条件により変わり得る相対的な面を有する」などとしている。

第3は，にもかかわらず，自衛隊は，「自衛のための必要最小限度の実力」と「説明」されることから，さまざまな制約が課せられてきたという問題である（「**制約付きの自衛隊**」）。たとえば，政府は，大陸間弾道ミサイルや攻撃的空母などの攻撃的兵器の保有は許されない，「自衛権」発動には3要件（急迫不正の侵害の存在，他の適当な排除手段の不存在，必要最小限度の実力行使）を満たさなければならない，海外派兵は許されない，「**集団的自衛権**」の行使は許されないなどとしてきた。1990年代以降，こうした「制約付きの自衛隊」に関してとりわけ海外派兵の禁止と「集団的自衛権」の行使の禁止が問題となっている。

裁判所の見解

では，裁判所は，自衛隊と憲法の関係についてどのように判断してきたのであろうか。このことが問題となった「**自衛隊裁判**」と呼ばれるものはいくつかあり，下級審には問題に正面から取り組んで自衛隊違憲判決を下した例もあるが（長沼事件札幌地裁判決），最高裁は立場を明確にしていない。

重要判例1 **恵庭事件**（札幌地判1967（昭42）・3・29【百選Ⅱ－170】）

北海道恵庭町で酪農業を営む兄弟は，自衛隊の演習における砲爆撃音の被害に苦しんでいたが，演習には事前連絡するなどとした紳士協定が破られたことに対して抗議し，自衛隊の通信線を切断したところ，「自衛隊の所有し，又は使用する武器，弾薬，航空機その他の防衛の用に供する物」を損壊，傷害した者を処罰する自衛隊法121条違反として起訴された。

札幌地裁は，切断された通信線は自衛隊法121条のいう「防衛の用に供する物」にあたらないとして無罪とし，そうである以上自衛隊が合憲か違憲かという「憲法問題に関し，なんらの判断をおこなう必要がないのみならず，これをおこなうべきでもない」とした（これを「憲法判断回避」という）。

重要判例2 **長沼事件**（札幌地判1973（昭48）・9・7【百選Ⅱ－171】）

北海道長沼町の国有林は森林法上の保安林に指定されていたが，国は自衛隊のナイキミサイル基地建設のためにその一部の指定解除処分をしたところ，地元住民が，そうした基地建設は違憲であるなどとして指定解除処分の取消しを求めて訴えを提起した。

札幌地裁は，自衛隊は軍隊であり，憲法9条2項によって保持を禁止されている「戦力」に該当するとして違憲判決を下した。これに対して，最判1982（昭57）・9・9民集36巻9号1679頁は，「訴えの利益」がないとして，自衛隊の憲法適合性にはふれずに訴訟を終わらせた。

3　日米安全保障条約

1952年日米安保条約

日本は，1952年4月28日対日平和条約によって独立した（ただし，「沖縄・奄美は日本から切り離され，米軍の施政権下に置かれ（た）」）。

当時，日本は「武装を解除されているので，……固有の自衛権を行使する有効な手段をもたない」（1952年日米安保条約前文）状況にあった。**対日平和条約**は，「連合国としては，日本国が主権国として国際連合憲章第51条に掲げる個別的又は集団的自衛の固有の権利を有すること及び日本国が集団的安全保障取極を自発的に締結することができることを承認する」（5条c）とした。これに基づいて，平和条約締結と同時に，日本は米国との間で「日本国に対する武力攻撃を阻止するため日本国内及びその附近にアメリカ合衆国がその軍隊を維持する」ことを取りきめた「日本国とアメリカ合衆国との間の安全保障条約」を締結した。この**1952年日米安保条約**は，端的に「**米軍基地提供条約**」と特徴づけられるものであった。

こうして，それまで占領軍として日本に駐留していた米軍は，以後，日米安保条約に基づく駐留米軍に性格を変え駐留し続けることになったのである。

なお，すでにふれたように，1952年日米安保条約が，日本は「自国の防衛のため漸増的に自ら責任を負う」とし，1954年「日本国とアメリカ合衆国との間の相互防衛援助協定」が，日本国政府は日米安保条約に基づいて「負っている軍事的義務を履行することの決意を再確認するとともに，……自国の防衛力及び自由世界の防衛力の発展及び維持に寄与」（8条）するなどとしたのを受けて自衛隊が発足したのであった。

1960年日米安保条約　自衛隊の増強にともなって，片務的な「米軍基地提供条約」であった1952年日米安保条約の改定が課題となった。政府は，文字通り全国民的な規模で展開された安保条約改定反対運動にもかかわらず条約改定を強行した。こうして，「日本国とアメリカ合衆国との間の相互協力及び安全保障条約」が1960年6月23日発効したが，この**1960年日米安保条約**が現行安保条約である。

この1960年日米安保条約は，第1に，米軍が，「日本国の安全に寄与し，並びに極東における国際の平和及び安全の維持に寄与するため」，日本において基地を使用することを認めるのみならず（6条），第2に，日米両国は「日本国の施政の下にある領域における，いずれか一方に対する武力攻撃が，自国の平和及び安全を危うくするもの」と認め，憲法に従って「共通の危険に対処するように行動すること」を約束するとした（5条）。こうして，1960年日米安保条約は，端的に「**日米軍事同盟条約**」と特徴づけられるものとなった。

政府は，日米安保条約に基づく駐留米軍についても憲法に違反しないということを「説明」しなくてはならない。政府見解は，憲法9条2項で禁止される「保持」とは「わが国が保持の主体たることを示す」ものであり，「米国駐留軍は，わが国を守るために米国の保持する軍隊であるから，憲法第9条の関するところではない」とした（1952・11・25前出・政府統一見解）。

重要判例3　**砂川事件**（東京地判1959（昭34）・3・30【百選Ⅱ－169】）

東京都砂川町（当時）の米軍基地拡張反対闘争の中で，デモ隊が基地境界柵から数メートル基地内に立ち入ったところ，日米安保条約3条に基づく行政協定にともなう刑事特別法2条に違反するとして起訴された（ただし，これは改定前の1952年日米安保条約の下で起きた事件である。なお，事案につき詳しくは，**重要判例52**）。

東京地裁は，「合衆国軍隊の駐留を許容したわが国政府の行為は，『政府の行為によって再び戦争の惨禍が起きないようにすることを決意』した日本国憲法の精神に悖るのではないかとする疑念も生ずる」として，「わが国が外部からの武力攻撃に対する自衛に使用する目的で合衆国軍隊の駐留を許容していることは，指揮権の有無，合衆国軍隊の出動義務の有無に拘らず，日本国憲法第9条第2項前段によって禁止されている陸海空軍その他の戦力の保持に該当する」として違憲判決を下した。

これに対して，最大判1959（昭34）・12・16【百選Ⅱ－169】は，「憲法9条は，わが国がその平和と安全を維持するために他国に安全保障を求めることを，何ら禁ずるものではない」，憲法9条2項が「その保持を禁止した戦力とは，わが国がその主体となってこれに指揮権，管理権を行使し得る戦力をいうものであり，結局わが国自体の戦力を指し，外国の軍隊は，たとえそれがわが国に駐留するとしても，ここにいう戦力には該当しないと解すべきである」とした（ただし，この最高裁判決については，憲法訴訟との関係でいわゆる「統治行為論」を変則的な形で述べた部分が重要である。また，本判決は，1960年改定前の旧日米安保条約に関するもので，集団的自衛権についてはいっさい問題になっていないことに注意が必要である）。

4 1990年代以降の日本国憲法9条

（1） 湾岸戦争と自衛隊の「海外派遣」

1980年代までは，自衛隊は，実際には増強されてきたにもかかわらず，建前は「自衛のための必要最小限度の実力」という枠組みの下でのことであり，争点はそのような自衛隊の憲法適合性であった。しかし，東西冷戦構造の崩壊と**湾岸戦争**は，この枠組みと争点の変更を迫ることとなった。というのは，自衛隊は，その出自からして東西冷戦構造を前提としており，日米安保条約によって「西」側に組み込まれた形で展開してきたのであるから，その前提が崩壊したのであれば日米安保条約の存在理由もなくなるはずであるし，それにともない自衛隊の存在根拠も見直されてしかるべきだということになるからである。

しかし，実際には，政府は，状況の変化を「日米安保体制」と自衛隊の強化を図る絶好の機会としたのであった。ここでいう自衛隊の強化とは，要するに「自衛のための必要最小限度の実力」という枠組みの下での「制約付きの自衛隊」から各種制約を外すということであり，最重要課題とされたのは自衛隊の

「海外派遣」の実現ということであった。すなわち，1990年代には，「自衛のための必要最小限度の実力」という枠組みでは説明が困難な**自衛隊の「海外派遣」**の実現が追求され，その憲法適合性が重要な争点とされたのである。

自衛隊の「海外派遣」の途は，1990年代前半には，「国際貢献」の名の下に「国連協力」がいわれ，当時ほとんど知られていなかった「**国連 PKO（平和維持活動）**」に対する「協力」という形で追求された。そして，国会内外で激論を引き起こしながら紆余曲折を経て**1992年 PKO 等協力法**が制定され，これに基づいて実際に自衛隊は「海外派遣」された。

そして，1990年代後半には，対米協力の方向が強力になった。それは，「**安保再定義**」という形で進展し「日米安保体制」の強化が図られた。

（2）「安保再定義」――1996年日米安保共同宣言

日米両首脳による**1996年日米安保共同宣言**は，日米安保条約を基盤とする日米両国間の「安全保障面の関係が，共通の安全保障上の目標を達成するとともに，21世紀に向けてアジア太平洋地域において安定的で繁栄した情勢を維持するための基盤であり続けることを再確認した」などと述べた。これは，日米安保条約が「極東における国際の平和及び安全の維持」（6条）としているのを，条約を改定することなしに「アジア太平洋地域」に拡大したことを意味するものとされた（「安保再定義」）。

（3）２つのガイドライン

また，1996年日米安保共同宣言においてとりわけ重要なのは，1978年「日米防衛協力のための指針」（1978年ガイドライン）の見直しを確認したことである。

1978年ガイドライン

ここでいう**1978年ガイドライン**とは，ベトナム戦争などで疲弊したアメリカが日本に応分の軍事的負担を要求してきたのに対応して，日米間で合意された「日米防衛協力のための指針」のことであるが，①「侵略を未然に防止するための態勢」，②「日本に対する武力攻撃に際しての対処行動等」，③「日本以外の極東における事態で日本の安全に重要な影響を与える場合の日米間の協力」(極東有事)のあり方を協議しようとするものであった。この内，実際には協議が進展しなかった③の「**極東有事**」に際しての日米防衛協力のあり方が重要課題なのであった。

1997年ガイドライン

したがって，1978年ガイドラインの見直しの結果新たに合意された1997年「日米防衛協力のための指針」(**1997年ガイドライン**)は，①「平素から行う協力」，②「日本に対する武力攻撃に際しての対処行動等」を挙げつつも，③「日本周辺地域における事態で日本の平和と安全に重要な影響を与える場合(周辺事態)の協力」のあり方を具体化することを重要課題としている。この③「**周辺事態**」への対応として「米軍の活動に対する日本の支援」を挙げて，「日本は，日米安全保障条約の目的の達成のため活動する米軍に対して，**後方地域支援**を行う」とし，「後方地域支援を行うに当たって，日本は，中央政府及び地方公共団体が有する権限及び能力並びに民間が有する能力を適切に活用する」としていわば日本が総力をあげて米軍を支援するとした。そして，これを国内的に実行するために制定されたのが**1999年周辺事態法**である。

ところで，政府見解は，「集団的自衛権」について，「国際法上，国家は，集団的自衛権，すなわち，自国と密接な関係にある外国に対する武力攻撃を，自国が直接攻撃されていないにもかかわらず，実力をもって阻止する権利を有するとされている。わが国は，主権国家である以上，国際法上，当然に集団的自衛権を有しているが，これを行使して，わが国が直接攻撃されていないにもかかわらず他国に加えられた武力攻撃を実力で阻止することは，憲法9条の下で許容される実力の行使の範囲を超えるものであり，許されない」としてきた。

これは，次のような論理によるものである。すなわち，①憲法が，「自衛の措置をとることを禁じているとはとうてい解されない」，②しかし，「平和主義をその基本原則とする憲法」が，「自衛のための措置を無制限に認めているとは解されない」，③「外国の武力攻撃によって国民の生命，自由及び幸福追求の権利が根底からくつがえされるという急迫，不正の事態に対処し，国民のこれらの権利を守るための止むを得ない措置としてはじめて容認されるものであるから，その措置は，右の事態を排除するためとられるべき必要最小限の範囲にとどまるべきものである」，④「そうだとすれば，わが憲法の下で武力攻撃を行うことが許されるのは，わが国に対する急迫，不正の侵害に対処する場合に限られる」，⑤「したがって，他国に加えられた武力攻撃を阻止することをその内容とするいわゆる集団的自衛権の行使は，憲法上許されないといわざるを得ない」，と。

このようなことから，「周辺事態」で武力行使を行う米軍に対する「後方地域支援」は，政府見解が禁止されていると「説明」してきた「集団的自衛権」の行使にあたるのではないかが問題となり，1999年周辺事態法の違憲性が論じられた。しかし，今日では，集団的自衛権の行使は憲法上許されないとしてきた政府見解が2014年7月1日の閣議決定によって変更される事態に至っている。

（4）「有事立法」の整備

2000年代に入り自衛隊・日米安保条約関連の国内法整備が格段に進行した。

2003年には，「有事」法制関連3法，2004年には「有事」法制関連7法が成立した。この全体像を示す図を2007年版『防衛白書』（171頁）より掲げておく。

有事法制関連3法と有事法制関連7法の関係並びに関連条約

武力攻撃事態対処法
わが国の平和と独立並びに国民の安全を確保するため，
○武力攻撃事態等への対処について，基本理念，国・地方公共団体等の責務，手続等具体的事項を定めることにより対処のための態勢を整備
○武力攻撃事態等への対処に関して必要となる個別の法制の整備に関する方針，項目，検討体制等を明示

自衛隊法の一部改正
○防衛出動下令前の防御施設の構築措置及び関係法律の適用除外等の特例措置等を定め，自衛隊の行動を円滑化

安全保障会議設置法の一部改正
○事態対処に係る安全保障会議の役割の明確化・強化
○議員に総務大臣，経済産業大臣及び国土交通大臣を追加
○事態対処専門委員会を新設

平成15年の通常国会で成立した法律
（いわゆる有事関連3法）

武力攻撃事態対処法に定められた基本理念等の枠組みの下，個別の法制を整備				
国民の保護のための法制	自衛隊や米軍の行動の円滑化に関する法制	交通及び通信の総合的な調整等に関する法制	捕虜の取扱いに関する法制	武力紛争時における非人道的行為の処罰に関する法制
○国民保護法	○米軍行動関連措置法 ○海上輸送規制法 ○自衛隊法一部改正法	○特定公共施設利用法	○捕虜取扱い法	○国際人道法違反処罰法

平成16年の通常国会で成立した法律（いわゆる有事法制関連7法）

締結が承認された条約（○日米物品役務相互提供協定（ACSA）改正協定，○ジュネーブ諸条約第1追加議定書，○ジュネーブ諸条約第2追加議定書）

2つの特措法

また，2001年9月11日アメリカ同時多発テロ事件を契機に，アフガン戦争とイラク戦争が起きた。これに対して，日本政府は，**2001年テロ対策特別措置法**を成立させた。この法律は，自衛隊の活動範囲を「公海及びその上空」さらには受入国の同意がある場合には「外国の領域」にまで拡大し，いわゆる「非戦闘地域」のどこにおいても「協力支援活動」等を行うことを可能にした（2条，3条）。

さらに，政府は，2003年米・英軍による対イラク戦争支援のため，**2003年イラク特別措置法**を成立させ，「非戦闘地域」における「人道復興支援活動」または「安全確保支援活動」を行うことができるようにして自衛隊をイラクに派遣した。

なお，この自衛隊イラク派遣について，違憲性がさまざまに争われてきたが，2008年4月17日，名古屋高裁は，注目すべき「違憲判決」を出した。同判決は，第1に，現在のイラク，とくに首都バグダッドは，「国際的な武力紛争の一環として行われる人を殺傷し又は物を破壊する行為」が現に行われている地域というべきであり，イラク特別措置法にいう戦闘地域に該当する。そして，「安全確保支援活動」の名目で行われる航空自衛隊の空輸活動（バグダッド空港への武装した多国籍軍の兵員の輸送）は，多国籍軍の戦闘行為に必要不可欠な軍事上の後方支援を行っているものということができ，他国による武力行使と一体化した行動で，自らも武力の行使を行ったとの評価を受けざるをえない。

したがって，現在イラクにおいて行われている航空自衛隊の空輸活動は，イラク特別措置法を合憲とした場合であっても，武力行使を禁止し，活動地域を「非戦闘地域」に限定したイラク特別措置法（2条2項，3項）に違反し，かつ，憲法9条1項に違反する活動を含んでいるとした。また，第2に，平和的生存権につき，憲法9条に違反する国の行為によって個人の生命，自由が侵害されるような場合などには，平和的生存権の自由権的な態様の表れとして，裁判所に違憲行為の差止請求や損害賠償請求等の方法により救済を求めることができる場合があると解することができ，平和的生存権には具体的権利性があるとした（ただ，本判決は，派遣差止請求や損害賠償請求などは認めなかった）。

さて，1999年周辺事態法は，「周辺事態」に際して活動する米軍に対する「後方地域支援」を規定したが，あくまで「我が国の平和及び安全の確保」に資することを目的とするとされた（1条）。これに対して，2001年テロ対策特別措置法および2003年イラク特別措置法という2つの特措法は，「**国際社会の平和及び安全の確保**」に資することを目的とするとした（ともに，1条）。

ここで，第1に，自衛隊が従来「自衛のための必要最小限度の実力」として「説明」されてきたこととの整合性が問われることとなる。というのは，自衛隊法が定めていた自衛隊の「主たる任務」は，「わが国を防衛すること」だったからである（旧3条）。第2に，「周辺事態」で活動する米軍に対する「後方地域支援」を規定する1999年周辺事態法の段階で日本国憲法との関係ですでに深刻な問題を引き起こしていた「集団的自衛権」の問題は，2つの特措法との関係でさらに深刻さの度合いを増すこととなった。

自衛隊法改正

これらの問題は，**2006年自衛隊法改正**によって，自衛隊の「主たる任務」を「我が国を防衛すること」としつつ（3条1項），「周辺事態」に「対応して行う我が国の平和及び安全の確保に資する活動」（3条2項1号。具体的には，周辺事態法，船舶検査活動法に基づく活動を想定），「我が国を含む国際社会の平和及び安全の維持に資する活動」（3条2項2号。具体的には，PKO等協力法，国際緊急援助隊法，テロ対策特別措置法，イラク特別措置法に基づく活動を想定）が規定されることで法文上は「解決」されたかにみえる。しかし，「自衛のための必要最小限度の実力」とされてきた自衛隊が，「国際社会の平和及び安全の維持」に資する活動を行うことの憲法適合性が説明されているわけではないし，「集団的自衛権」の問題は依然として残されたままである。今日では，先の集団的自衛権行使を容認した2014年7月1日閣議決定に基づく「安保法制」関連法案がこの問題に関連する。

沖縄と日本安保条約　沖縄には，日本の安全のみならずアジア太平洋地域の平和と安定に大きく寄与するという理由で，さまざまな緊急事態への一次的な対処を担当する米海兵隊をはじめとする米軍が駐留している。こうして，沖縄には，多くの「飛行場，演習場，後方支援施設など」が存在し，日本における米軍基地のうち，面積にして約74％が集中しているが，その厳しい現状の解決の必要性が普天間基地移設問題・辺野古新基地建設問題を契機にあらためて認識されるところとなった。

また，現在，在日米軍駐留経費につき，基地従業員対策費（262億円），提供施設の整備（221億円），労務費の負担（1,164億円），光熱水料等の負担（249億円），訓練移転費の負担（3億円）により総額1,899億円を負担している（2015年度予算（2015年版『防衛白書』195頁））ことが問題となっている。在日米軍駐留費については，米軍基地などの借料＝軍用地料等は日本が負担するが，それ以外は米国が負担することとされている（日米安保条約に基づく日米地位協定によって取り決めがなされている。この地位協定についても，米軍の基地管理権，裁判権などをめぐって日本の従属性が問題とされ続けてきた）。にもかかわらず，日本は，日米地位協定の枠を超えて在日米軍駐留費を「思いやり」の観点から税金によって肩代わりしていることになる（「思いやり予算」などと呼ばれる）。

さらに，日米安保条約の周辺は「密約」によって取り囲まれていることが明らかにされた。公式調査の対象とされたものは，(a)1960年日米安保条約改定時の，核兵器持ち込みに関する「密約」，(b)同じく，朝鮮半島有事の際の戦闘行動作戦に関する「密約」，(c)1972年の沖縄返還時の，有事の際の核持ち込みに関する「密約」，(d)同じく，沖縄返還時の土地の原状回復保障費の肩代わりに関する「密約」であった。こうした，日米安保条約をめぐる「密約外交」のあり方が問われている。

「日米同盟のグローバル化」

近年の自衛隊および日米安保条約をとりまく状況は大きく変わっている。

防衛力の基本方針を示す「防衛計画の大綱」は過去に冷戦期の1976年，冷戦後の1995年に策定されていたが，2001年同時多発テロ後に策定された2004年「防衛計画の大綱」は，日本の安全保障の目標として，①日本に直接脅威が及ぶことを防止し排除すること，②国際的な安全保障環境を改善し，日本に脅威が及ばないようにすることを掲げ，その目標を達成するために，(a)「我が国自身の努力」，(b)「同盟国との協力」，(c)「国際社会との協力」を「統合的に組み合わせる」とした。そのために，たとえば(a)について，1976年「防衛計画の大綱」で示された従来の防衛力に関する基本的な考え方であった「基盤的防衛力構想」(「我が国に対する軍事的脅威に直接対抗するよりも，自らが力の空白となって我が国周辺地域の不安定要因とならないよう，独立国としての必要最小限の基盤的な防衛力を保有する」という考え方）の見直しを提起したが，その後，同構想を放棄した上での防衛体制の改編が提起されるに至った（「新たな時代の安全保障と防衛力に関する懇談会」報告書（2010年8月)。また，そこでは，「平素からの活動を通じた『運用による抑止』」という考え方を「動的抑止」と呼んで「防衛力の役割」として重視するなどとしている)。そして，2010年12月17日に閣議決定された「防衛計画の大綱」は，「今後の防衛力については，防衛力の存在自体による抑止効果を重視した，従来の『基盤的防衛力構想』によることなく，各種事態に対し，より実効的な抑止と対処を可能とし，アジア太平洋地域の安全保障環境の一層の安定化とグローバルな安全保障環境の改善のための活動を能動的に行い得る動的なものとしていくことが必要である。このため，即応性，機動性，柔軟性，持続性及び多目的性を備え，軍事技術水準の動向を踏まえた高度な技術力と情報能力に支えられた動的防衛力を構築する」とした。このように，「防衛力の存在自体による抑止効果を重視した，従来の『基盤的防衛力構想』によることなく，『動的防衛力』を構築することを明らかにし（た)」ことが，「今回の新『防衛大綱』の大きな特色の一つ」とされているのである（官房長官談話)。

「平和安全法制」の主要事項の関係

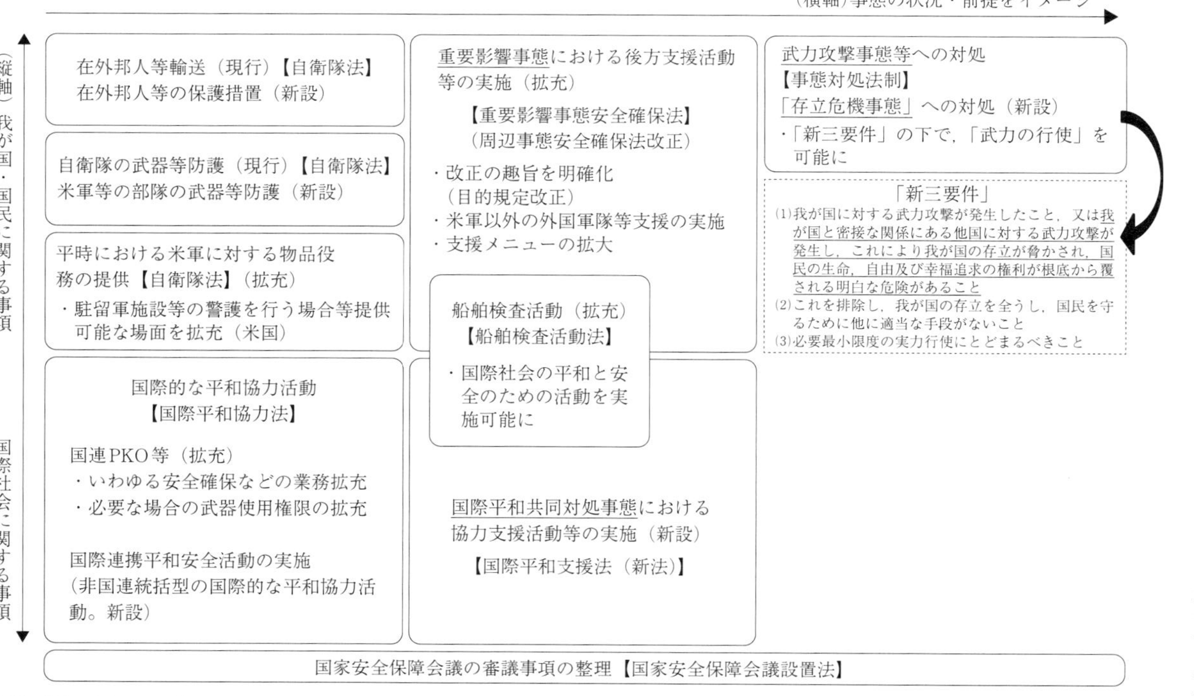

（注）離島の周辺地域等において外部から武力攻撃に至らない侵害が発生し，近傍に警察力が存在しない等の場合の治安出動や海上における警備行動の発令手続の迅速化は閣議決定により対応（法整備なし。）

（出所）内閣官房・内閣府・外務省・防衛省「『平和安全法制』の概要」（http://www.cas.go.jp/jp/gaiyou/jimu/pdf/gaiyou-heiwaanzenhousei.pdf）

さらに，2013年12月17日には，内閣に設置された国家安全保障会議および閣議でこれまでの「日本防衛」政策の基礎となってきた「国防の基本方針」（1957年国防会議・閣議決定）に代わるものとしてはじめて「国家安全保障戦略」が策定され，さらにそれを上位文書として，同日，「防衛計画の大綱」が国家安全保障会議・閣議によって決定された。

この「防衛計画の大綱」は，「我が国を取り巻く安全保障環境が一層厳しさを増す中，平素の活動に加え，グレーゾーンの事態を含め，自衛隊の対応が求められる事態が増加」しているとして，一方で，「今後の防衛力」は，「高度な技術力と情報・指揮通信能力に支えられ，ハード及びソフト両面における即応性，持続性，強靭性及び連続性も重視した統合機動防衛力を構築する」とし，他方で，日米同盟の強化をうたい，そのために1997年ガイドラインの再改定を行うとした（これは，2013年10月３日の日米安全保障協議委員会（いわゆる「２＋２」）共同発表においてうたわれた「日米同盟のグローバル化」を反映したものである）。

「日米同盟のグローバル化」を実効化するためには，集団的自衛権の行使は憲法上許されないとしてきたこれまでの政府見解を変更することが必要になる。そして，先にも述べたように2014年７月１日，「国の存立を全うし，国民を守るための切れ目のない安全保障法制の整備について」と題する国家安全保障会議・閣議決定を行い，その中で，①「我が国に対する武力攻撃が発生した場合」だけでなく，②「我が国と密接な関係にある他国に対する武力攻撃が発生し，これにより我が国の存立が脅かされ，国民の生命，自由及び幸福追求の権利が根底から覆される明白な危険がある場合」においても，「必要最小限度の実力を行使することは……自衛のための措置として，憲法上許容される」と述べた。こうして，日本が直接攻撃されていない場合である上の②を追加することによって，これまでの「政府見解」を変更し，集団的自衛権の行使を容認した（政府見解は，「従来の政府見解の基本的な論理に基づく自衛のための措置」だとする）。

続いて，2015年４月27日，「２＋２」において，2015年ガイドラインが合意された。この新たな2015年ガイドラインでは，「日本の平和及び安全の切れ目のない確保」,「地域の及びグローバルな平和と安全のための協力」,「宇宙及びサイバー空間に関する協力」,「日米共同の取組」などが合意されており,「日米防衛協力」(軍事協力)の範囲は「アジア太平洋地域及びこれを越えた地域」にまで拡大された(「日米同盟のグローバル化」)。そして,この2015年ガイドラインを実施するために,上記閣議決定をふまえて「安保法制」の整備が目指され,2015年9月19日成立した。それは,自衛隊法等の「一部改正を束ねたもの」である「平和安全法制整備法」と称される「我が国及び国際社会の平和及び安全の確保に資するための自衛隊法等の一部を改正する法律」と,新規制定の「国際平和支援法」と称される「国際平和共同対処事態に際して我が国が実施する諸外国の軍隊等に対する協力支援活動等に関する法律」とから成るものである(前頁,図表参照)。こうした「安保法制」の整備が違憲論を押しのけて急ぎ強行されたことは,立憲主義の観点からも大きな問題を残した。

まとめてみよう

日本国憲法前文とそれを受けた9条の今日的意義は何か,あらためて整理してみよう。

考えてみよう

今日の最大かつ最重要の論点である日本国憲法と「集団的自衛権」の関係について調べ,日本国憲法の平和主義の「初心」が「武力によらない平和」であることについて考えてみよう。

第2編

基本的人権

第**4**章

人権の歴史と類型

この章で学ぶこと

人間が生まれながらに当然有する権利を基本的人権という。日本国憲法の最も重要な原則は人権尊重主義である。それは97条をみればわかるだろう。この97条も示すように，人権は歴史的に発展してきた。また，憲法には多くの人権が規定されているが，それには一定の類型がある。憲法における人権保障をこれから詳しく勉強するはじめとして，この章では人権の歴史的な歩みと日本国憲法における人権規定の全体像を学ぼう。

1　人権の歴史

人権の萌芽

近代憲法における人権保障の考え方の萌芽が現れたのはイギリスにおいてである。1215年のマグナ・カルタ，1628年の権利請願，1689年の権利章典などがそれを示す。だが，これらの文書に宣言された権利はイギリス人古来の封建的な権利であり，普遍的な人権ではなかった。

こうした人権の萌芽が近代的な人権思想に発展するには，17世紀に啓蒙思想家により論じられた**自然権思想**が必要であった。自然権思想の典型例は，**ジョン・ロック**が『市民政府論』（1690年）に示した次の理念である。「自然状態には，これを支配する一つの自然法があり，何人もそれに従わなければならない。この法たる理性は，……全人類に，すべての人間は平等かつ独立であるから，何人も他人の生命，健康，自由又は財産を侵害してはならない，ということを教える」（『市民政府論』２章６節）。このように自然権思想は，すべての人に生来の不可侵な権利を認めるものであった。

人権宣言とその展開　18世紀後半にアメリカとフランスで，自然権思想を基礎として制定された人権宣言において，人権がはじめて成文化された。その成果は，1776年の**ヴァージニア権利章典**を最初として，1791年の**アメリカ合衆国憲法権利章典**（修正10ヵ条），1789年の**フランス人権宣言**（「人および市民の権利宣言」）などにみることができる。これらの文書では，「人は，自由かつ権利において平等なものとして出生し，かつ生存する」（フランス人権宣言1条）のように，生来の自由と平等が明示された。

その後，フランス人権宣言の影響の下に，各国で人権規定を含む近代憲法が制定されていった。この時期，憲法で規定された人権は，財産権，信教の自由，表現の自由など**自由権**が中心であった。ところが，19世紀から20世紀前半まで，憲法における人権保障において自然権思想が後退し，むしろ権利は国家が国民に恩恵として与えるものという形式をとる人権宣言も現れた。**外見的人権**とも呼ばれるこのような権利保障のあり方は，自然権思想を基礎としたものより弱かった。1850年の**プロイセン憲法**は外見的人権の傾向が最も顕著であった。しかし，第二次世界大戦におけるファシストによる人権抑圧の経験を踏まえて，戦後，自然権思想に基づく人権保障が復活することになった。

ともあれ，18世紀から19世紀にかけての人権宣言では自由権の保障に重点がおかれた。そこでは，国家は国民の生活に介入せず自由放任に任せるべきだという国家観に立っていた（**消極国家観**）。

社会権の登場　消極国家観のもとで資本主義経済はめざましい発展をとげたが，資本主義が発達した結果，資本家と労働者との間に階級・階層の分化・対立が生じ，それを是正することが大きな課題となった。憲法における人権保障においても，社会的弱者に実質的な自由と平等を保障することが要請されるようになった。こうした状況を背景として，20世紀の人権宣言において，社会的弱者が国家に実質的な自由・平等を要求する権利である**社会権**が登場した。同時に人権規定において経済的自由の制限が明示されるようになった。その代表例が1919年のドイツ憲法（**ワイマール憲法**）である。ワイマール憲法は，社会権を詳細に定めるとともに，「所有権の行使は同時に公共の福祉に役立つべきである」（同153条3項）と規定した。

さらに，社会権の登場は国家観も転換させた。国家は，自由放任に任せるのではなく，国民の生活領域に積極的に介入して福祉を図るべきであると考えられるようになったのである（**積極国家観，福祉国家**）。

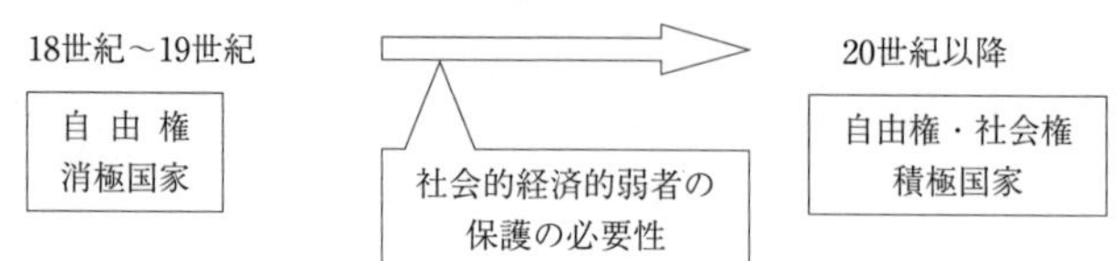

国際的人権保障　第二次世界大戦まで人権保障は各国の国内問題と考えられていた。だが戦後，人権の国際的保障が急速に進展した。1948年の**世界人権宣言**はその最初の試みであり，その後，人権保障のための国際条約が次々と制定された（本書6頁）。

わが国の憲法による人権保障　1889年の**大日本帝国憲法**（明治憲法）はプロイセン憲法の強い影響の下に制定された。そのため，明治憲法は「臣民ノ権利及財産ノ安全ヲ貴重シ及之ヲ保護シ此ノ憲法及法律ノ範囲内ニ於テ其ノ享有ヲ完全ナラシム」（上諭）という考えに従い，外見的人権としての色彩が強い人権規定（第2章「臣民権利義務」）を設けた。この結果，明治憲法では，権利・自由は「法律ノ範囲内ニ於テ」保障されたものでしかなかった。このように法律の範囲内での保障を**法律の留保**という。

日本国憲法は人権保障を質的にも量的にも強化した。第1に，日本国憲法は自然権思想に基づき不可侵で普遍的な人権を保障した（97条，11条）。このため，権利・自由は原則として法律によっても制限されてはならないものになった。第2に，日本国憲法は自由権を充実させるとともに，それに加え社会権も保障した。第3に，日本国憲法は明治憲法にはなかった裁判所の違憲審査権（81条）を導入することによって，人権保障のあり方を格段に進歩させた。

2　人権の分類

人権の分類方法

類型ごとに比較的似通った権利に共通の性格を把握し，それによりその権利が主としてどのようにして保障されるかを知ることは人権保障にとって有益である。そのため学説はさまざまな仕方で人権を分類することを試みてきた。現在まで有力な分類の仕方として，国家と国民の関係，人権の内容に着目したものがある。

国家——国民関係による人権の分類

この分類によれば次の3つの人権がある。

第1に，国家が国民に対して消極的態度（国家の不作為・不介入）をとることによって保障される**消極的権利**がある。消極的権利は国家による侵害に対する国民の防御権であり，**国家からの自由**とも呼ばれる。

第2に，国家が国民に対して積極的態度（国家の作為・介入）をとることによって保障される**積極的権利**がある。積極的権利は国家の作為を求める請求権であり，**国家による自由**とも呼ばれる。

第3に，国民が国家に対して能動的態度（参加）をとることによって保障される**能動的権利**がある。能動的権利は国家の活動への参加権であり，**国家への自由**とも呼ばれる。

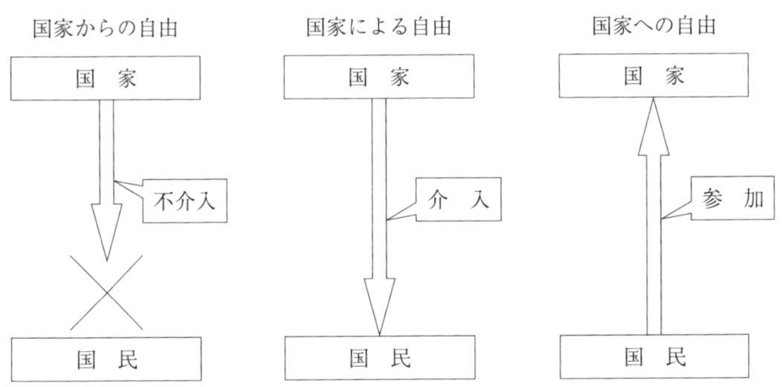

内容による人権の分類

権利内容の性質に照らして人権を分類すると主として次の３つがある。

第１に，人が国家から不当な干渉・介入を受けない権利である**自由権**がある。これは消極的権利に対応する。自由権は18世紀から人権宣言の中心をなしてきた権利であり，これに属する権利が多い。そこで自由権はさらに，**精神的自由権**，**経済的自由権**，**人身の自由**（**身体的自由権**）に分けられる。精神的自由権は信教の自由，表現の自由などである。財産権などは経済的自由であり，奴隷的拘束を受けない自由などは人身の自由である。

第２に，人が「人間に値する生活」ができるように国家から配慮を受ける権利である**社会権**がある。これは積極的権利に対応する。なお，社会権は前述のように20世紀に登場した。その代表的なものは**生存権**である。

第３に，国民が国政に参加する権利である**参政権**がある。これは能動的権利に対応する。

さらに，日本国憲法で規定された人権を分類するには，**受益権**（**国務請求権**）および**包括的人権**という類型を設定するのが有益である。受益権は，18世紀から自由権とともに保障されてきた権利であり，国民が人権確保のための一定の行為を国家に要求する権利である。その典型は**裁判を受ける権利**である。包括的人権は，個別の権利・自由に対する総則的な権利であり，憲法13条の権利（**幸福追求権**）などがこれに属する。

そこで日本国憲法で規定された人権を分類すると次のようになる。

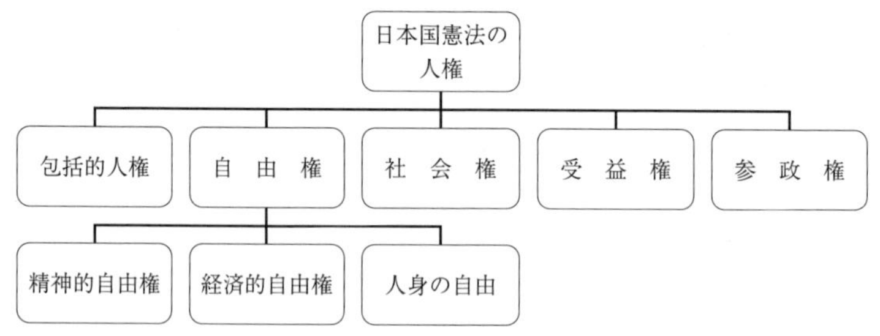

分類の相対性　以上にみた人権の分類は絶対的なものではない。むしろ，この分類は各類型に属する各権利・自由に共通する比較的顕著な性質に着目するものにすぎない。

たとえば，知る権利は，国民が国家から干渉を受けることなく情報を受け取る場面では確かに自由権であるが，国民が国家に対して情報の公開を請求する権利をも含み，この側面では積極的権利として社会権に近い（本書85頁）。また，同様に社会権（生存権）の自由権的側面（「**自由権的効果**」）も指摘されている。生存権は，社会権として社会的弱者が「人間に値する生活」を国家に対して請求するものであるが，国民が「人間に値する生活」を続けるのを国家から干渉されないことをも含意するからである（本書135頁）。

さらに，自由権における精神的自由権などの分類も相対的である。たとえば，商業広告は表現の自由として精神的自由権に属すると同時に経済的自由権としての側面もある（本書98頁）。

まとめてみよう

自由権と社会権にはどのような違いがあるか。

考えてみよう

日本国憲法第3章の各条項は，どの分類に属する人権を規定しているか。

第5章
幸福追求権

この章で学ぶこと

身に覚えのない学習塾や教材販売などからダイレクトメールが送られてきた経験はないだろうか。自分の知らないところで，自分に関する情報が流れている。このような個人情報の保護はプライバシーの問題と考えられている。憲法にはプライバシー権を保障した規定はない。では，プライバシー権は憲法上の人権ではないのだろうか。この章では，幸福追求権とはどのような人権か，また，それを根拠にどのような新しい人権が生成してきているのかなどについて学ぶことにしよう。

1　幸福追求権と個人の尊重

13条の沿革　憲法13条は前段で個人尊重の原理を掲げ，後段で「生命，自由及び幸福追求」権を包括的な権利として保障している。この規定は，ジョン・ロックの思想に影響を受けた1776年のアメリカ独立宣言，「われわれは自明の真理としてすべての人が平等に造られ，造物主によって，一定の奪いがたい権利を付与され，そのなかに生命，自由および幸福追求が含まれることを信じる」に由来する。

個人の尊重　13条前段は，憲法の基本原理である**個人の尊重**すなわち**個人主義**をうたっており，国政全般にわたる総則的な規定となっている。個人主義の原理は，何よりも個人を尊重しようとする原理である。他人を犠牲にして自己の利益を主張する利己主義をも，全体のためとして個人を犠牲にする全体主義をも否定し，すべての人間の人格を平等に尊重するものである。ドイツの「人間の尊厳」（ドイツ基本法１条１項）は人格主義であって，個人主義とは異なると主張する見解もあるが，多数説は，日本国憲法の個人の尊重も個人を自主的な人格として尊重する原理であり，人間の尊厳とほぼ同趣旨であると解する。最高裁も13条が「個人の尊厳と人格の尊重を宣言した」と述べている（最大判1948（昭23）・3・24裁時9号8頁）。

また，24条2項は家庭生活における個人の尊厳と両性の本質的平等を規定しているが，さらに，民法2条が「この法律は，個人の尊厳と両性の本質的平等を旨として，解釈しなければならない」と規定しているため，この原理は私法秩序をも支配することになる。

幸福追求権

通説は，生命，自由，幸福追求に対する3つの権利を統一的にとらえ，幸福追求権と呼んでいる。個人の尊重と基本的人権の保障とは不可分の関係にあり，また，幸福追求権は基本的人権を包括的にとらえたものであるから，前段の個人尊重の原理を受けて幸福追求権が保障されたと解すべきである。なお，幸福追求権のみを**包括的人権**とする説もあるが，一般に，法の下の平等（14条）も包括的人権ととらえられている。

幸福追求権の法的性格について，従来，人権保障の一般原則の表明にとどまり，裁判規範となる具体的権利性を有しないと解されていた。しかし，今日では，具体的権利性を肯定する説が通説となっている。実際にも新しい人権が幸福追求権に基づいて主張され，判例・学説において認められているものもある。幸福追求権の具体的権利性を肯定すれば，包括的人権である幸福追求権と個別的人権とで内容上競合が生ずることになる。しかし，通説・判例は，幸福追求権が一般法で，個別的人権が特別法という関係を形成し，個別的人権規定でカバーできないものが幸福追求権の保障対象になるとする（補充的保障説）。なお，この権利は歴史的には自由権を意味したが，社会権を含むととらえる説と，含める必要はないとする説がある。後者の立場では，25条を社会権の総則的規定ととらえている。

幸福追求権の内容について，前段の個人の尊重原理と結びつき，個人の人格的生存に必要不可欠な利益を内容とする権利の総体と解する**人格的利益説**（**人格的自律権説**）と，あらゆる生活領域に関する行為の自由と解する**一般的自由説**が対立している。

人格的利益説は，個人を人格的自律な存在ととらえ，そのような存在であるために必要な権利・自由のみを幸福追求権の対象とする。人格的利益説に対する批判として，人間を理性・道徳を備えた人格的存在と考えることは妥当ではない，人格的生存に必要不可欠か否かの客観的な基準が不明確あるいは不可能であるなどと言われている。

他方，一般的自由説は，個人を人格的な存在とはとらえず，何が重要であるかはその人によって異なるため，他者を害しない限りすべての自由が保護対象となると主張する。一般的自由説に対する批判として，権利ではないが禁止されていない行為の自由がすべて憲法上の権利となり人権のインフレ化を招く結果，人権の価値が希薄化し人権保障が弱体化すると言われている。また，憲法の明文規定で保障されているのと同等の基本的権利を意味するのでなければ，個別的人権を明文で保障していることが無意味になるなどと主張されている。

2　新しい人権

従来，人格権は，氏名権，肖像権，名誉権，著作権などに限定してとらえられていたが，もっと広く「個人の生命，身体，精神および生活に関する利益は，各人の人格に本質的なものであつて，その総体」が人格権であり，さまざまな個別的権利を包摂する（大阪高判1975（昭50）・11・27判時79号36頁，**重要判例５**）。

名誉権

名誉は人格価値の中核を占める利益として古くから認められてきた。名誉の本質については，内部的名誉，外部的名誉，名誉感情に区別され，後二者が法的保護の対象となる。名誉は，刑法・民法において人格的利益として侵害から保護されている（刑230条，民710・723条）。憲法には明文の規定は存在しないが，今日では，13条を根拠に憲法上の権利と認められている。最高裁は，**北方ジャーナル事件**において，名誉を「人の品性，徳行，名声，信用等の人格的価値について社会から受ける客観的評価」と定義した。そして，名誉を違法に侵害された者は，損害賠償（民710条）または名誉回復のための処分（同723条）だけでなく，「**人格権**としての名誉権」に基づき，侵害行為の排除又は将来の侵害行為の差止めを求めることができると判示した（**重要判例22**）。

プライバシー権

プライバシー権は，19世紀末以降，アメリカの判例において，不法行為法上，「**1人でほっておいてもらう権利**（the right to be let alone）」として生成してきた。日本でも**「宴のあと」事件**において，「私生活をみだりに公開されないという法的保障ないし権利」（東京地判1964（昭39）・9・28【百選Ⅰ－65】）として私法上認められ一般に広まった。憲法は通信の秘密（21条2項）や住居不可侵の原則（35条）等を規定して，プライバシーの利益を部分的に保障しているが，プライバシー権の規定はない。そこで，13条を根拠に統合的にとらえ，憲法上の権利と認めるべきという見解が強くなっていった。

重要判例4　**京都府学連事件**（最大判1969（昭44）・12・24【百選Ⅰ－18】）

警察官が許可条件違反と判断し，デモ行進状況を撮影した。被告人がこれに抗議し暴行に及んだため，傷害および公務執行妨害罪で起訴された。最高裁は，憲法13条は「国民の私生活上の自由」を保障しており，その1つとして，「何人も，その承諾なしに，みだりにその容ぼう・姿態を撮影されない自由を有する」と述べ，実質上，**肖像権**を憲法上の権利と認めた。もっとも，「現に犯罪が行われもしくは行われたのち間がないと認められる場合であって，しかも証拠保全の必要性及び緊急性があり，かつその撮影が一般的に許容される限度をこえない相当な方法をもって行われるとき」には，「本人の同意がなく，また裁判官の令状がなくても，警察官による」撮影が許容されるとした。

京都府学連事件において，最高裁はプライバシー権に含まれる肖像権をはじめて認め，捜査目的の写真撮影に限界を示した（**重要判例4**）。その後，自動速度違反取締装置（オービス）による写真撮影事件においてこの判決が踏襲された（最判1986（昭61）・2・14刑集40巻1号48頁）。また，和歌山カレー事件の被告人が，法廷において無断で撮影され週刊誌に掲載されたこと等により，肖像権・名誉権が侵害されたとして損害賠償を求めた事案においても，京都府学連判決を踏襲したうえで不法行為上の違法性を一部認めた（最判2005（平17）・11・10民集59巻9号2428頁）。

前科照会事件（最判1981（昭56）・4・14【百選Ⅰ－19】）において，最高裁は「前科及び犯罪経歴は人の名誉，信用に直接にかかわる事項であり」，「みだりに公開されないという法律上の保護に値する利益を有する」と判示した。この事件において，プライバシー権が実質上憲法上の権利であると認められたが，その概念が定義されず，プライバシーという語も用いられなかった。

プライバシー権は個人の私的領域への不干渉として理解されてきた。しかし，高度情報化社会である現代社会において，公的機関や大企業などが個人の情報を収集・保管し，個人の秘密に脅威をもたらすようになったため，プライバシー権を**自己情報コントロール権**と積極的にとらえる見解が有力となっている。自己情報コントロール権とは，自己に関する情報を他人が取得，利用，第三者に提供することに対して，コントロールを及ぼすことができる権利である。プライバシー権を自己情報コントロール権に限定する説等もあるが，この権利の性格と静穏のプライバシーのそれとは相対立するものではないので，本来の私事の秘匿権という消極的権利の要素を残しつつ，積極的に自己情報を管理する権能をも含むと考えるべきである。

外国人登録法による指紋押捺制度が問題となった**指紋押捺拒否事件**（最判1995（平7）・12・15【百選Ⅰ－3】）では，「指紋は，指先の紋様であり，それ自体では個人の私生活や」内心に関する情報とはならないが，「利用方法次第では個人の私生活あるいはプライバシーが侵害される危険性」があり，指紋押捺制度は「国民の私生活上の自由と密接な関連をもつ」と認め，プライバシーという語を使用した。しかし，在留外国人の公正な管理という立法目的の合理性，指紋押捺による人物特定の必要性・相当性を認めて，指紋押捺制度を規定する外国人登録法は違憲ではないとした（1999年の法改正により指紋押捺制度は廃止。2012年に外国人登録法が廃止され，外国人にも住民基本台帳法が適用）。

早稲田大学江沢民講演会事件において，大学主催の講演会参加者名簿の写しを警視庁からの求めに応じて提出した大学の行為が問題となった。最高裁は，

コラム④　監視カメラ

警察は，増加傾向にある街頭犯罪抑止のために街頭監視カメラを設置している。また，商店街やマンション等による監視カメラの中には，警察の指導によるもの，行政の補助金を受給しているものも少なくない。安全に対する不安からこのような対策を受け入れる風潮が強まっているが，プライバシー権侵害のおそれも否定できない。

最高裁は，大阪市西成区の街頭監視カメラ事件において，カメラによる監視は，犯罪の予防・治安維持の目的で行われる行政警察であり違法ではないが，追跡的継続的監視，録画はプライバシー権の侵害となるとして，解放会館前のカメラ1台のみの撤去を認めた（最判1998（平10）・11・12判例集未登載）。

これと類似のものとして，幹線道路などに設置されている自動車ナンバー自動読取装置（Nシステム）がある。Nシステムで運転席等の前面を撮影され，ナンバープレートを判読されて，情報を保存・管理されたことが，肖像権等の侵害に当たるとして国賠請求した事案において，情報収集の目的は犯罪捜査の必要及び犯罪被害の早期回復で正当であり，利用・管理方法も一定期間保存の後は消去されるなど正当であるとした（警察法2条1項参照）（東京高判2009（平21）・1・29【平21重判－憲2】）。

学籍番号・氏名・住所・電話番号のように，個人識別等のための単純な情報で秘匿されるべき必要性が高くない情報であっても，「自己が欲しない他者にはみだりにこれを開示されたくないと考えることは自然である」として，プライバシーを侵害する不法行為と認めた（最判2003（平15）・9・12【百選Ⅰ－20】）。たとえ高度の秘匿性が要求されない情報であっても，現代の高度情報化社会においては，利用方法次第でプライバシー権侵害のおそれがある（コラム④参照）。そのため，自己コントロール権が及ぶと考えられる。

行政機関によって個人情報が集中管理されているため，自己情報を自らコントロールし，開示・訂正・抹消請求する権利が必要と解されてきた。また，民間部門においても個人情報データーベースが作成され，プライバシーの侵害が危惧された。そこで，1988年「行政機関の保有する電子計算機処理にかかる個人情報の保護に関する法律」が制定された。しかし，国の行政機関が保有するコンピューター処理情報のみを対象とし，訂正請求権を認めないなど，不十分な点が多かった。また，住民基本台帳法改正（後述）により個人情報の一層の保護が求められていた。そこで，2003年，上記法律が全面改正され，「行政機関の保有する個人情報の保護に関する法律」（行政機関個人情報保護法）が成立し，罰則が強化され，訂正請求権も規定された。また，民間の個人情報取扱事業者に対する「個人情報の保護に関する法律」(個人情報保護法) も制定され，事業者の義務，刑事罰などが規定された。

1999年８月，住民基本台帳法を改正して，氏名・生年月日・性別・住所に，住民票コード及び転入・出生等の変更情報を加えた本人確認情報を，自治体・国の機関等で共有して確認ができるネットワースシステム (住基ネット) を構築した。プライバシー権その他の人格権侵害を主張して，住民票コード削除請求等の訴訟が提起された。最高裁は，４情報は開示が予定される個人識別情報であり，変更情報も本人確認情報にとどまるもので「秘匿性の高い情報とはいえ」ず，住民票コードも同様である。また，「住基ネットにシステム技術上又は法制度上の不備があり，そのために本人確認情報が法令等の根拠に基づかずに又は正当な行政目的の範囲を逸脱して第三者に開示又は公表される具体的な危険が生じて」もいないと判示した (最判2008 (平20)・３・６【百選Ⅰ－21】)。

また，2016年１月，社会保障・税番号制度 (マイナンバー制度) が開始した。行政機関間での情報連携を行うことにより，行政の効率化，国民の利便性の向上，公平・公正な社会の実現を目指している。当面は，税，社会保障，災害対策の分野だけに限られているが，将来，拡張される可能性は高く，また，外部への流出の恐れもあり，プライバシー権侵害の危険性が生じると言えよう。

最近，人格権に基づく権利としてパブリシティ権も認められた。最高裁はピンク・レディ事件において，肖像等が有する顧客吸引力を排他的に利用する権利 (パブリシティ権) は，「肖像等それ自体の商業的価値に基づくものであるから，人格権に由来する権利の一内容を構成する」とした。しかし，当該事件において，写真は記事の内容を補足する目的で使用され，無断で雑誌に掲載した行為は，肖像の有する顧客吸引力の利用を目的とするものではなく，不法行為法上違法ではないと判示した (最判2012 (平24)・２・２民集66巻２号89頁)。

自己決定権　個人が一定の私的事項を公的権力の干渉を受けることなく決定することができる権利を意味する。アメリカでは，このような権利もプライバシー権の内容に含まれるととらえられているが，日本では，一般にプライバシー権とは区別して**自己決定権**と呼ばれている。

自己決定の対象として，①**生命・身体の処分**に関する事項（自殺・安楽死・治療拒否など），②**家族のあり方**に関する事項（結婚・離婚・妊娠・出産・堕胎など），③**ライフスタイル**に関する事項（髪形・服装・喫煙など）がある。しかし，自己決定権の及ぶ範囲については議論があり，幸福追求権の内容に関する見解の違いが強く現れる。①②に関する自己決定は人格的生存に不可欠であると考えられ，一般的自由説，人格的利益説にかかわらず自己決定権として保障される。しかし，③に関する自己決定については，一般的自由説では憲法上の保護が及ぶが，人格的利益説では人格的生存に不可欠とまではいえないとして認められない傾向にある。ただし，人格的利益説をとる立場であっても，③のうち髪形・服装の自由については，喫煙などの単なる嗜好とは異なって人格的生存と関連するため，憲法上保障されると解する説もある。

①生命・身体の処分　　自殺の権利など生命の処分については，生命の尊厳性を理由に慎重に解されている。刑法上，自殺自体は罰せられないが，自殺幇助や同意殺人は犯罪となる（刑202条）。また，生命維持装置の取り外しすなわち尊厳死については，例外的な場合にのみ認められる傾向にあるが，積極的安楽死については否定的に解されている。

宗教上の信念から輸血を拒否していたエホバの証人の信者が，手術の際に輸血されたため，自己決定権の侵害を主張して損害賠償を求めた。最高裁は，「輸血を伴う医療行為を拒否する……意思決定をする権利は，人格権の一内容として尊重されなければならない」とし，病院側は事前に説明し当事者の意思決定に委ねる義務があったにもかかわらず，それをしなかったことはこの権利を侵害する不法行為であると認めた（最判2000（平12）・2・29【百選Ⅰ－26】）。

②家族のあり方　　刑法は堕胎罪を規定しているが（刑212条，213条），母体保護法によって一定の場合に人工妊娠中絶が許されている。また，人工生殖を規制する法律が存在せず，医師団体や厚生労働省の判断に委ねられており，代理出産・非配偶者間の体外受精などが論議を呼んでいる。

③ライフスタイル　　自分の髪形・服装・喫煙・飲酒などについて自由に決

定できる権利を意味する。訴訟の件数は多いが，裁判所はこれが自己決定権として憲法上保障されるか否かについては，必ずしも明らかにはしていない。たとえば，自己消費目的の酒類製造を事実上不可能にする酒税法の免許制が争われた**どぶろく訴訟**において，「規制が裁量権を逸脱し，著しく不合理であることが明白であるとはいえず，憲法31条，13条に違反するものでない」と述べただけで，どぶろく造りの自由が自己決定権に含まれるか否かについてはふれなかった（最判1989（平元）・12・14【百選Ⅰ－24】）。喫煙の自由についても，「憲法13条の保障する基本的人権の一に含まれるとしても，あらゆる時，所において保障されなければならないものではない」とした（被拘禁者喫煙禁止事件）。公立中学校における男子生徒の**丸刈り規制訴訟**（熊本地判1985（昭60）・11・13【百選Ⅰ－22】）では，憲法14条・31条・21条違反が主張されたが，いずれも否定された。また，私立高校における校則裁判（バイク制限事件（最判1991（平3）・9・3【百選Ⅰ－25】））において，私人間には憲法は直接適用されないとして憲法判断を行わなかった。そして，本件事実関係の下においては「校則が社会通念上不合理であるとはいえ」ず，自主退学処分も違法ではないとした。

環境権

1960年代の高度経済成長期に環境が悪化し，公害問題が深刻化した。そこで，新しい人権として「よい環境を享受する権利」すなわち環境権が提唱されてきた。良好な環境の享受を妨げられないという意味では自由権的側面を有し，国や地方公共団体の積極的な施策を求めるという意味では社会権的な側面をも有するなど，多面的な要素を含んでいる。

内容・法的性格などについてはいまだ議論の段階であり，見解の一致をみていない。環境の内容について，自然環境だけでなく文化・社会環境を含めるという説もあるが，環境権の範囲が広汎になり権利性が弱められるため，自然環境に限定すべきである（多数説）。また，環境権の憲法上の根拠をめぐって，13条説，25条説，13条25条競合説（通説）が主張されている。一定水準の生活環境を維持・形成することは幸福追求権の内容であり，同時に「健康で文化的な最低限度の生活を営む」ために必要な条件であるから，13条25条競合説が妥当であろう。

環境権の具体的権利性を認め，これを根拠に差止め・損害賠償請求なども認めるべきとする見解もある。しかし，環境権の概念，権利の主体など，いまだ不明確な点も多いため，環境破壊によって身体的被害が生じている場合には，人格権侵害として13条に基づく請求を認める説のほうが有力である。

1993年，公害対策基本法に代えて**環境基本法**が制定され，環境保全政策の一層の充実が図られることとなった。しかし，同法にも環境権保障の規定はおかれなかった。

重要判例5 **大阪空港訴訟**（最大判1981（昭56）・12・16【百選Ⅰ－27】）

航空機騒音等に悩む空港近隣住民が，空港の設置管理者である国に対して，夜間空港使用差止め，過去および将来の損害賠償を請求した。大阪高裁は，人格権に基づく差止請求と過去の損害賠償請求を認めた。最高裁は，差止請求は「航空行政権の行使の取消変更ないしその発動を求める請求を包含する」ため，民事上の請求としてなすことはできないとして却下，過去の損害賠償請求のみ認めた。

まとめてみよう

人格的自律権説と一般的自由説の内容・批判について，まとめてみよう。

考えてみよう

1. 某公立高校では，校則で髪の毛を染めることを禁止している。この校則に違反した生徒が停学処分となり，その後も再三の注意にかかわらずやめなかったために退学処分となった。これは憲法に違反しないか，考えてみよう。
2. 体外受精などの生殖補助医療の利用が増加している。非配偶者間人工授精，代理母出産などについて，憲法上の観点から考えてみよう。

第**6**章

法の下の平等

この章で学ぶこと

男子学生の中には，比較的すいている女性専用車両をうらやましく思っている人もいるだろう。男女別名簿，男女別定年制など，男女間だけでもさまざまな区別がなされ，現在でも存在するものもある。しかし，別扱いがすべて憲法に反する差別とは考えられまい。では，憲法で禁止される差別とはどのようなものだろうか。この章では，平等の概念，平等違反の審査基準，個別的な差別禁止事項などについて学ぶことにしよう。

1　平等思想の展開

平等思想の歴史

平等の思想は古く，古代ギリシャにさかのぼる。しかし，国家に対する平等の要求として出てきたのは，近代の合理主義的自然法思想においてである。すべての人は生まれながらにして自由かつ平等であるという自由・平等の理念が，市民革命推進の原動力となった。1776年のアメリカ独立宣言では，「すべての人は平等に造られ，造物主によって，一定の奪いがたい天賦の権利を賦与される」とうたわれ，1789年のフランス人権宣言では，「人は自由かつ権利において平等なものとして出生し，かつ生存する」と宣言された。

日本における平等保障

大日本帝国憲法には，近代の平等思想すらほとんど取り入れられなかった。平等に関する一般原則がおかれず，平等規定は公務就任に対する資格の平等（19条）のみであった。華族制度が設けられて，華族にはさまざまな特権が認められた。また，女性には選挙権・被選挙権が保障されないなど女性差別も存在した。これに対して，日本国憲法は，14条1項で包括的な平等条項をおき，2項で貴族制度を廃止した。そして，家族生活における両性の平等（24条），教育の機会均等（26条），選挙人の資格の平等（44条）など，具体的権利の中にも平等保障を規定している。

形式的平等と実質的平等　前近代においては，生まれながらにして職業や居住地などが定まっていた。そのため，近代における平等思想は出発点での平等を意味し，自由な競争に参加する機会を望むものであり，それだけでさしあたっては十分であった。この時代の平等観は**形式的平等**，すなわち，現実に存在する各人のさまざまな差異を一切無視して一律にとらえた上で，自由な競争に参加する機会を平等に与える（**機会の平等**）という平等観である。しかし，19世紀の資本主義の発達により，それではむしろ社会的・経済的格差が広がっていったため，**実質的平等**が主張されるようになった。実質的平等とは現実に存在する差異を前提として，事実上劣位にある者を保護することによって不平等の是正をはかろうとする平等観である（コラム⑤参照）。すなわち，資本主義社会においては，実質的平等は徹底した結果の平等を追求するものではない。

現代立憲主義の平等思想は近代立憲主義の延長線上にあると解される。日本国憲法は，14条1項で近代的意味の平等（形式的平等）を規定し，さらに社会権を保障することによって，社会的経済的弱者のために積極的な措置をとることを要請している。すなわち，憲法には形式的平等と実質的平等の両方の要請が含まれており，原則的には形式的平等を保障し，そのことによって生じた見過ごすことのできない不平等を，社会権を具体化する立法によって，合理的な区別の許容範囲内で是正するものである。

	意　義	自由との関係	競争との関係	例
形式的平等	一律扱い	両　立	機会の平等	身分制度の否定
実質的平等	格差是正	要調整	結果の平等	社会権の保障

平等原則と平等権　アメリカ独立宣言やフランス人権宣言にみられるように，平等とは本来は平等原則を意味していたが，その

コラム⑤　積極的差別是正措置（アファマティブ・アクション，ポジティブ・アクション）

積極的差別是正措置とは，実質的平等を積極的に実現するため，女性や少数民族など歴史上差別の対象となってきた集団に，差別によって受けた不利益を回復するための特別措置を政府等が行うことを意味する。女性差別撤廃条約は「締約国が男女の事実上の平等を推進することを目的とする暫定的特別措置をとることは，この条約に定義する差別と解してはならない」（4条前段）と規定し，性差別解消のための積極的差別是正措置を是認している。各国において導入されており，日本でも，1999年に制定された男女共同参画社会基本法（8条）などに取り入れられている。一般的には是認できるとしても，方法や程度によって「逆差別」となる危険性も含んでいる。アメリカではたとえば，州立大学の入学選考制度における優遇措置などが挙げられるが，これに関して，逆差別論争，集団間対立，違憲訴訟なども起こっている。

後，国民の平等権も確立した。日本国憲法は，国家に対して国民を不合理に差別してはならないという法的義務（**平等原則**）を課すとともに，国民に対しては法的に平等に取り扱われる権利（**平等権**）をも保障していると解される。

平等権は，他者との比較においてのみ問題となるものであるから，その限りにおいて相対的な権利である。たとえば，すべての宗教の布教が禁止された場合，信教の自由の侵害とはなるが平等権侵害とはならない。ところが，キリスト教の布教のみが禁止され，仏教・神道など他の宗教については許容された場合，キリスト教徒にとっては信教の自由の侵害とともに平等権も侵害されたことになる。これに対して，平等権を標準的処遇を求める権利と解する説も主張されている。

2　平等条項の意味

絶対的平等と相対的平等

日本国憲法の「平等」が，人の現実的な差異にかかわらず，すべての人を平等に扱うという**絶対的平等**なのか，同じ条件・事情であるならば等しく扱うという**相対的平等**なのか問題となる。相対的平等説は，事実上の差異に着目し，等しいものは等しく，等しくないものは等しくなく扱い，合理的理由による区別は許容されると解する（通説・判例)。合理的区別の例として，たとえば，所得税の累進課税制度や，同じ罪を犯した場合であっても，犯罪にいたった経緯，前科の有無などによって宣告刑が異なることなどが挙げられる。

立法者拘束と立法者非拘束　憲法14条1項は「法の下に」と規定しているため，法の内容は問われないのか，つまり，立法者は14条1項の拘束を受けないのかという問題が提起される。**立法者非拘束説**（法適用平等説）は，14条1項は法を適用する行政機関・司法機関のみを拘束し，法の内容までは問わないと主張する。他方，**立法者拘束説**（法内容平等説）は，行政・司法だけでなく，立法機関をも拘束し，法の内容も平等でなければならないと解する（通説・判例）。

立法者非拘束説（法適用平等説）は，平等の意味については**絶対的平等**を前提とする。そして，1項前段と後段を区別して考え，前段は**法適用平等**を意味すると解し，後段列挙事由（人種，信条，性別，社会的身分，門地）については**限定列挙説**をとった上で，その事由による差別の禁止は絶対的であり立法者をも拘束する（法内容平等）と主張する。しかし，列挙事由以外でも地域や出身校など，禁止事項から除外する実質的理由のないものもある。また，列挙事由である性別による差異でも，たとえば，女性にのみ産前産後休暇を認めることは合理的な区別といえる。

立法者拘束説（法内容平等説）は，平等については**相対的平等**を前提とし，前段後段ともに立法者をも拘束すると主張する。そして，後段の列挙事由を例示と解して（**例示説**），保障範囲を広くする。さらに，最近，列挙事由を単なる例示ととらえるのではなく，列挙事由に該当する区別は合憲性推定が排除され，違憲審査において厳格に審査されると解する説が有力に主張されている。

<table>
<tr><th></th><th>平等の意味</th><th>前段・後段</th><th colspan="2">後段列挙事由</th></tr>
<tr><td>立法者非拘束説
（法適用平等説）</td><td>絶対的平等</td><td>前段―法適用平等
後段―法内容平等</td><td colspan="2">限定列挙</td></tr>
<tr><td rowspan="2">立法者拘束説
（法内容平等説）</td><td rowspan="2">相対的平等</td><td rowspan="2">法内容平等</td><td rowspan="2">例示列挙</td><td>単なる例示</td></tr>
<tr><td>合憲性推定排除</td></tr>
</table>

平等違反の審査　通説である相対的平等説によると，憲法で禁じられるのは不合理な差別であって，合理的な区別は憲法には違反しないことになる。しかし，別異の取扱いが合理的か否かの判定は容易ではない。まず，「『人間性』を尊重するという個人主義的，民主主義的理念」からみて不合理な別扱い，すなわち，人格価値平等の理念に反する区別は14条違反の差別になる。そして，具体的事件においては，立法目的と目的達成手段から合憲性を審査する手法が取り入れられてきた。

上述の有力説によれば，後段列挙事由による区別は，出生によって決定されるような本人のコントロールの及ばない事項による差別，過去の悲惨な差別等であるため，不合理な差別であるという推定が働き，厳格な審査基準が適用される（審査基準については第***15***章参照）。さらに，列挙事由以外による区別が争われる場合でも，**「二重の基準」論**（本書169頁）に基づいて，問題となっている実体的権利の性質の違いを考慮する説が有力に主張されている。すなわち，「二重の基準」論において厳格な審査を要するとされるもの（表現の自由など）について平等原則が争われる場合には，原則として厳格審査基準が適用される。そして，経済的自由に関して，列挙事由以外による区別が争われる場合には，緩やかに審査されるとする（本書107頁）。

3　個別的な差別問題

（1）　14条1項後段の事由

人　　種　人種とは，本来は皮膚・毛髪・目・体型等の身体的特徴によって区別される人類学上の種類であるが，今日では，「人種，皮膚の色，世系又は民族的若しくは種別的出身」（人種差別撤廃条約1条）と広く解されている。人種差別は歴史上大きな社会的・政治的問題となってきた。人種差別撤廃は今日でも世界的に重要な課題であり，国連は1965年に**人種差別撤廃条約**を採択した（日本は1995年に一部留保をつけて批准）。日本ではアイヌ民族，混血の人，帰化人などがこの関係で問題となりうる（1997年「アイヌ文化の振興並びにアイヌの伝統等に関する知識の普及及び啓発に関する法律」制定)。なお，国籍による取扱いの区別は，人権享有主体の問題として取り扱うのが一般的である（本書172頁）。

信　　条　信条は，歴史的には主に宗教や信仰を意味したが，今日では広く思想・世界観を含むと解されている。根本的なものの考え方に限定し，単なる政治的意見や政党所属関係を含まないとする見解もある。しかし，両者の区別は相対的であり，個人が内心において信ずる事柄全般と広く解すべきであろう。国家公務員法（27条），労働基準法（３条）において信条による差別が禁止されているが，採用に関しては，公務員の場合は行政庁に一定の裁量が，また，私企業の場合も企業の自由が認められており（**重要判例49**），法的問題として追及するのは困難である。

性　　別　歴史上，女性に対する差別は各国で行われていた。日本でも大日本帝国憲法下においては，女性差別が当然のように考えられ，法律上も，さまざまな女性差別が存在した（参政権なし，旧刑法の姦通罪，旧民法の妻の無能力等)。

日本国憲法は，包括的に性別による差別を禁じる（14条１項）とともに，家庭生活（24条），選挙人の資格（44条）における性差別を禁じている。そこで，憲法制定にともなって法律上の女性差別が改められた。その後も，**女性差別撤廃条約**の批准（1985年）にともない，1984年国籍法改正（父系優先血統主義→父母両系血統主義)，1985年男女雇用機会均等法制定など法制度が整備され，2000年には**男女共同参画社会基本法**も制定された。このように法制度が整備され，今日，事実上・慣習上の差別のほうが問題となっているとはいえ，まだ法制度上の課題は存在する。

女性差別は特に労働の場で問題となってきた。男女には肉体的・生理的に差異があり，その面からくる女性保護のための別扱いは容認または要請されるため，不合理な差異ではないと考えられてきた。しかし，そのことが逆に女性に不利益となる場合もある。たとえば，女性の時間外・休日労働，深夜業禁止規定（労基旧64条の３）は，その時間の労働が必要な職種・職場から女性を閉め出すことにもなる。女性差別撤廃条約の保護法令見直し規定に沿って（同11条３項），1997年労働基準法を改正し，出産保護以外の女性保護規定を削除した。

最高裁は，女性若年定年制も公序良俗違反（民90条）で無効とした（**日産自動車事件**（最判1981（昭56）・３・24【百選Ⅰ－12】））。また，女性結婚退職制は性別にもとづく不合理な差別であり，民法90条に反し無効とした下級審の判決もある（住友セメント事件（東京地判1966（昭41）・12・20労民17巻６号1407頁））。

社会的身分・門地

門地とは，家系・血統などの家柄を意味する。**社会的身分**の意味をめぐって学説は次のように分かれる。(a)出生によって決定され自己の意思で変えられない社会的地位（狭義説），(b)社会において後天的に占める地位で一定の社会的評価をともなうもの（折衷説），(c)社会においてある程度継続的に占めている地位（広義説）などが主張されている。a説によれば，被差別部落出身者・帰化人・非嫡出子・親子関係などが挙げられ，同性愛者もより生来的な問題であることを理由に含める見解もある。14条１項後段の列挙事由を単なる例示と解せば，どの説をとっても実質上の違いはないが，後段に特別の意味をもたせる見解をとれば，範囲を明確にする必要が生じ，限定的に解する傾向がみられる。

嫡出・非嫡出の区別に基づく別異取扱いが改められてきた。平成６年の住民基本台帳事務処理要領の改正で，住民票における世帯主との続柄については，すべて「子」と記載することになった（以前は，嫡出子は長男（女），次男（女），非嫡出子は子と記載されていた）。また，戸籍については，平成16年の戸籍法施行規則の改正で，母が産んだ婚外子の出生順によって，長女（男），二女（男）と記載することになった。しかし，戸籍法は出生届に嫡出子又は嫡出でない子の別を記載すべきものと定めている（49条２項１号）。最高裁は，本件規定は，「法律婚主義の制度の下における」「身分関係上及び戸籍処理上の差異を踏まえ，」事務の便宜上「記載すべきことを定めているにとどま」り，本件規定によって「嫡出でない子について嫡出子との間で子又はその父母の法的地位に差異がもたらされるもの」ではなく，憲法14条１項に違反しないとした（最判2013（平25）・９・26民集67巻６号1384頁）。

また，非嫡出子の法定相続分を嫡出子の相続分の2分の1とする規定（民法旧900条4号但書）について，以前は，「法律婚の尊重と非嫡出子の保護の調整を図ったもの」であり，著しく不合理で立法府の裁量権を逸脱したものとは言えないため違憲ではないとされたが（最大決1995（平7）・7・5民集49巻7号1789頁），2013年に違憲と判断された（**重要判例6**）。この判決を受けて，民法が改正され，嫡出でない子の法定相続分が嫡出子の相続分と同等になった。

重要判例6　非嫡出子法定相続分違憲決定（最大決2013（平25）・9・4【百選Ⅰ-29】）

最高裁は，以下のように判示した。「国の伝統，社会事情，国民感情など」や「婚姻ないし親子関係に対する規律，国民の意識等を」「総合的に考慮した上で，相続制度をどのように定めるかは，立法府の合理的な裁量判断に委ねられている」。

「これらの事柄は時代と共に変遷するものでもあるから，その定めの合理性については，個人の尊厳と法の下の平等を定める憲法に照らして」検討されなければならない。そして，変遷として，（ア）婚姻や家族の実態の変化，国民の意識の変化，（イ）諸外国の状況の変化，（ウ）国際人権B規約，児童の権利に関する条約の批准，条約の委員会による「本件規定の存在を懸念する旨の見解」，（エ）住民票・戸籍の記載など，嫡出子と嫡出でない子の区別に関わる法制等の変化，最大判2008（平20）・6・4（**重要判例7**）による国籍法3条違憲判断，（オ）法定相続分を平等とする法律案の準備などの状況を示した。

以上を「総合的に考察すれば，家族という共同体の中における個人の尊重がより明確に認識されてきたことは明らかである。そして，法律婚という制度自体は」定着しているとしても，認識の変化に伴い，「父母が婚姻関係になかったという，子にとっては自ら選択ないし修正する余地のない事柄を理由としてその子に不利益を及ぼすことは許されず，子を個人として尊重し，その権利を保障すべきであるという考えが確立されてきている」。「したがって，本件規定は，遅くとも平成13年7月当時において，憲法14条1項に違反していた」と判示した。

また，最高裁は，国籍取得に準正要件を課した国籍法3条1項を違憲とした（**重要判例7**）。この判決を受けて，2008年に同条項が改正され，未成年者について生後認知のみによる国籍取得も可能となった。

重要判例7　**国籍法違憲判決**（最大判2008（平20）・6・4【百選Ⅰ－35】）

原告は，日本人の父と外国人の母の間に生まれた非嫡出子が生後認知を受けた場合，「父母の婚姻」があるときに限って国籍取得を認める国籍法3条1項の規定は，憲法14条1項に違反し無効であると主張して，国籍確認を求めた。最高裁は，同項制定当時においては，準正を「日本国民との法律上の親子関係の存在に加え我が国との密接な結びつきの指標となる」要件としたことには，「立法目的との間に一定の合理的関連性があった」。しかし，今日では，この要件を要求することは「家族生活等の実態に適合」しないこと，国際的に「非嫡出子に対する法的な差別的取扱いを解消する方向」にあること，多くの国で認知等によって国籍取得を認める傾向にあることから，もはや「合理的関連性」があるとはいえない。「日本国民である父から胎児認知された非嫡出子及び日本国民である母の非嫡出子も，生来的に日本国民を取得することとなる」のに，「日本国民である父から出生後に認知されたにとどまる非嫡出子のみが」「著しい差別的取扱いを受けている」。したがって，「本件区別は合理的な理由のない差別となって」おり，国籍法3条1項は憲法14条1項に違反すると認めた。しかし，同項の規定を全部無効とすれば，準正子の届出による国籍取得も否定することになる。そこで，「日本国民である父と日本国民でない母との間に出生し，父から出生後に認知された子は，父母の婚姻により嫡出子たる身分を取得したという部分を除いた国籍法3条1項所定の要件が満たされるときは，同項に基づいて日本国籍を取得することが認められる」とした。

刑法旧200条は，自己または配偶者の直系尊属を殺害した者は，死刑または無期懲役に処すと規定しており，この条文の違憲性が争われた事案がある（**重要判例8**）。

重要判例8　**尊属殺重罰規定違憲判決**（最大判1973（昭48）・4・4【百選Ⅰ－28】）

被告人は14歳の時に実父に姦淫され，15年間夫婦同様の生活を強要されて5人の子どもを出産した。職場の同僚との結婚を望んだが，父に監禁・暴行されたため父を殺害した。被告人は尊属殺人罪で起訴された。最高裁は，「尊属に対する尊重報恩は，社会生活上の基本的道義というべく，このような自然的情愛ないし普遍的倫理の維持は，刑法上の保護に値する」ため，法律上，刑の加重要件としても合理的でないとはいえない。しかし，「加重の程度が極端で」，「立法目的達成の手段として甚だしく均衡を失し，これを正当化しうべき根拠を見出しえないときは，その差別は著しく不合理なもの」となる。そして，刑法200条の法定刑は199条（普通殺）のそれに比べて，「著しく不合理な差別的取扱いをするものと認められ」，憲法14条1項違反であるとして199条を適用した。少数意見は，親子の情や親への尊敬は法律や厳罰で強制・遵守させるものではなく，尊属殺人に関する規定は，「民主主義の根本理念に抵触し」憲法14条1項に反するとした。

尊属殺重罰規定事件について，学説では，目的違憲説（立法目的が違憲）をとった少数意見を支持するものが多い。多数説がとった手段違憲説（立法目的は合憲であるが目的達成手段が違憲）によれば，加重（かちょう）の程度が極端でなければ合憲となるため，その後，**尊属傷害致死重罰規定**（刑旧205条2項）は14条に反しないとされた（最判1974（昭49）・9・26刑集28巻6号329頁）。なお，刑法200条，205条2項は，1995年に削除された。

（2） その他の事由

議員定数不均衡

近代選挙の基本原則の1つとして**平等選挙**が挙げられるが，この原則は，1人1票の原則だけでなく**投票価値の平等**も要求すると解されている（権利は選挙権の問題。本書163頁）。議員定数配分について，最高裁は当初，立法政策上の問題としていたが（最大判1964（昭39）・2・5民集18巻2号270頁），今日では憲法上の要請ととらえている。

衆議院に関しては，最高裁は，最大較差1対4.99に達した1972年総選挙時の議員定数配分規定を違憲としたが，事情判決の法理を類推して選挙は無効としなかった（**重要判例9**）。その後，憲法上許容される較差はどの程度か問題とされた。最大較差1対4.40は違憲（最大判1985（昭60）・7・17民集39巻5号1100頁），1対3.18は違憲状態と判断された（最大判1993（平5）・1・20民集47巻1号67頁）が，1対2.92など3未満の場合には合憲判決だったため，最高裁は1対3を基準としているのではないかと推測されていた。しかし，学説の多数は1人1票を基本として2倍未満が許容範囲ではないかと主張した。

1994年に，衆議院議員選挙区画定審議会設置法が「2以上とならないようにすることを基本」（3条1項）と定め，また，「各都道府県の区域内の選挙区の数は，各都道府県にあらかじめ１を配当し（１人別枠方式），残りの議席を人口に比例して各都道府県に配分することを求めた（同条２項）。最大較差１対2.304の2009年総選挙について，最高裁は，「本件区割基準のうち１人別枠方式に係る部分は」，今日では合理性が認められず，「憲法の投票価値の平等の要求に反するに至っており，同基準に従って改定された本件区割規定の定める本件選挙区割りも，憲法の投票価値の平等の要求に反するに至っていた」（違憲状態）と認めたが，「いずれも憲法上要求される合理的期間内における是正がされなかったとはいえ」ないため，憲法14条１項等に違反しないとした（最大判2011（平23）・11・10【百選Ⅱ－158】）（最大判2015（平27）・11・25も同様）。

参議院についても投票価値の平等が妥当する。かつて，最高裁は最大較差１対5.85等も合憲であるとし（最判1988（昭63）・10・21判時1321号123頁），１対6.59は違憲状態であるとしたため（最大判1996（平８）・９・11民集50巻８号2283頁），最高裁は，１対６を基準としているのかと推測された。しかし，１対5.00が違憲状態と判断されて（最大判2012（平24）・10・17【百選Ⅱ－155】），６倍基準説が否定された。

重要判例９　衆議院議員定数不均衡訴訟（最大判1976（昭51）・４・14【百選Ⅱ－153】）

1972年の衆議院議員選挙では，議員１人あたりの有権者の最大較差が4.99倍に達していた。そこで，選挙人が公職選挙法204条に基づいて選挙無効訴訟を提起した。最高裁は，選挙権の平等は各選挙人の投票価値の平等を含むとした。選挙区割と議員定数配分についての国会の裁量権を認めた上で，議員定数配分においては，人口比例原則が「最も重要かつ基本的な基準」であり，「投票価値の不平等が，国会において通常考慮しうる諸般の要素をしんしゃくしてもなお，一般的に合理性を有するものとはとうてい考えられない程度に達しているときは，もはや国会の合理的裁量の限界を超えているものと推定され」，特段の理由がない限り憲法違反である。本件における議員定数不均衡は，「選挙当時には，憲法の選挙権の平等の要求に反する程度になっていた」。しかし，「直ちに当該議員定数配分規定を憲法違反とすべきではなく，」「合理的期間内における是正が憲法上要求されていると考えられるのにそれが行われない場合に初めて憲法違反となる」としたうえで，本件の場合，「合理的期間内における是正がなされなかった」と認めた。選挙区割および議員定数配分は不可分の一体をなし，定数配分は「全体として違憲の瑕疵を帯びる」。しかし，選挙を当然無効と解した場合には，「明らかに憲法の所期しない結果を生ずる」。そこで，行政事件訴訟法31条1項前段の**事情判決**から一般的な法の基本原則を読み取り，選挙が「違法である旨を判示するにとどめ，選挙自体は無効としない」とした。

その他の事例　①障害福祉年金と児童扶養手当の併給禁止が争われた**堀木訴訟**では，最高裁は，立法府の広い裁量権を認め，本件の別異の取扱いは著しく不合理であるとはいえないとした（**重要判例40**）。②国民年金法が20歳以上の学生に対して任意加入としていたために，傷病により障害者になっても，初診日が20歳以上の学生で任意加入していなかった場合，障害基礎年金等を受給することができないことが，14条1項，25条違反か問題となった学生無年金障害者訴訟において，最高裁は，20歳前障害者との間に差異が生じるが，合理的理由のない不当な差別的取扱いではないとした（25条違反の主張も斥けた）（最判2007（平19）・9・28【百選Ⅱ－139】）。③条例による取締りが地域によって異なることが問題となった**東京都売春防止条例事件**（最大判1958（昭33）・10・15【百選Ⅰ－34】）において，最高裁は，憲法94条が地方公共団体の条例制定権を認めている以上，「地域によって差別を生じることは当然に予想されることであるから，かかる差別は憲法みずからが容認する」と判示した。④所得税をめぐって，給与所得者と事業所得者との間に，必要経費控除の認定，所得の捕捉率の較差などの不合理な差異が存在すると争われた**サラリーマン税金訴訟**（最大判1985（昭60）・3・27【百選Ⅰ－32】）において，最高裁は，「立法目的が正当なものであり，かつ，当該立法において具体的に採用された区別の態様が右目的との関連で著しく不合理であることが明らかでない限り」，違憲とはいえないとした。学説は，必要経費の実額が概算控除額を著しく超過することが明らかな場合は憲法違反となる，という補足意見を支持する立場が多い（1988年から特定支出控除制度（所税57条の2）が導入された）。税制度に関する立法の広い裁量は認めるとしても，所得の捕捉率の較差（クロヨンなどと批判されてきた）などによって，給与所得者の税に関する不公平感はかなり強いので，法制度の改善が望まれる。

貴族制度の廃止と栄典にともなう特権の禁止　「華族その他の貴族の制度は，これを認めない」（14条2項）と規定して，大日本帝国憲法下で存在した**華族制度**を廃止し，身分制度を否定している。なお，皇族は，憲法が天皇制を採用している以上，それに付随する制度として例外的に認められる。

憲法は，栄典の授与そのものは認めつつ（7条7号），それに何らかの特権がともなうことを禁止している（14条3項）。天皇による栄典だけでなく，永年勤続議員の表彰（国会），国民栄誉賞（内閣），名誉市民（地方公共団体）なども該当する。文化勲章の受賞者には文化功労者として年金が支給されるが（文化功労者年金法），多数説は，合理的な範囲内の経済的利益であれば違憲ではないと解する。

家族生活における両性の平等　憲法24条は家庭における個人の尊厳と性差別の禁止をうたっており，内容上13条・14条に包含されるが，家制度を徹底的に廃止するためにとくに規定されたものである。新しい民法はこの規定に基づくものであるが，現在でも合理性に疑いがもたれるものもある。たとえば，①女性に対する6ヶ月の**再婚禁止期間**（民733条）について，最高裁は，「父性の推定の重複を避けるため」「100日について一律に女性の再婚を制約すること」（同772条2項参照）は，「国会に認められる合理的な立法裁量の範囲」内であり，「上記立法目的との関連において合理性を有する」。しかし，「100日超過部分は合理性を欠いた過剰な制約を課すもの」であると認め，憲法14条1項，24条2項に違反するとした（最大判2015（平27）・12・16）（なお，この判決を受けて，再婚禁止期間を100日に短縮して即日実施，民法改正案も国会に提出予定）。②婚姻適齢（結婚できる年齢）が男18歳，女16歳とされていることも（同731条），以前は，男女の精神的肉体的成熟度の違いを理由に合理的と解されてきた。しかし，成熟度は個人差のほうが大きいこと，男性にのみ社会的・経済的自立を求める名残が感じられることなどから違憲の疑いが濃い。③夫婦同氏制（同750条）について，最高裁は，社会に定着しており，家族の「呼称を一つに定めることには合理性が認められる」と指摘した。規定自体に形式的不平等はなく，どちらの氏を称するかは当事者に委ねられており，性差別には当たらない。現実には夫の氏を選択する夫婦が圧倒的に多く，アイデンティティの喪失感を抱いたり，婚姻前の社会的信用等の維持が困難になるなどの不利益を，女性が被る場合が多いと推認される。しかし，旧姓の通称使用が社会的に広まることにより，これらの不利益は「一定程度は緩和され得る」。よって，夫婦同氏制は，「個人の尊厳と両性の本質的平等の要請に照らして合理性を欠く」とは認められないと結論づけた。なお，選択的夫婦別氏制が不合理だと言うのではなく，「この種の制度の在り方は，国会で……判断されるべき事柄」であるとした（最大判2015（平27）・12・16）。

まとめてみよう

近代国家における平等概念と現代国家における平等概念をまとめてみよう。

考えてみよう

1. 婚姻の定義をジェンダーレスにする，あるいは，パートナーシップ法などを制定するなど，同性カップルを法的に認める国，地域が増えてきている。日本でも条例を制定して，法的に認める地方公共団体が出てきている。憲法の観点から考えてみよう。
2. 女子の大学進学率が男子のそれと変わらなくなった今日，男子に受験資格を認めない国公立女子大設置の合憲性を疑問視する主張がある。実際に，男性が公立女子大に願書受理を求めて訴訟を提起した事件も起こっている。この問題について考えてみよう。

第**7**章

精神的自由権(1)

——思想・良心の自由，信教の自由，学問の自由——

この章で学ぶこと

人が自由に考え，自由に話しをすることは人間として最も基本的なことである。これらのことについて国家からの干渉を受けないことが精神的自由権である。この章では，精神的自由権の全体をみたのち，とくに思想・良心の自由，信教の自由および学問の自由について，各々の内容と限界を学ぼう。

1　精神的自由権

精神的自由権は人身の自由とならんで人権宣言の中心を占めてきた。それは，自由な精神活動が**人間の尊厳**に不可欠であるのみならず，自由な精神活動が文明の発展に寄与し，また人と人との自由なコミュニケーションが人格の発達を促進するとともに民主政治にとってきわめて重要であることからみて当然である。

日本国憲法は，精神的自由権として，**思想・良心の自由**（19条），**信教の自由**（20条），**表現の自由**（21条），**学問の自由**（23条）を規定している。このうち，思想・良心の自由は，純粋に内心における精神活動にかかわり（**内面的精神活動の自由**），表現の自由は，内心での精神作用を外部に表明する活動の自由（**外面的精神活動の自由**）に相当する。信教の自由と学問の自由は，それぞれの個別領域において内面的精神活動の自由と外面的精神活動の自由をカバーする。

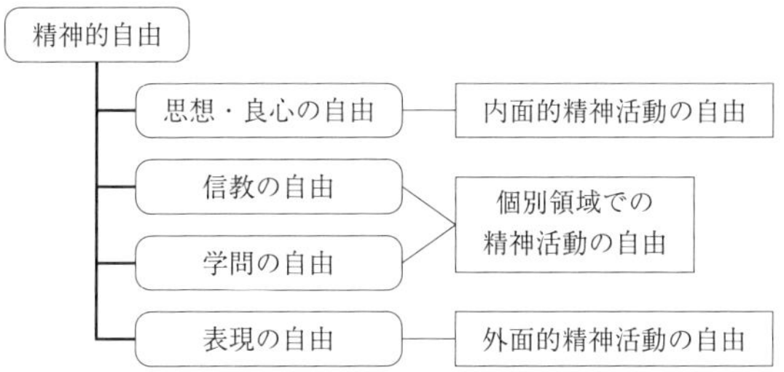

2　思想・良心の自由

思想・良心の意味

憲法は「思想及び良心の自由は，これを侵してはならない」(19条) と規定する。この「思想」と「良心」について，「良心」を「思想」と区別して宗教信仰とみる説もあるが，そう解する必要はない。日本国憲法は思想・良心の自由とは別に信教の自由も規定する上に，憲法は両者を区別せず一体として保障するからである。ただし，思想・良心が内心のすべての精神作用を含むかどうかは問題であり，この点，次の2つの見解がある。

第1は**信条説** (**限定説**) である。この見解では，思想・良心は，宗教信仰に準ずるような世界観，人生観など人格形成の核心をなす体系だった主義・主張に限られる。第2は**内心説** (**非限定説**) である。これによれば，内心における物の見方，考え方など内心の活動一般が思想・良心に含まれる。非限定説では物事の善悪の判断や事実の認識も19条の保障対象となるが，限定説ではそれは否定される。判例は限定説をとるようである。

重要判例10　**謝罪広告事件** (最大判1956 (昭31)・7・4【百選Ⅰ－36】)

選挙運動中に政見放送および新聞によって対立候補者の名誉を毀損した者に対して，裁判所が民法723条に基づき，「右放送及記事は真相に相違しており，貴下の名誉を傷け御迷惑をおかけいたしました。ここに陳謝の意を表します」という謝罪広告を新聞紙に掲載することを命じたことが，19条に違反するかどうかが争われた。最高裁は，「単に事態の真相を告白し陳謝の意を表明するに止まる程度のもの」を代替執行によって強制することは許され，本件の謝罪広告の強制は「上告人に屈辱的若くは苦役的労苦を科し，又は上告人の有する倫理的な意思，良心の自由を侵害することを要求するもの」ではないとした。この判決には，良心の自由には「単に事物に関する是非弁別の内心的自由」も含み，「事の是非善悪の判断を外部に表現せしめ，心にもない陳謝の念の発露」を判決をもって命ずることは19条に違反するという旨の反対意見も付された。

思想・良心の自由の意義　思想・良心の自由を「侵してはならない」ことの意義は，国家から次の行為を受けないことにある。

第1は**特定思想の禁止または強制**である。国家は特定思想を禁止したり国民に特定思想を押しつけたりしてはならない。これは，具体的には政府が特定思想を大規模に宣伝・教育し，または思想・良心に反する外部的行為を強制する形でも行われうる。生徒に対して国旗掲揚・国歌斉唱を義務づけることもこの点で問題となる。第2は**特定思想を理由とする不利益処分**である。これは14条1項における信条による差別禁止と重なる。第3は**思想告白の強制**である。これは**沈黙の自由**の保障にほかならない。沈黙の自由は21条によっても保障されるが，思想・良心にかかわる場合は19条によっても保障される。この結果，国家は国民の思想調査を行ってはならず，また個人の思想を推知させる団体加入などの事実を公務員採用の際に質問することも許されない（ただし，民間企業に関する事件として，**重要判例49**）。公立中学校における内申書の記載が思想・信条を推知させるものであるか否かが問題となった判例として**重要判例11**がある。

重要判例11　**麹町（こうじまち）中学内申書事件**（最判1988（昭63）・7・15【百選Ⅰ-37】）

東京都千代田区立麹町中学校の生徒が高校を複数受験したが，いずれも不合格となった。不合格となったのは，調査書（いわゆる「内申書」）に，「校内において麹町中全共闘を名乗り，機関紙『砦』を発行した。学校文化祭の際，文化祭粉砕を叫んで他校生徒と共に校内に乱入し，ビラまきを行った。大学生ML派の集会に参加している。学校側の指導説得をきかないで，ビラを配ったり，落書をした。」と記載されていたことが原因であると主張して，国家賠償を請求した。最高裁は，「いずれの記載も，上告人の思想，信条そのものを記載したものでな」く，「右の記載に係る外部的行為によっては上告人の思想，信条を了知し得るものではないし，また，上告人の思想，信条自体を高等学校の入学者選抜の資料に供したものとは到底解することができない」ことを理由に請求を斥けた。

思想・良心の自由の限界

内面的精神活動の自由である思想・良心の自由には限界はなく**絶対的自由**である。いかなる思想であれ内心にとどまるかぎり，それが他者の権利・利益を侵害することはないからである。しかし，人が内心の思想・良心に基づき行動をした場合は，それは外面的精神活動となり，その自由は他者の権利・利益との調整のため制約を受ける。だが，内心の思想等に密接に関連する行動を規制する際には，思想そのものの規制にならないよう注意する必要がある。

なお，思想・良心に基づく行動に関して，法律で定められている一般的な義務が個人の思想・良心に反する場合に，そうした法律への服従を拒否することが許されるかという問題がある。**良心的兵役拒否**（ドイツ基本法4条3項参照）がこの問題に関する代表例である（もっともドイツでは2011年以降，徴兵制自体が停止されている）。日本では，公立学校の入学式・卒業式において国旗掲揚・国歌斉唱を求める学校長の職務命令を教師が拒否する事例が数多く起こっている。

重要判例12　**君が代伴奏拒否事件**（最判2007（平19）・2・27【平19重判－憲3】）

音楽専科の教諭が，入学式の国歌斉唱の際にピアノ伴奏を行うことを命じる校長の職務命令に従わなかったことを理由に受けた戒告処分の取消しを求めた。最高裁は次の理由から請求を斥けた。ピアノ伴奏の拒否は歴史観・世界観と不可分に結びつくものではなく，本件職務命令は上告人の歴史観・世界観それ自体を否定するものではない。入学式の国歌斉唱の際のピアノ伴奏は音楽専科の教諭にとって通常想定され期待されるものであり，本件職務命令は上告人に対して「特定の思想を持つことを強制したり，あるいはこれを禁止したりするものではなく，特定思想の有無を告白することを強要するもの」でもない。この判決には，ピアノ伴奏を命じる校長の職務命令によって達せられる公共の利益と上告人の思想・良心の保護の必要との間で慎重な考量を行うことを求める反対意見が付された。

3　信教の自由と政教分離の原則

（1）　信教の自由

信教の自由の意義

信教の自由の保障は人権宣言の成立過程においてきわめて重要な意義をもった。そのため各国憲法の人権規定は，ほぼ例外なく信教の自由を規定してきた。大日本帝国憲法（明治憲法）も「日本臣民ハ安寧秩序ヲ妨ケス及臣民タルノ義務ニ背カサル限ニ於テ信教ノ自由ヲ有ス」（28条）と信教の自由を規定した。だが，その文言からもわかるように信教の自由の保障は制限つきであった。しかも明治憲法の下で，「**神社は宗教にあらず**」との理屈から，神社神道が事実上国教として取り扱われた（**国家神道**）ため，それ以外の宗教には自由の保障が弱かった。とくにファシズムが台頭した昭和期には，公務員や生徒に神社参拝が強制され，大本教など一部の宗教団体が弾圧を受けた。

こうした国家神道体制の下で信教の自由の保障が著しく損なわれた経験を踏まえ，日本国憲法は，「信教の自由は，何人に対してもこれを保障する」（20条1項前段）と無条件に信教の自由を保障するとともに，政教分離の原則を規定した（同後段，20条3項，89条前段）。

信教の自由の内容

憲法上，信教の自由は次の内容からなる。

第1は**信仰の自由**である。これは宗教領域における内面的精神活動の自由であり，内心において特定宗教を信仰する自由，信仰を変える自由および信仰しない自由を意味する。また信仰を告白する自由およびそれを強制されない自由（沈黙の自由）も含まれる。

第2は**宗教的行為の自由**である。これは宗教的結社の自由と合わせて宗教領域における外面的精神活動の自由に相当する。宗教的行為の自由は宗教信仰に基づく儀式，礼拝，行事，勧誘，布教等の行為をする自由，およびそれらをしない自由を意味する。20条2項は宗教的行為をしない自由を重ねて定めたものであり，これは明治憲法時代に神社参拝が強制されたことがあったという事情を背景とする。

第3は**宗教的結社の自由**である。これは宗教信仰を同じくする者が宗教団体を結成する自由，それに加入する自由，それを脱退する自由，およびそれらを行わない自由を意味する。**宗教法人**ではない団体も宗教的結社の自由を享受する。この意味において，宗教団体が法人格を取得するのに所轄庁の認証が要件となっていること（宗教法人法12条）は，宗教的結社の自由の侵害ではない。

信教の自由の限界

信仰の自由は思想・良心の自由と同様に絶対的に保障される。これに対して宗教的行為の自由および宗教的結社の自由には限界がある。これらは宗教信仰の外部的表明をともない，表現の自由と同様に他者の権利・利益を侵害することがありうるからである。たとえば，僧侶が加持祈禱によって精神異常者を治療しようとして死亡させた行為は，「信教の自由の保障の限界を逸脱」する（最大判1963（昭38）・5・15【百選Ⅰ－41】）。

だが，これらの自由が規制される場合でも，宗教信仰そのものの正邪の観点から規制が加えられてはならない。また規制が許されるかどうかは，問題となる規制の目的が必要不可欠かどうか，規制手段が最小限であるかどうかの観点から厳格に判断する必要がある。

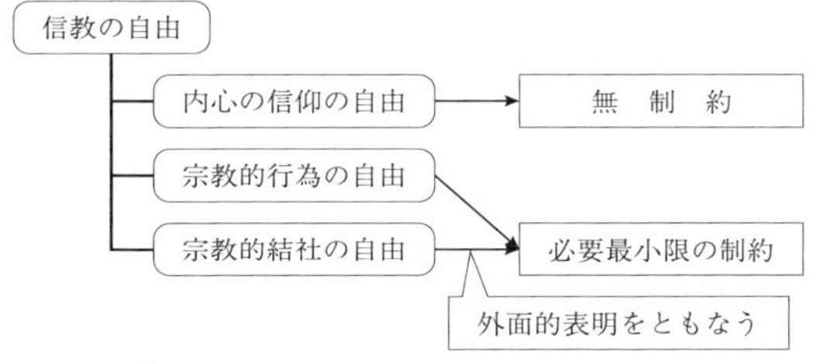

重要判例13　オウム真理教解散命令事件（最決1996（平8）・1・30【百選Ⅰ－42】）

宗教法人オウム真理教は，宗教法人法81条1項に基づき裁判所から受けた解散命令に対し信教の自由を侵害するとして特別抗告した。最高裁は次の理由から抗告を棄却した。宗教法人の解散命令の制度は，もっぱら宗教法人の世俗的側面を対象とし，かつ，もっぱら世俗的目的によるものであって，宗教団体や信者の精神的・宗教的側面に容かいする意図によるものではなく，その制度の目的も合理的である。大量殺人を目的として毒ガスであるサリンを大量に生成したオウム真理教は，法令に違反して，著しく公共の福祉を害すると明らかに認められ，宗教団体の目的を著しく逸脱した行為をしたことが明らかである。このような行為に対処するには，宗教法人を解散し，その法人格を失わせることが必要かつ適切であり，他方，解散命令によって宗教団体であるオウム真理教やその信者らが行う宗教上の行為に何らかの支障を生ずることが避けられないとしても，その支障は，解散命令にともなう間接的で事実上のものであるにとどまる。したがって，本件解散命令は，オウム真理教の行為に対処するのに必要でやむをえない法的規制である。

重要判例14　エホバの証人剣道実技拒否事件（最判1996（平8）・3・8【百選Ⅰ－45】）

エホバの証人の信者である公立高専の学生が，信仰上の理由から必修である体育の剣道実技を履修しなかったため受けた退学処分の取消しを求めた。最高裁は次の理由から取消しを認めた。高専において剣道実技の履修が必須のものではなく他の代替的方法によっても行うことが可能である。学生が剣道実技への参加を拒否する理由は，その信仰の核心部分と密接に関連する真しなものであった。学生は，信仰上の理由による剣道実技の履修拒否の結果として，他の科目では成績優秀であったにもかかわらず，退学という事態に追い込まれたものであり，その不利益がきわめて大きく，本件処分は自己の信仰上の教義に反する行動をとることを余儀なくさせられるという性質を有するものであった。高専は本件処分に至るまでにレポート提出等の代替措置をとることの是非，その方法，態様等について十分に考慮しなかったため，本件処分は裁量権の範囲を超え違法である。

（2）　政教分離の原則

政教分離原則の意義

各国の憲法は共通して信教の自由を保障するが，その規定する政教関係は各国の歴史や宗教的伝統を反

コラム⑥　神道指令

神道指令は正式名を「国家神道，神社神道ニ対スル政府ノ保証，支援，保全，監督並ニ弘布ノ廃止ニ関スル件」という。連合国軍総司令部（GHQ）は1945年10月4日に人権指令を発して信教の自由の確立を日本政府に命じたのに続いて，同年12月15日に発したのがこの指令である。神道指令において，GHQは，戦前，国家神道体制の下で神道が「軍国主義的並ニ過激ナル国家主義的宣伝」に利用されたという認識から，日本の民主化を進めるため，神社神道と国家とを分離することをきわめて具体的な措置を示しながら命じた。そのなかには，神社神道に対する国家の特別な保護監督の停止，公の財政的援助の停止，役場・学校などからの神棚等の除去，官公吏が公的資格で神社を参拝することの禁止も含まれていた。日本国憲法における政教分離の原則は，神道指令を引き継いで規定されたものである。

映して多様である。主要な政教関係として，国家と特定宗教との組織的未分離を残す**国教制度**（例：イギリス），国家が宗教団体と分離した上で有力な宗教団体に政教条約を締結するなどして一定の公的性格を与える**公認宗教制度**（例：ドイツ，イタリア），国家と宗教とを厳格に分離して宗教を私事とする**分離制度**（例：アメリカ，フランス）がある。

日本国憲法は分離制度を採用し政教分離の原則を定めた。これは，諸宗教が多元的に併存してきたわが国の宗教事情および先にみた歴史的事情を踏まえ，とくに侵害されやすい宗教的少数者の信教の自由を強く保障するためである（コラム⑥参照）。

憲法上，政教分離の原則は次のようにかなり詳細な内容をもつ。第1に**宗教団体への特権付与の禁止**である（20条1項後段）。宗教法人に対する非課税措置がこれにあたるかという問題があるが，一般には否定されている。第2に**宗教団体による政治上の権力行使の禁止**である（同）。「政治上の権力」とは国の統治的権力をさす。第3に国家による**宗教的活動の禁止**（20条3項）である。判例ではこの点について争われることが多い。第4に**宗教団体への公金支出の禁止**（89条前段）である。これは財政面での政教分離原則である。以上からわかるように，政教分離原則は**国家の非宗教性**（国家と宗教の相互分離）および**宗教的中立性**（宗教に対する国家の不偏）を基本理念としている。

政教分離原則違反の判断方法

政教分離原則には限界があり，たとえば刑事施設における宗教教誨（きょうかい）（刑事収容68条）や寺社・仏像などの維持保存のための補助金支出（文化財保護法など）のように，国家と宗教との結びつきにも許容されるものがある。そこで，結びつきが許されるかどうかをどのように判断するかが問題となる。政教分離原則の規定に照らし，この判断は厳格に行われる必要がある。

この点，判例は，政教分離原則違反の判断方法として**目的効果基準**を用いてきた。この基準は，「宗教とのかかわり合いをもたらす行為の目的及び効果にかんがみ，そのかかわり合いが，［わが国の社会的・文化的］諸条件に照らし相当とされる限度を超えるもの」のみが許されないという基本的発想に立ちつつ，20条３項違反を「当該行為の**目的**が宗教的意義をもち，その**効果**が宗教に対する援助，助長，促進又は圧迫，干渉等になるような行為」かどうかで判断するという基準である。しかも，判例は，目的と効果を「行為の外形的側面のみにとらわれることなく，当該行為の行われる場所，当該行為に対する一般人の宗教的評価，当該行為者が当該行為を行うについての意図，目的及び宗教的意識の有無，程度，当該行為の一般人に与える効果，影響等，諸般の事情を考慮し」判断する。

重要判例15　**津地鎮祭事件**（最大判1977（昭52）・７・13【百選Ⅰ－46】）

体育館建設地で市が主催して神道式の地鎮祭を行ったことが20条３項に違反するかどうかが争われた。最高裁は，目的効果基準を示した上で，次の理由から合憲と判断した。神式の地鎮祭は，「今日においては，もはや宗教的意義がほとんど認められなくなった建築上の儀礼」であって，「一般人の意識においては，起工式にさしたる宗教的意義を認めず，建築着工に際しての慣習化した社会的儀礼として，世俗的な行事と評価している」。本件地鎮祭は「国民一般の間にすでに長年月にわたり広く行われてきた方式の範囲を出ないものであるから，一般人及びこれを主催した津市の市長以下の関係者の意識においては，これを世俗的行事と評価し，これにさしたる宗教的意識を認めなかった」。本件地鎮祭は，「工事の円滑な進行をはかるため工事関係者の要請に応じ建築着工に際しての慣習化した社会的儀礼を行うという極めて世俗的な目的によるもの」であり，「参列者及び一般人の宗教的関心を特に高めることとなるものとは考えられず，これにより神道を援助，助長，促進するような効果をもたらすことになるものとも認められない」。この判決には，本件地鎮祭を違憲とする5名の裁判官の反対意見が付された。

学説では，一方で，目的効果基準を基本的に妥当としつつ，当該行為が宗教との過度のかかわり合いがあるかという点も勘案するなどして，それを厳格に適用すべきだと説く立場がある。他方で，目的効果基準のあいまいさを批判するとともに，この基準を国家と宗教のかかわり合いが問題となるあらゆる場合に適用するのは無理であるという主張がある。

判例によれば，殉職自衛官の神社合祀申請に自衛隊地方連絡部が協力すること（最大判1988（昭63）・6・1【百選Ⅰ－47】），市が小学校の増改築のため代替地を取得して忠魂碑を移設したこと，および忠魂碑を維持管理する遺族会に当該市有地を無償貸与したこと（最判1993（平5）・2・16【百選Ⅰ－51】），大嘗祭（だいじょうさい）に知事が参列して拝礼したこと（最判2002（平14）・7・11【百選Ⅰ－50】）はいずれも合憲である。これに対して，県知事が神社に対して玉串料として公金から支出して奉納したこと，市が市有地を神社施設の敷地として無償で使用させていたことは違憲とされた。

重要判例16　**愛媛玉串料事件**（最大判1997（平9）・4・2【百選Ⅰ－48】）

知事が靖国神社の大祭などにおいて玉串料を公費で奉納したことが20条3項等に違反するかどうかが争われた。最高裁は次の理由から政教分離原則違反を認めた。神社がその境内において挙行する恒例の重要な祭祀に際して玉串料等を奉納することは，「時代の推移によって既にその宗教的意義が希薄化し，慣習化した社会的儀礼にすぎないものになっているとまでは到底いうことができず，一般人が本件の玉串料等の奉納を社会的儀礼の一つにすぎないと評価しているとは考え難い」ので，「玉串料等の奉納者においても，それが宗教的意義を有するものであるという意識を大なり小なり持たざるを得ない」。「地方公共団体が特定の宗教団体に対してのみ本件のような形で特別のかかわり合いを持つことは，一般人に対して，県が当該特定の宗教団体を特別に支援しており，それらの宗教団体が他の宗教団体とは異なる特別のものであるとの印象を与え，特定の宗教への関心を呼び起こす」。

重要判例17　**砂川市空知太神社事件**（最大判2010（平22）・1・20【百選Ⅰ－52】）

市が市有地を長年，神社施設の敷地として無償で使用させてきたことが89条等に違反するかどうかが争われた。最高裁は，「国公有地が無償で宗教的施設の敷地としての用に供されている状態が，……信教の自由の保障の確保という制度の根本目的との関係で相当とされる限度を超えて憲法89条に違反するか否かを判断するに当たっては，当該宗教的施設の性格，当該土地が無償で当該施設の敷地としての用に供されるに至った経緯，当該無償提供の態様，これらに対する一般人の評価等，諸般の事情を考慮し，社会通念に照らして総合的に判断すべき」との一般論に基づき，本件神社物件が「一体として神道の神社施設に当たる」こと，本件神社において「神道の方式」にのっとり「宗教的行事」が行われていること，本件神社物件を管理し祭事を行っているのは氏子集団（宗教団体）であること，市有地の無償利用提供は氏子集団が「宗教的活動を行うことを容易にしている」こと，したがって「一般人の目から見て，市が特定の宗教に対して特別の便益を提供し，これを援助していると評価されてもやむを得ない」こと，本件利用提供行為が小学校敷地の拡張に協力した用地提供者に報いるという世俗的・公共的な目的から始まったとしても明らかな宗教的施設に長期間にわたり継続的に便益を提供し続けていることを理由に，本件利用提供行為を89条および20条1項に違反するとした。

4　学問の自由

学問の自由の意義

学問の自由は，思想の自由や表現の自由の中に含まれると考えられるため，明文で規定する例は多くない。明治憲法にも学問の自由の規定はなかった。だが，学問は，既存の真理を疑い，批判することにより新しい真理を発見するものであるため，もともと権力から干渉される可能性を有している。実際，わが国では，明治憲法の下で，美濃部達吉の憲法学説が国体に反するとしてその著書の発売が禁止され，政府が国体明徴声明を発してその学説の教授を禁止した**天皇機関説事件**などにおいて，特定の学説が権力により弾圧を受けた。それだけに日本国憲法が学問の自由を保障することの意義は小さくない。

学問の自由の内容と限界

学問の自由は次の3つからなる。

第1は**学問研究の自由**である。これは学問の自由の中心であり，また内面的精神活動の自由である。学問研究の自由は思想・良心の自由と同様いかなる規制も受けないと説くのがこれまでの通説であった。だが，近年急速に発達した先端科学技術の研究に関しては，人間の尊厳，生命・健康に関する人権などを保護するために公的に規制されうるという見解もある。実際，**クローン技術規制法**は人クローン胚などを人または動物へ移植することを罰則つきで禁止している（同3条，16条）。

第2は**研究成果発表の自由**である。この自由は学問領域における外面的精神活動の自由として表現の自由と同様の制約に服する。

第3は**教授（教育）の自由**である。これは学問研究の成果に基づき他から干渉を受けることなく教育を行う自由である。伝統的には大学など高等研究教育機関で教授する自由が考えられてきた。最近の学説では，初等中等教育の教師にも教育の自由を肯定するものが多い（本書145頁）。しかし，大学生と初等中等教育を受ける児童・生徒とでは批判能力に差があること，初等中等教育においては教育の機会均等および全国的な教育水準の確保も重要な要請であることから，「教師に完全な教授の自由を認めることは，とうてい許されない」というのが判例である（**重要判例41**）。

大学の自治

23条は学問の自由を定めるのみであり，大学の自治を明示していない。だが，大学が学問研究の中心となってきたこと，その大学に伝統的に自治が認められてきたことからわかるように，**大学の自治**は学問の自由の保障に不可欠なものである。そのため大学の自治も23条によって保障されるというのが通説・判例である。

大学の自治の主たる内容は次の2つである。第1は**人事の自治**である。これは，学長，教授その他の研究者の人事を大学が自主的に決定するということである。第2は**施設・学生の管理の自治**である。この点で公安活動のため警察官が大学の了解なく大学に立ち入るのは問題である。

重要判例18　ポポロ事件（最大判1963（昭38）・5・22【百選Ⅰ－91】）

東京大学の教室で行われていた大学公認の劇団ポポロによる松川事件に関する演劇発表会に立ち入っていた私服警官に対し暴行を加えたとして，学生が「暴行行為等処罰ニ関スル法律」違反で起訴された。最高裁は，大学の自治を認めながら，大学の自治は直接には教授その他の研究者の自治であり，学生は大学の自治の効果として施設の利用を認められるとした上で，「本件集会は，真に学問的な研究と発表のためのものではなく，実社会の政治的社会的活動であり，かつ公開の集会，またはこれに準ずるもの」であって，大学の自由と自治の保障の対象外であるので，本件集会への警察官の立ち入りは学問の自由と大学の自治を侵さないと判示した。

2014年11月に公安警察が京都大学のキャンパス内に無断で立ち入っていたことが判明し，大学の自治と警察権との関係の問題を再び呼び起こした。また，自治の担い手として従来は教授会が考えられていたが，大学運営における学長のリーダーシップの確立を目的とした学校教育法の改正が行われた（2015年6月）。この改正に対しても，大学の自治の観点から問題が提起されている。

まとめてみよう

1. 思想・良心の自由と対比して信教の自由と学問の自由には，どのような特徴があるか。
2. 政教分離の原則には，どのような目的があり，どのような内容があるか。

考えてみよう

私立大学の教授Xが自己の歴史認識を新聞紙上に発表したことを理由として，その私立大学を設置する学校法人がXに対して教育活動をやめるように命じる職務命令を発した。この事実における憲法上の問題点について検討しなさい。

第8章

精神的自由権(2)——表現の自由——

この章で学ぶこと

人が何かを考えたり思ったりした場合，それを話したり何かに書いたりして他の人に伝えたいと感じるだろう。もしこうした活動が許されなければ，人間はどれだけ不自由で惨めなことだろうか。憲法はこうした活動を表現の自由として保障している。表現の自由は現代社会においていかなる内容をもつものであろうか。この自由はどれほど規制されるのだろうか。

1　表現の自由の保障の意義

表現の自由の価値

表現の自由は，外面的精神活動についての一般的な自由である。表現の自由も18世紀から人権宣言の中核を占めてきた。だが，もともと個人の表現行為とくに政治批判の表明は，国家により制限されがちなものであった。わが国においても，明治憲法の下で，「言論著作印行集会及結社ノ自由」(29条) と表現の自由が規定されていたが，法律の留保があったため，治安警察法，新聞紙法，治安維持法などにより表現の自由は強く抑圧されていた。こうみると，21条1項が「集会，結社及び言論，出版その他一切の表現の自由は，これを保障する」と規定したことは意義深いことがわかる。

表現の自由の保障を基礎づける理由として次の2つがある。第1は**自己実現の価値**である。これは，人は他者とのコミュニケーションによって自己の人格を形成・発展させることができるのであるから，個人の自己実現にとって表現の自由が不可欠であるということである。第2は**自己統治の価値**である。これは，国民が政治的意思決定に参加するという民主政治の維持発展にとって表現の自由が不可欠であることを意味する。

表現の意義　表現の自由の保護対象となる「表現」の意義は拡張的にとらえられている。表現は一般的に人の内面的精神活動を外部に表明することであり，それには思想の表明に限らず，意見，知識，感情など内心における一切の精神活動の表明が含まれる。しかも，その内容は政治的なものに限られず，商業広告などの**営利的言論**も含まれる。

また，「言論，出版その他一切の表現の自由」（21条1項）とあるように，表現方法にも一切のものが含まれる。口頭による言語（言論）や印刷物（出版）に限らず，音楽，演劇，絵画，映像などのあらゆる表現方法およびインターネットなどあらゆる情報伝達方法も，表現の自由の保護対象となる。さらに，他国に抗議するためにその国旗を焼却するなど，行動による意見の表明である**象徴的表現**も含まれる。また個人が行う活動のみならず，テレビやラジオなどのマスメディアによる報道なども表現の自由により保護される。

2　表現の自由の内容

（1）　表現の自由の内容

表現の自由を今日の情報化社会に照らしてとらえると，その自由は情報の流通の全過程が国家から妨げられることなく行われる権利・自由として理解することができる。この場合，表現の自由の内容は次のようになる。

第1は**情報伝達・提供の自由**である。これは能動的に情報を伝達・提供する（話す，書くなど）自由，およびそれを国家から強制されない自由である。後者は沈黙の自由と重なる。情報伝達・提供の自由は後述のように情報の送り手（マスメディア）の自由として機能する。

第2は**情報受領の自由**である。これは受動的に情報を受領する（聞く，視る，読むなど）自由である。これは主として情報の送り手から個人が情報を受けるという場面での自由である。判例も新聞・図書の閲読の自由を表現の自由として認めている（よど号ハイジャック記事抹消事件（最大判1983（昭58）・6・22【百選Ⅰ-16】））。

第3は**情報提供請求権**である。これはマスメディアを含む国民が情報を保有する国家に対して情報提供を請求する権利であり，一般には**情報開示請求権**と呼ばれる。後述の情報開示請求権としての知る権利はこれにあたる。

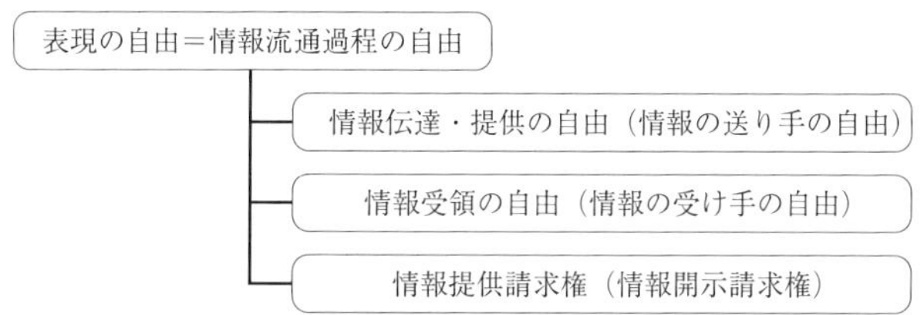

（2） 情報の受け手の自由・権利

情報の送り手と情報の受け手

もともと表現活動は，情報の送り手と受け手双方の存在を前提とするものである。しかし，20世紀になって，大きな社会的影響力をもつマスメディアが発達したことにより，一般市民はマスメディアから一方的に情報を受けるだけの存在になり，情報の送り手と受け手の分離が顕著になった。このため，表現の自由を一般市民の側（情報の受け手の側）からとらえることが重要になった。

このように表現の自由を情報の受け手の側からとらえて主張されてきた権利として，知る権利やアクセス権がある。

知る権利

知る権利は次の2つの面からなる。第1は情報受領の自由である。これは国民が国家から干渉を受けずに情報を受領する権利であり，純粋な自由権（国家からの自由）としての性格をもつ。第2は**情報開示請求権**である。これは，今日，国家が膨大な情報を保有していることを背景として，国民が国家に対して積極的に情報の公開を請求する権利であり，国家による自由としての性格をもつ。

なお，これら2つの面とも，国民が国政に関する事実を知ってはじめて国政に有効に参加することができるという意味で，参政権的な性格（国家への自由）をも併せもっている。最高裁もこの点について次のように述べている。「報道機関の報道は，民主主義社会において，国民が国政に関与することにつき，重要な判断の資料を提供し，国民の『知る権利』に奉仕するものである」(**重要判例19**)。

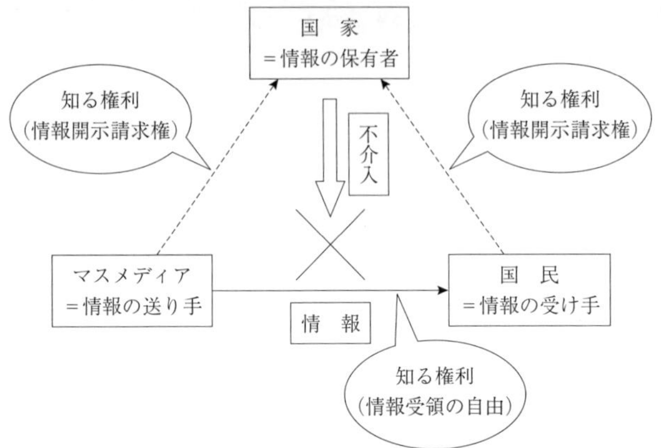

情報公開制度　情報開示請求権としての知る権利を国民が実際に行使するには，情報公開の手続等に関して知る権利を具体化する法令が制定される必要がある。実際には，まず地方公共団体で**情報公開条例**によって知る権利が具体化され，次いで国レベルでも**情報公開法**（行政機関の保有する情報の公開に関する法律）が制定された。情報公開条例では「知る権利」に言及する例も多いが，情報公開法では「知る権利」という文言は用いられていない。しかし，情報公開法も「国民主権の理念にのっとり」政府の説明責任（説明する責務）を全うすることを目的として制定されたものであり（同法1条），行政文書の開示請求権が何人にも認められている（同3条）。

アクセス権　**アクセス権**は，情報の受け手である国民が情報の送り手であるマスメディアに対して自己の意見発表の場を提供するよう要求する権利である。具体的には反論文掲載請求権（**反論権**）が主張されることが多い。しかし，私企業であるマスメディアに対する具体的なアクセス権を21条から導き出すのは無理であり，具体的な権利を認めるには法律の制定が必要となる（サンケイ新聞事件（最判1987（昭62）・4・24【百選Ⅰ－82】））。

インターネット　**インターネット**は情報発信の容易性および発信と受信との双方向性を備えているため，その急速な発達により，情報の送り手に対抗しうる情報発信手段が情報弱者であった情報の受け手にも与えられるようになった。しかしインターネットは，その情報発信の容易性と匿名性のため，違法情報，犯罪情報など危険な情報が流れるという通常のメディアではみられなかった状況をも生み出している。このため表現の自由に関する新たな問題が現れてきている。一般的には通常のメディアによる表現の自由と同様の考え方がインターネットによる表現にも妥当しようが，たとえば名誉毀損表現については，インターネット上での名誉毀損には対抗言論が容易であるから，別に考える余地がある（もっとも最高裁は通常の場合と同様に考えている。最決2010（平22）・3・15【平22重判－憲8】）。

（3）　情報の送り手の自由

報道の自由　マスメディアの報道は事実を伝達するものではあるが，21条により**報道の自由**は保障される。最高裁も，**重要判例19**において，「報道の自由は，表現の自由を規定した憲法21条の保障の下にある」と明言した。とくに，国民は国政に関する情報の多くを報道機関の報道から得ているため，報道の自由は国民の知る権利に密接に関連する重要な自由である。「報道の自由は，憲法21条が保障する表現の自由のうちでも特に重要なもの」（**重要判例20**）といわれることもある。

ところで，印刷メディアに比べ放送メディアの**放送の自由**は，電波法と放送法により多くの規制に服している。とくに**放送法**は放送番組の編集にあたり次のように放送事業者に要請する。①公安および善良な風俗を害しないこと，②政治的に公平であること，③事実を曲げないで報道すること，④意見が対立する問題については，できるだけ多くの角度から論点を明らかにすること（同4条1項）。このような規制の理由として説かれてきたのは，**電波の有限性**，**放送の社会的影響力**などである。これらの理由が放送規制を十分に正当化できているかについては，否定的な学説も多い。

取材の自由

報道の自由のほか，報道のためにマスメディアが行う取材も21条の保護対象となるか。この点，最高裁は，「報道のための**取材の自由**も，憲法21条の精神に照らし，十分尊重に値いする」（**重要判例19**）と，取材の自由が報道の自由より弱い保障しか受けないことを示唆した。

重要判例19　**博多駅テレビフィルム事件**（最大決1969（昭44）・11・26【百選Ⅰ－78】）

米原子力空母寄港反対闘争に参加した学生と機動隊員とが博多駅で衝突した際に，機動隊側に過剰警備があったとして提起された付審判請求（刑訴262条）の審理に際して，福岡地裁はテレビ放送会社に対して衝突の模様を撮影したテレビフィルムの提出を命じた（刑訴99条２項）。それに対して放送会社は本件命令が報道の自由・取材の自由を侵害するとして特別抗告をした。最高裁は次の理由から抗告を棄却した。「審判の対象とされている犯罪の性質，態様，軽重および取材したものの証拠としての価値，ひいては，公正な刑事裁判を実現するにあたっての必要性の有無」，「取材したものを証拠として提出させられることによって報道機関の取材の自由が妨げられる程度およびこれが報道の自由に及ぼす影響の度合その他諸般の事情」を比較衡量した結果，公正な刑事裁判の実現のために取材活動で得られたものが証拠として必要な場合には，取材の自由がある程度の制約を受けることとなってもやむをえない。本件フィルムは裁判にとってほとんど必須のものである一方，報道機関が蒙る不利益は報道の自由そのものではなく将来の取材の自由が妨げられるおそれがあるというにとどまるのであるから，本件フィルムの提出命令は憲法21条に違反しない。

これに対して，学説では取材の自由も報道の自由の一環として21条により保障されるという見解が強い。取材・編集・発表という過程を経てはじめて報道が成り立つから，報道の自由にはそれらの過程における活動の自由も含まれると考えるべきだからである。

ただし，こうした立場でも取材の自由には次のように限界がある。第１に法廷における写真撮影の制限である。公判廷における写真撮影には裁判所の許可が必要である（刑訴規215条）が，判例はこれを合憲とする（最大決1958（昭33）・２・17【百選Ⅰ－76】）。第２に**国家機密**に関する取材の限界である。公務員は「職務上知ることのできた秘密」を漏らすことが禁止され（国公100条１項），公務員に秘密を漏らすことをそそのかした者も処罰される（同109条12号，111条）。最高裁は，**重要判例20**で，取材の自由の観点から「そそのかし」行為者に対する処罰規定を限定解釈した。

重要判例20　外務省秘密漏洩（ろうえい）事件（最決1978（昭53）・5・31【百選Ⅰ－80】）

新聞記者が，沖縄返還交渉に関する取材の一環として，外務省女性事務官と肉体関係をもち同事務官に依頼して沖縄返還交渉に関する外務省の秘密電文を入手したため，国家公務員法111条違反で起訴された。最高裁は，本件電文は同法100条にいう「秘密」に該当するとした上で，報道機関が公務員に対し秘密を漏示するように根気強く執拗に説得ないし要請を続けることは，「それが真に報道の目的からでたものであり，その手段・方法が法秩序全体の精神に照らし相当なものとして社会観念上是認されるものである限りは，実質的に違法性を欠き正当な業務行為」であるとする。しかし，本件記者の取材行為は正当な取材活動の範囲を逸脱し，有罪であるとした。

2013年12月に「特定秘密の保護に関する法律」（特定秘密保護法）が制定された。同法は，①防衛，②外交，③スパイ活動の防止，④テロリズムの防止に関する安全保障情報で「特に秘匿することが必要であるもの」を行政機関の長が「特定秘密」に指定し，「特定秘密」を漏洩した場合には重い罰則を科すことなどについて規定している。この法律に対しては，報道の自由や取材の自由，国民の知る権利の観点から批判が提起された。そのため「この法律の適用に当たっては，これを拡張して解釈して，国民の基本的人権を不当に侵害するようなことがあってはならず，国民の知る権利の保障に資する報道又は取材の自由に十分に配慮しなければならない」（同法22条1項）と定められている。さらに取材の自由については，**重要判例20**の趣旨を踏まえて，「出版又は報道の業務に従事する者の取材行為については，専ら公益を図る目的を有し，かつ，法令違反又は著しく不当な方法によるものと認められない限りは，これを正当な業務による行為とするものとする」（同2項）と定めている。

取材源の秘匿等　取材の自由の限界をめぐり論議が多いのは，関連する次の2つの問題である。

第１は**取材源の秘匿**（ひとく）である。裁判所は何人でも証人として尋問することができ（民訴190条，刑訴143条），証人は出頭・宣誓・証言の義務を負う（民訴192条以下，刑訴150条以下）が，これに基づいて報道機関に取材源を証言させることができるかが問題となる。取材活動は報道機関と情報提供者との信頼関係により成り立ち，報道機関が取材源を明らかにしないという前提があってこそ十分な取材ができるのであり，取材源の秘匿は将来の円滑な取材を確保するために必要不可欠である。この観点から，取材源の秘匿は憲法上の保障を受けると考えるのが通説である。

民事裁判では民事訴訟法197条１項３号が「職業の秘密に関する事項」については証言を拒否できると規定する。最高裁は，証言が必要不可欠であるといった事情がない限り取材源の秘匿は保護に値するとした上で，この規定に基づいて記者に取材源に関する証言の拒否を認めた（最決2006（平18）・10・３【百選Ⅰ－75】）。これに対して，刑事裁判では刑事訴訟法149条が一定の職業の者に証言拒否権を認めているが，最高裁は，新聞記者にはその規定の類推適用を認めていない（最大判1952（昭27）・８・６刑集６巻８号974頁）。

第２は取材資料の提出強制である。取材資料が報道目的以外に使用されないことは，報道機関にとって，将来，取材を円滑に行う上できわめて重要である。だが，**公正な裁判の実現**のため取材資料が証拠として必要な場合には取材の自由が制約を受けることもやむをえない。最高裁は，**重要判例19**において，裁判所がテレビ放送会社に対して取材フィルムの提出を命じたことを，公正な裁判の実現の要請と取材の自由が妨げられる程度とを比較衡量して，合憲とした。さらに最高裁は，捜査機関によるテレビ取材資料の差押えも合憲とした（日本テレビ事件（最決1989（平元）・１・30刑集43巻１号19頁），TBS ビデオテープ押収事件（最決1990（平２）・７・９【百選Ⅰ－79】））。だが，捜査機関による捜査のための押収は，裁判所による提出命令とは異なることに注意すべきである。

3　表現の自由の限界

二重の基準論

表現の自由は前述のように重要な価値をもつが無制約ではない。**外面的精神活動の自由**である表現の自由は，他者の権利・利益と衝突することがあるからである。しかし，表現の自由が何らかの理由で規制されなければならない場合でも，その規制の合憲性については，表現の態様，規制の目的，規制の態様・程度等を具体的に検討し，厳格に審査される必要がある。

こうした厳格審査に関する基本的な考え方が**二重の基準論**である。これは，表現の自由など精神的自由権を規制する立法の合憲性は経済的自由権の規制立法よりも厳しい基準によって審査されなければならないと説く理論である。二重の基準論の最も基本的な根拠は次の2点である。第1は**民主的政治過程論**である。経済的自由権を侵害する立法が行われても民主的政治過程が機能していれば民主的政治過程を通じて是正することが可能であるが，精神的自由権が侵害されれば民主的政治過程が機能しなくなるのである。第2は**裁判所の審査能力**である。経済的自由権の規制には社会経済政策がかかわることが多いため，政策の当否を判断する能力に乏しい裁判所は，立法機関の判断を尊重せざるをえないが，精神的自由権の規制にはそのような問題はない。

最高裁も，「集会の自由の制約は，基本的人権のうち精神的自由を制約するものであるから，経済的自由の制約における以上に厳格な基準の下にされなければならない」（**重要判例31**）と，二重の基準論の考え方を肯定している（コラム⑨参照）。

表現の自由の規制立法に関する厳格な合憲性審査の方法・基準として，具体的にどのようなものがあるか以下みていく。

事前抑制禁止の理論

これは表現行為の**事前抑制**は原則として許されないという理論である。不適当な表現行為が行われた後に刑罰を科すなどのような**事後規制**に比べて事前抑制は公権力による規制の範囲が広汎になりがちであり，濫用されやすく，そもそも事前抑制が表現の自由に対する強力な規制であることがこの理論の理由である。しかし，名誉権やプライバシー権はいったん侵害されると回復困難なことが多く，表現行為によってこれらの権利が侵害される場合には，例外的に裁判所による**事前差止め**も認められる（**重要判例22**，**重要判例26**）。

事前抑制の典型的なものは**検閲**である。検閲の禁止を定める21条２項と事前抑制禁止の原則との関係については，両者を基本的に同じものと捉えて21条２項を事前抑制禁止の理論を確認するものと解する学説もあるが，最高裁は両者を区別する。最高裁は，検閲を「**行政権**が主体となって，思想内容等の表現物を対象とし，その全部又は一部の発表の禁止を目的として，対象とされる一定の表現物につき網羅的一般的に，**発表前**にその**内容**を審査したうえ，不適当と認めるものの発表を禁止することを，その特質として備えるもの」と非常に厳格に定義する反面，検閲禁止（21条２項）の趣旨を公共の福祉を理由とする例外も一切許容しない**絶対的禁止**と捉える（**重要判例21**）。最高裁の厳格な定義によれば多くの事前抑制は検閲にはあたらない（実際，税関検査，仮処分による事前差止め，教科書検定などが検閲にあたらないとされている）。しかし，たとえ検閲（21条２項）にあたらないとしても，事前抑制禁止の理論をはじめ21条１項の問題として表現の自由の不当な侵害ではないかをさらに別途検討するという二段構えの判断を最高裁はしている。

重要判例21　**税関検査事件**（最大判1984（昭59）・12・12【百選Ｉ－73】）

原告は，わいせつな書籍等を輸入しようとしたが，税関長から関税定率法（当時）の定める輸入禁制品である「公安又は風俗を害すべき書籍，図画，彫刻物その他の物品」に該当する旨の通知を受けたため，通知の取消訴訟を提起した。最高裁は，さきにみた検閲の定義を掲げた上で，輸入が禁止される表現物は国外において既に発表済みであること，税関検査は思想内容等それ自体を網羅的に審査し規制することを目的とするものではないことなどを理由として，税関検査は検閲（21条２項）にはあたらないとした。さらに表現の自由の侵害についても検討し，わいせつな表現物の流入を水際で阻止することもやむをえず，「風俗を害すべき書籍」とはわいせつな書籍を意味するものと限定解釈することが可能であるから明確性に欠けるところもなく，21条1項に違反しないとした。

重要判例22 **「北方ジャーナル」事件**（最大判1986（昭61）・6・11【百選Ⅰ－72】）

原告は，知事選挙候補者に対する批判記事を掲載した雑誌を公刊しようとしていたところ，札幌地裁から当該雑誌の事前差止めを命ずる仮処分を受けたため，本件仮処分が表現の自由を侵害すると主張して損害賠償を請求した。最高裁は，**重要判例21**で示した検閲の定義に従い，仮処分による事前差止めは検閲にあたらないとした上で，事前差止めが事前抑制として21条1項に違反しないかについて検討し，次のように判示して本件仮処分を合憲とした。出版物の頒布等の事前差止めは事前抑制に該当するので原則として許されないが，「その表現内容が真実でなく，又はそれが専ら公益を図る目的のものではないことが明白であって，かつ，被害者が重大にして著しく回復困難な損害を被る虞があるときは，……例外的に事前差止めが許される」。

重要判例23 **第1次家永教科書事件**（最判1993（平5）・3・16【百選Ⅰ－93】）

教科書検定不合格処分を受けた原告が国家賠償を求めた。最高裁は，**重要判例21**で示した検閲の定義に従い，教科書検定は一般図書としての発行を妨げるものではなく，発表禁止目的や発表前の審査などの特質がないから検閲にはあたらないとした上で，21条1項の問題について検討し，普通教育においては教育の中立・公正，一定水準の要請があり，教科書検定はこれらの観点で不適切な図書を教科書という特殊な形態で発行することを禁止するものにすぎないから，表現の自由に対する合理的で必要やむをえない制限であるとした。

明確性の理論

これは表現の自由の規制立法は明確でなければならないという理論である。あいまい不明確な規制や過度に広範な規制は，それだけの理由で違憲無効となる。およそ刑罰規定は罪刑法定主義の観点から明確でなければならない（本書122頁）。刑罰規定が不明確であれば，①何が犯罪として処罰されるかを国民に告知する機能を果たさず，②法執行機関の恣意的な運用が可能となるからである。

重要判例24 **徳島市公安条例事件**（最大判1975（昭50）・9・10【百選Ⅰ－88】）

被告人が条例に規定された「交通秩序を維持すること」という遵守事項に違反したことなどを理由に起訴された。最高裁は，あいまい不明確な刑罰法規は憲法31条違反になりうることを認めた上で，「交通秩序を維持すること」という規定は「殊更な交通秩序の阻害をもたらすような行為を避止すべきことを命じているもの」であり，通常の判断能力を有する一般人であれば，「殊更な交通秩序の阻害をもたらすような行為であるかどうかは，通常さほど困難なしに判断しうること」であるから，本件規定は明確性を欠き憲法31条に違反するものではないとした。

表現の自由に関しては，制裁として刑罰が科される場合に限らず，民事制裁や行政処分の場合も含めて，およそ表現の自由を規制する立法は明確でなければならない。というのは，表現の自由を規制する立法が不明確であれば，「国民がその規定の適用を恐れて本来自由に行い得る表現行為までも差し控えるという効果を生むこととなるからである」（**重要判例21**）。このような効果を**萎縮効果**という。

最高裁は，「法律をもって表現の自由を規制するについては，基準の広汎，不明確の故に当該規制が本来憲法上許容されるべき表現にまで及ぼされて表現の自由が不当に制限されるという結果を招くことがないように配慮する必要があ」る（**重要判例21**）と，一般論としては明確性の理論を承認する。だが，判例には，かなり広汎または不明確な規定でも，**合憲限定解釈**（法令を憲法に適合するように狭義に解釈すること）の手法を用いて，合憲と判断する傾向がみられる（**重要判例21**，**重要判例24**，集会の自由に関する判例として **重要判例25**）。

重要判例25 **広島市暴走族追放条例事件**（最判2007（平19）・9・18【百選Ⅰ－89】）

広島市暴走族追放条例は，暴走族を「暴走行為をすることを目的として結成された集団又は公共の場所において，公衆に不安若しくは恐怖を覚えさせるような特異な服装若しくは集団名を表示した服装で，い集，集会若しくは示威行為を行う集団」と定義し，「何人も」「公共の場所において，当該場所の所有者又は管理者の承諾又は許可を得ないで，公衆に不安又は恐怖を覚えさせるようない集又は集会を行うこと」をしてはならないと定めていた。最高裁は，「規定の仕方が適切ではなく，本条例がその文言どおりに適用されることになると，規制の対象が広範囲に及び，憲法21条1項及び31条との関係で問題がある」ことを認めつつも，条例全体の趣旨等から「本条例が規制の対象としている「暴走族」は，……暴走行為を目的として結成された集団である本来的な意味における暴走族の外には，服装，旗，言動などにおいてこのような暴走族に類似し社会通念上これと同視することができる集団に限られる」と解釈し，合憲と判断した。

明白かつ現在の危険の基準

アメリカ連邦最高裁の判例において厳格な違憲審査基準として有名なのが**明白かつ現在の危険の基準**である。これは，ある表現行為により重大な害悪の発生することが明白であり，しかもその害悪の発生が時間的に差し迫っている場合にのみ，表現行為を規制することができるという基準である。煽動罪のように表現内容を直接規制する場合にこの基準が用いられるべきである。下級審の裁判例にはこの基準を用いたものがあるほか，最高裁もこの基準の趣旨を述べたことがある（**重要判例31**）。

より制限的でない他の選びうる手段の基準

より制限的でない他の選びうる手段の基準（LRA基準）は，表現の自由の規制立法について，規制目的が正当であっても，規制手段（方法）において自由をより制限しない他の選びうる手段があるには，立法は違憲となるとする基準である。これは，規制方法が規制目的達成のために必要最小限のものでなければならないことを意味する。この基準は表現方法の規制の場合に有益である。この基準を明示した下級審裁判例として猿払事件第1審判決（旭川地判1968（昭43）・3・25【百選Ⅱ-200】）がある。

4　表現内容に関する規制

表現・表現規制の類型

先にみたように，表現の自由に対する規制の合憲性は，表現の態様および規制の態様等に応じて，具体的に検討しなければならない。そこで，表現の自由の規制を，**表現内容に関す**

る規制，**表現方法に関する規制**（表現行為の時・場所・方法に関する規制）という２つの類型に分けた上で，さらに表現の態様ごとに表現の自由の限界をみていくのが有益である。

名誉毀損・プライバシー侵害表現

名誉毀損表現は，13条により保障される人格権の１つとしての**名誉権**（本書48頁）を保護する観点から規制される。刑事では処罰の対象となり（刑230条），民事では損害賠償責任を発生させ（民709条・710条），場合によれば事前差止めの対象となる（**重要判例22**）。そのため，表現の自由と名誉権とを調整することが必要となる。この点，**刑法230条の２**は，①公共の利害に関する事実に係り，②公益を図る目的での表現行為の場合には，③真実性の証明があれば，処罰しないと定める。最高裁は，表現の自由の保障を拡張するようにこの規定を解釈して，③真実性の証明がない場合でも，③′行為者が事実を真実であると過信したことについて相当の理由があるときには処罰されないと判断した（「夕刊和歌山時事」事件（最大判1969（昭44）・６・25【百選Ⅰ－68】）など。民事責任についても同様である。最判1966（昭41）・６・23民集20巻５号1118頁）。

プライバシーを侵害する表現も，**プライバシー権**（本書49頁）の保護のため規制されうる。プライバシー権を侵害する表現行為は損害賠償責任を生じさせ（「宴のあと」事件（東京地判1964（昭39）・９・28【百選Ⅰ－65】），ノンフィクション「逆転」事件（最判1994（平６）・２・８【百選Ⅰ－66】）など），場合によれば事前差止めも認められる。

重要判例26　**「石に泳ぐ魚」事件**（最判2002（平14）・９・24【百選Ⅰ－67】）

小説のモデルとして，身体的特徴・経歴を詳細・苛烈に描写された女性（X）が，プライバシー権，名誉権，名誉感情の侵害を理由に，慰謝料支払いおよび出版差止めを求めて訴訟を提起した。最高裁は，「公共の利益に係わらないＸのプライバシーにわたる事項を表現内容に含む本件小説の公表により公的立場にないＸの名誉，プライバシー，名誉感情が侵害され」，出版により「重大で回復困難な損害を被らせるおそれがある」として，損害賠償だけでなく差止めも認めた。

犯罪の煽動

犯罪行為や違法行為を唱導する表現行為は規制されうる。このような行為を処罰する**煽動罪**（扇動罪）の規定として，内乱等の煽動に関する破壊活動防止法38条，政治目的のための放火等の煽動に関する同法39条・40条，国税を納付しないことの煽動に関する国税犯則取締法22条などがある。最高裁は，破壊活動防止法39条・40条の煽動罪について，「社会的に危険な行為であるから，公共の福祉に反し，表現の自由の保護を受けるに値しない」として，当該規定を合憲としている（最判1990（平2）・9・28【百選Ⅰ－54】）。もっとも，こうした煽動罪規定により，極端な政治思想の発表や激しく政治を批判する言論等までが禁止されると，表現の自由が侵害されるおそれがある。したがって，煽動罪規定の適用においては**明白かつ現在の危険の基準**が考慮されるべきである。

わいせつ的表現

わいせつ表現行為は，**刑法175条**（わいせつ物頒布罪）で規制されている。**重要判例27**によれば，**わいせつ**とは，①いたずらに性欲を興奮または刺激させ，②普通人の正常な性的羞恥心を害し，③善良な性的道義観念に反する，という3要素からなる。それを規制する目的は，「性行為非公然性の原則」に基づき「性的秩序を守り，最低限度の性道徳を維持すること」としている。

重要判例27　**チャタレイ事件**（最大判1957（昭32）・3・13【百選Ⅰ－56】）

D. H. ロレンスの『チャタレー夫人の恋人』の翻訳者と出版社社長が刑法175条違反で起訴された。最高裁は，わいせつ文書を「徒らに性欲を興奮又は刺激せしめ，かつ普通人の正常な性的羞恥心を害し，善良な性的道義観念に反するもの」と定義し，本件訳書はこれに該当し，また芸術性とわいせつ性は別異の次元に属する概念なので，芸術的作品であるという理由でわいせつ性を否定することはできないとした。

最高裁はその後，わいせつ文書にあたるかどうかを文書全体との関連で判断し（**全体的考察**），文書の芸術性・思想性に応じてそのわいせつ性が軽減されること（**相対的わいせつ概念**）を認めるようになった（「悪徳の栄え」事件（最大判

1969（昭44）・10・15【百選Ⅰ－57】），「四畳半襖の下張」事件（最判1980（昭55）・11・28【百選Ⅰ-58】）など）。

重要判例28 **メイプルソープ写真集事件**（最判2008（平20）・2・19【平20重判－憲6】）

米国出身の写真家メイプルソープの写真集が輸入禁制品である「風俗を害すべき書籍，図画」等にあたるかが争われた（**重要判例21** で判示されたように，「風俗を害すべき書籍」とは「わいせつな書籍」を意味すると解釈されている）。最高裁は，わいせつとされた写真（男性性器を直接的・具体的に写し，画面の中央に目立つように配置した白黒の写真）の写真集全体に占める比重や写真集の芸術性などを考慮して，本件写真集のわいせつ性を否定した。

学説では，明白に嫌悪的で埋め合わせできるような社会的価値をまったく欠く文書のみを禁止するものとして刑法175条を限定解釈すべきだと説く見解がある。他方で，わいせつ文書の規制目的はわいせつ文書をみたくない人の保護および青少年の保護にあるとみて，そのためには販売を全面的に禁止する必要がないので刑法175条は違憲とする説もある。

商業広告

営利的言論と呼ばれる商業広告は経済的自由権の行使であり表現の自由の保障対象外とする説もあるが，商業広告も情報流通にかかわるので表現の自由のなかに含める見解が有力である。ただし，商業広告には経済活動としての面が否定できないので，その規制の違憲審査は政治的言論など他の表現行為ほど厳格である必要はない。とくに虚偽誇大広告は消費者に大きな不利益を与えるので禁止されうる。最高裁は，商業広告を表現の自由の問題であることを意識しないままではあるが同様の判断を示した（最大判1961（昭36）・2・15【百選Ⅰ－59】）。

ヘイト・スピーチ

近時，大きな注目を集めているのが**ヘイト・スピーチ**（とくに少数者（マイノリティ）に対する差別的な言論で，「差別的表現」「憎悪表現」とも訳される）の規制の可否をめぐる問題である。日本も**人種差別撤廃条約**に加入しており（本書7頁），同4条により人種的優越または憎悪に基づく思想の流布，人種差別の扇動，人種差別団体等を犯罪として取り締まる義務を負うところ，日本政府は「日本国憲法の下における集会，結社及び表現の自由その他の権利の保障と抵触しない限度において」これらの義務を履行する，との留保を付している（留保については，条約法に関するウィーン条約19条・21条参照）。

現行法でも名誉毀損罪，侮辱罪，業務妨害罪といった刑罰や，不法行為に基づく損害賠償や差止めによる対応も場合によれば可能であるが，これらでは対応しきれないものもあり（たとえば，名誉毀損では被害者が特定しうることが必要），ヘイト・スピーチを規制すべきか否かが大きな問題となっている。

たとえ価値の低い（ない）表現であっても，政府が「その表現は価値が低い（ない）」という理由で規制することは許されない，というのが憲法学のオーソドックスな考え方である。また，一口にヘイト・スピーチと言っても内容（虚偽の誹謗中傷からマイノリティ政策に関わる政治的・学問的主張まで）・態様（私的会話での発言，ネットでの書き込み，デモ，面前での集団による罵倒など）・動機（過失から害意まで）においてさまざまなものがあり，禁止される表現を明確に規定することが可能か，という点も問題となる。そのため，憲法学では規制反対論・慎重論が強いが，規制を求める声も国内外で強く，伝統的な表現の自由論に対して大きな問題を投げかけている。

5　表現方法に関する規制

ビラ貼り，ビラ配り等の規制

表現の自由の規制には，表現内容に中立的で，表現行為の時・場所等，表現方法を規制するものがある。代表的には，ビラ貼り，ビラ配り，街頭演説等に関する規制がある。街頭演説やビラ配りは，交通秩序維持のための道路使用の許可制（道路交通法77条１項４号）によって規制される。ビラ配りはこのほか不法侵入罪を定めた刑法130条によっても規制される。またビラ貼りは，都市の美観風致の維持を目的とする屋外広告物条例によって規制されるとともに，他人の財産権保護のため軽犯罪法１条33号によっても規制される。

ビラ貼り等の規制は必要最小限度でなければならず，その合憲性審査には

LRA 基準が考慮されるべきである。だが最高裁は，表現の自由であっても必要かつ合理的な制限は許されるという考えから，これらの規制を簡単に合憲としている（最大判1968（昭43）・12・18【百選Ⅰ－60】など）。なお，表現内容に中立的な規制を特定の内容（たとえば反政府的な内容）をもつ表現行為のみに適用するのは，表現内容に関する規制にほかならず，より厳格な違憲審査の対象となる。だが，最高裁は，この点を余り意識しないようである。

重要判例29　**立川反戦ビラ配布事件**（最判2008（平20）・4・11【百選Ⅰ－63】）

自衛隊のイラク派遣反対を内容とするビラを，防衛庁（当時）立川宿舎の各室玄関ドアの新聞受けに投函したため，住居侵入罪（刑130条）で逮捕・起訴された。最高裁は，「たとえ思想を外部に発表するための手段であっても，その手段が他人の権利を不当に害するようなものは許されない」としたうえで，被告人の行為は「管理権者の管理権を侵害するのみならず，そこで私的生活を営む者の私生活の平穏を侵害するもの」であるとし，住居侵入罪に問うことは「憲法21条1項に違反するものではない」と判示した。

選挙運動の規制

選挙運動は**公職選挙法**により厳しく規制されている。主たる規制として，選挙運動期間を制限する**事前運動の禁止**（公選129条），**戸別訪問の禁止**（同138条），および選挙運動において法定外図画・文書の頒布・掲示を禁止する選挙運動文書の規制（同142条～147条）がある。最高裁は，選挙運動期間と選挙運動文書の規制について，規制がなければ不当な競争などの弊害が生じるので，そのような弊害を防止して選挙の公正を確保するための規制は「必要かつ合理的な制限」であるとして合憲とした（最大判1969（昭44）・4・23刑集23巻4号235頁，最大判1955（昭30）・3・30【百選Ⅱ－161】など）。また戸別訪問の禁止については，下級審では違憲判決もあるが，最高裁は，買収，利益誘導，生活の平穏の侵害などの弊害を防止し，選挙の自由と公正を確保するための合理的で必要やむをえない規制であるとして，一貫して合憲としてきた（最判1981（昭56）・7・21【百選Ⅱ－163】など）。だが，とくに戸別訪問の禁止については，より制限的でない他の選びうる手段がないかどうかが検討されるべきである。

6　集会・結社の自由

表現の自由と集会・結社の自由

集会・結社の自由は，言論・出版等の自由と同様に，内面的精神作用を外部に表明する自由として表現の自由の一類型をなす。だが，**集会**は多数人が共通の目的をもって一定の場所に集まることであり，**結社**は多数人が共通の目的をもって継続的に結合することである。このように集会・結社の自由は集団活動の自由である点で言論・出版等の自由とは区別される。また，集会・結社の自由は他者の権利・利益と衝突する可能性が高いので，その限界は言論・出版等の自由とは異なる。

集会の自由

「集会は，国民が様々な意見や情報等に接することにより自己の思想や人格を形成，発展させ，また，相互に意見や情報等を伝達，交流する場として必要であり，さらに，対外的に意見を表明するための有効な手段」であるから，集会の自由は「民主主義社会における重要な基本的人権の一つ」である（**重要判例36**）。集会の自由は，国家から干渉を受けることなく集会を行う自由（および行わない自由）を本来の内容とする。**集団示威運動**（デモ行進）など集団行動を行う自由も**動く集会**として集会の自由に含まれる（ただしこれを「その他一切の表現の自由」とみる判例・学説もある)。「国家からの自由」が集会の自由の本来の内容であるが，多数人が集会するためには「場」が必要である。そのため，①道路や公園など伝統的に表現活動のために利用されてきた場所や②公民館などのように集会のために設けられた施設については，それらの「場」の利用を要求する権利も集会の自由の内容に含まれると考えることができる。

集会の自由の限界

集会の自由は，他者の権利・利益との調整のため必要最小限度の制約を受けざるをえない。主として次の２つの場合が問題となる。

第１は**公安条例**による集団行動の規制である。公安条例は，道路・公園等における集団行動を事前規制する条例である。この条例により，集団行動を行うには事前に公安委員会への届出または公安委員会の許可が必要である。この規制が合憲かどうかについては，①一般的な許可制により事前に抑制することは許されない，②場所・方法につき合理的かつ明確な基準で事前規制することは許される，③公共の安全に対する明らかな差し迫った危険が予見される場合には禁止できる，という３点で判断されるべきである（新潟県公安条例事件（最大判1954（昭29）・11・24【百選Ⅰ－87】）参照）。だが，最高裁は**デモ隊暴徒化論**に基づき集団行動の一般的許可制を合憲とした。

重要判例30　**東京都公安条例事件**（最大判1960（昭35）・７・20【百選Ⅰ－A4】）

被告人は公安委員会の許可を得ずに集団行進を主催し公安条例違反として起訴された。最高裁は，集団行動には，「平穏静粛な集団であっても，時に昂奮，激昂の渦中に巻きこまれ，甚だしい場合には一瞬にして暴徒と化し，勢いの赴くところ実力によって法と秩序を蹂躙し，集団行動の指揮者はもちろん警察力を以てしても如何ともし得ないような事態に発展する危険が存在する」ので，秩序維持のための必要かつ最小限度の措置を事前に講ずることはやむをえず，また本件条例では不許可の場合が厳格に制限されているので，この許可制は実質において届出制と異ならないとした。

第２は**公共施設の利用拒否**である。公共施設は，それを管理する国・地方公共団体の許可を得なければ利用できない。しかし，集会のための「場」である公共施設の利用を要求する権利も集会の自由に含まれると考える場合，管理者が「正当な理由」（自治244条２項参照）なく利用を拒否することは集会の自由の侵害となる。

重要判例31　**泉佐野市民会館事件**（最判1995（平７）・３・７【百選Ⅰ－86】）

原告は，関西新空港反対全国総決起集会を開くため市民会館の使用許可を申請したが，条例の定める「公の秩序をみだすおそれがある場合」に該当するとして不許可になったので，国家賠償を請求した。最高裁は，公共施設の「利用を不相当とする事由が認められないにもかかわらずその利用を拒否し得るのは，利用の希望が競合する場合のほかは，施設をその集会のために利用させることによって，他の基本的人権が侵害され，公共の福祉が損なわれる危険がある場合に限られる」とした上で，条例の定める拒否理由である「公の秩序をみだすおそれがある場合」を「本件会館における集会の自由を保障することの重要性よりも，本件会館で集会が開かれることによって，人の生命，身体又は財産が侵害され，公共の安全が損なわれる危険を回避し，防止することの必要性が優越する場合」と限定解釈し，その危険性の程度は，「単に危険な事態を生ずる蓋然性があるというだけでは足りず，明らかな差し迫った危険の発生が具体的に予見されることが必要である」とした。本件では，本件集会が開かれると本件会館または付近の路上で対立グループとの間で衝突が起き，グループの構成員，会館職員，通行人，付近住民等の生命，身体または財産が侵害されることが客観的事実から「具体的に明らかに予見される」として，本件利用拒否を適法と判断した。

結社の自由

結社の自由は，政治，経済，宗教，芸術などあらゆる目的の結社を対象とする。ただし，宗教団体について20条，労働組合について28条というように，他の憲法規定によっても保障される結社もある。結社の自由は次の２つの内容からなる。第１は個人の**団体結成等の自由**であり，これは個人が国家の干渉を受けることなく団体を結成し，団体に参加し，団体から脱退する自由（およびそれらをしない自由）である。第２は**団体の自律**であり，これは団体が国家から干渉を受けることなく団体内部のことを決定する自由である。

団体結成等の自由に関しては，弁護士会，税理士会など**強制加入団体**が問題となる。だが，職業が専門性・公共性をもち，団体の目的・活動が構成員の職業倫理の向上や職務の改善等に限定されていれば，強制加入制も許される。ただし，強制加入団体が団体の目的の範囲外の行為を行うときには，構成員の思想・良心の自由を侵害することがありうる（**重要判例46**）。

結社の自由の限界

集会の自由と同様に結社の自由は他者の権利・利益との調整のため制約を受ける。たとえば犯罪行為を目的とする結社は禁止されうる。憲法秩序を暴力で破壊することを目的とする結社も一般的には同様である。だが，「暴力主義的破壊活動を行う明らかなおそれがある」団体に対する**破壊活動防止法**に基づく解散指定（破防7条）は，それにより「団体のためにする行為」が構成員に禁止される（同8条）など，禁止が包括的であるとともに規定も不明確であり，その合憲性には疑問が提起されている。なお，地下鉄サリン事件を起こしたオウム真理教に対して同法に基づく解散が請求されたが，同法7条所定の要件を充たさないとして棄却された（公安審査委員会1997（平9）・1・31決定）。

7　通信の秘密

憲法は21条2項後段で「通信の秘密」を保障する。通信の秘密は，表現行為である通信の自由をともない表現の自由と関連すると同時に，**プライバシー保護**の側面も有する。通信の秘密は，郵便，電話等あらゆる手段で行われるコミュニケーション行為に及び，通信内容のみならず，発信人・受信人の氏名・住所，通信日時，通信回数など通信に関するすべての事実が保障対象となる。この趣旨は，郵便法，電気通信事業法等で職員に通信に関する事項の守秘義務を定めるなどして具体化されている。

通信の秘密は他の利益の保護のため必要最小限の制約に服する。現行法では，裁判所が被告人発受の郵便物等を差押えること（刑訴100条），刑事施設長が受刑者発受の郵便物の検査，差止め等を行うこと（刑事収容127条～130条）などが認められている。このほか犯罪捜査のための**電話傍受**（盗聴）があるが，これには議論が多い。明確な法律上の根拠がない時期でも電話傍受が行われ，最高裁も厳格な要件をつけてそれを認めていた（最判1999（平11）・12・16【百選Ⅰ-64】）。1999年に制定された**通信傍受法**は，薬物や銃器の取引に関する犯罪など一定の組織犯罪についてのみ裁判官が発する傍受令状に基づき通信傍受を可能にした。だが，この法律は，犯罪と無関係な通信の傍受も許し，通信の秘密侵害に対する事後救済を欠くなどの問題点を含んでいる。

まとめてみよう

表現の自由にはどのような価値があるか。

考えてみよう

人種差別や宗教的憎悪を唱道する言論を規制することにはどのような憲法上の問題があるか。

第9章

経済的自由権

この章で学ぶこと

大学3年生の終わり頃から，将来の進路を真剣に考えることになるだろう。法曹や公務員，民間企業など，能力と希望に応じて，道は開かれている（実際はともかくとして)。そして，社会人ともなれば，いわば「ひとり立ち」して，自分自身で生計を立てることが基本になるが，その場合，必要な財産の所有・管理なども重要となる。ここでは，このような，私たちの経済活動にかかわる権利・自由について学ぼう。

1　職業選択の自由

職業選択の自由の意義

憲法22条1項は，「何人も，公共の福祉に反しない限り，……職業選択の自由を有する」と規定する。わが国でも，たとえば「士農工商」など，封建体制では多くの職業は出生に基づく身分にともなうものとされていた。しかし，このような体制は，人が能力を発揮する場を限定してしまい，本人の幸福のためにも，また社会の発展のためにも望ましくない。これには問題があるとして保障されたのが，職業選択の自由の保障とされている。「職業」とは，人が自己の生計を維持するためにする継続的活動ということができるが，同時に，「個人の人格的価値とも不可分の関連を有するもの」（重要判例33）ともされる。職業選択の自由は，職業を「**選択**」する自由と，職業を「**遂行**」する自由とが含まれていると解されており，これらの「選択」・「遂行」について，公権力により妨げられないことを意味する。なお，憲法22条1項は「職業選択の自由」についてのみ言及するが，営利を目的とする自主的活動の自由である「**営業の自由**」も，議論はあるものの，ここに含まれると解されている。

「職業選択の自由」の限界　このように，職業選択の自由は，職業の選択や遂行について公権力から妨げられないことを意味する。しかしながら，そもそも商売は１人だけで行うのは不可能で，たいてい，取引の相手方など，人とのつながりをともなうものでもある。そして，たとえば，無免許で医療行為をする者が中途半端な医学知識で治療する場合や，無許可でレストランを開業した者が不衛生な厨房で調理し食中毒を蔓延させた場合を考えればわかるように，ある職業行為が他人に与える影響も大きい。このように，職業とは，人とのつながりが避けがたく，また，社会への影響が大きい場合があり，その分，法的規制が求められる（最高裁は**重要判例33**で，職業が「本質的に社会的」なもので，「その性質上，社会的相互関連性が大きい」ため，公権力の規制の要請が強い，と述べている）。法律による規制としては，次のようなものがある。①役所に届出が義務づけられる「**届出制**」（理容所など），②役所の公簿への記載が求められる「**登録制**」（毒物劇物製造業者など），③役所からの営業許可を必要とする「**許可制**」（飲食店業など），④資格試験の合格者のみがその職業につける「**資格制**」（医師・弁護士など），⑤国の事業免許を取得した事業者だけが営業できる「**特許制**」（放送事業など），⑥最近までの郵政事業やかつての電信電話などの「**国家独占**」，そして⑦売春業（管理売春）のような「**全面禁止**」。

規制の合憲性判断　しかし，必要性があるからといって規制をどんどんかけると，せっかく憲法が保障する職業選択の自由の意味がなくなってしまう。そこで，問題となる職業の性格などに応じて，どの程度なら憲法上許される制約なのかを考えなければならないことになる。

①「二重の基準」論　　まず，ここで**「二重の基準」論**という考え方が登場する。これは，アメリカ合衆国最高裁判所の判例理論からわが国に導入されたものであるが，これによると，表現の自由などのような精神的自由は，民主政過程にとって不可欠な権利であるなどといった理由から，経済的自由よりも優越的地位を占めるが，経済的自由の侵害の回復は通常の民主政の過程で可能と考えられることや，裁判所の審査能力との関係などから，経済的自由について

は，表現の自由に比べ，裁判所は緩やかな審査基準でのぞむ，ということが示される。

②規制目的による区別と審査基準　次に，法律による規制の目的ごとに区別して，審査基準を考えるという発想がとられてきた。職業選択の自由の規制については，大別して，①食品や医薬品の安全基準など，市民の生命・安全・健康を守るための規制が考えられる。これを「**消極目的規制**（消極的・警察的規制）」という。一方，②かつての大規模小売店舗立地法による，一般の小売店を保護するための大手スーパーの出店規制など，社会的弱者の救済・国民経済の持続的発展などのための規制が考えられ，これは「**積極目的規制**（積極的・政策的規制）」と呼ばれる（**重要判例32**では規制目的にこの2つがあることが示唆された）。そして，こうした目的の違いに応じて，違憲審査基準に違いがあるべきだとして，①の消極目的規制については，規制目的が重要な公共の利益のために必要・合理的な措置であって，その目的達成手段も，ほかのより緩やかなやり方では効果がないとされる場合にのみ合憲となる（**重要判例33**。この基準は「**厳格な合理性の基準**」といわれることもある），とか，②の積極目的規制については，規制措置が著しく不合理であることが明白な場合にのみ違憲となるという，「**明白の原則**」によって審査される，ことなどが示されている（**重要判例32**）。

重要判例32　**小売市場事件**（最大判1972（昭47）・11・22【百選Ⅰ－96】）

市場経営等を業とする法人の代表者としてその業務全般を統轄するものであった被告人は，小売商業調整特別措置法所定の大阪府知事の許可を受けないで，措置法による指定区域内である東大阪市内において，小売市場とするために店舗を小売商人に貸し付けたため，同法違反で起訴された。被告人らは同法に定める小売市場開設を都道府県知事による許可制とする規定と，それに基づく大阪府小売市場許可基準内規（既存の小売市場から700ｍ以上離れていることを許可基準の1つとする）が憲法22条1項等に反するとして争った。最高裁は，経済活動への規制は，「消極的に，……弊害を除去ないし緩和するために必要かつ合理的な規制である限りにおいて許されるべきことはいうまでもな」く，また「……憲法は，全体として，福祉国家的理想のもとに，社会経済の均衡のとれた調和的発展を企図しており，……経済的劣位に立つ者に対する適切な保護政策を要請していることは明らかである」としながら，積極的に国民経済の健全な発達と国民生活の安定を期するための規制は，「それが右目的達成のために必要かつ合理的な範囲にとどまる限り，許されるべきであつて，決して，憲法の禁ずるところではない」とした。そして社会経済立法については，立法府の裁量的判断を広く認め，「ただ，立法府がその裁量権を逸脱し，当該法的規制措置が著しく不合理であることの明白である場合に限つて，これを違憲と」するとして，本件規定を合憲とした。

重要判例33　**薬事法事件**（最大判1975（昭50）・4・30【百選Ⅰ－97】）

医薬品の販売業等を行うXが，Y（広島県知事）に医薬品の一般販売業の許可申請をしたが，Yは，Xの申請が薬局の適正配置を許可条件とする薬事法の規定と広島県の条例（既存業者からおおむね100ｍの距離が保たれて設置されるよう距離制限を求める規定）に反するとして不許可処分をした。そこでXは，薬事法の規定と広島県条例が憲法22条に反するなどとして争った（なお薬事法は，現在，「医薬品，医療機器等の品質，有効性及び安全性の確保等に関する法律」に改められた）。

最高裁は，職業を「人が自己の生計を維持するためにする継続的活動であるとともに，……各人が自己のもつ個性を全うすべき場として，個人の人格的価値とも不可分の関連を有するものである」と位置づけつつ，職業が本質的に社会的なもので社会的相互関連性が大きいものであるから，精神的自由に比較して公権力による規制の要請が強く，また規制の目的等も区々にわたることから，「具体的な規制措置について，規制の目的，必要性，内容，これによつて制限される職業の自由の性質，内容及び制限の程度を検討し，これらを比較考量したうえで慎重に決定されなければならない」，とした。そして許可制については，「その合憲性を肯定しうるためには，原則として，重要な公共の利益のために必要かつ合理的な措置であることを要し，また，それが社会政策ないしは経済政策上の積極的な目的のための措置ではなく，自由な職業活動が社会公共に対してもたらす弊害を防止するための消極的，警察的措置である場合には，許可制に比べて職業の自由に対するよりゆるやかな制限である職業活動の内容及び態様に対する規制によつては右の目的を十分に達成することができないと認められることを要する」，とした。本件では，「薬局等の設置場所の地域的制限の必要性と合理性を裏づける理由として被上告人の指摘する薬局等の偏在――競争激化――一部薬局等の経営の不安定――不良医薬品の供給の危険又は医薬品乱用の助長の弊害という事由」は，規制の必要性・合理性を肯定するに足りないものとして，薬事法の規定を憲法違反とした。

もっとも，学説からは，これらのいずれかに立法目的はすべて二分されるのか，などといった点について批判が強く出され，また，時代の変化によって規制立法の意味あいが変わってくることもある点が指摘されている（公衆浴場の距離制限について，最大判1955（昭30）・1・26【百選Ⅰ－94】参照)。最近の最高裁判例も，この**目的二分論**をそのままの形では適用せず，問題となる権利の性格・内容，規制の類型や事案などに応じた，個別具体的な判断をする傾向がみられている（たとえば，水稲等の耕作の業務を営む者について農業共済組合への当然加入制を定める農業災害補償法の規定が職業選択の自由に反しないとされた最判2005（平17）・4・26判タ1182号152頁は，小売市場判決を引用するものの，規制の目的が消極・積極のいずれかといった類型には言及していない。学説では，最高裁自身，後述の森林法違憲判決において，経済的自由全般の違憲審査の基準としては二分論を用いることを否定したと分析するものもある)。二分論に依拠しすぎるのは，柔軟な憲法判断を難しくするおそれもあり，十分注意が必要である。

2　財　産　権

財産権保障の歴史的背景

経済活動にかかわる自由として，憲法は，29条で財産権を保障する。自由な経済活動は近代社会に不可欠の要素と考えられ，近代憲法の人権宣言には，職業選択の自由や営業の自由，居住・移転の自由，財産権の保障が掲げられていた。しかし，こうした自由な経済活動は，一方で，少数の者への富の集中を招き，多くの貧困者・失業者を生み出し，社会において深刻な階級対立を招くこととなった。これらの社会問題を解決すべく，いわゆる**社会国家**という考え方が示された。その典型とされる1919年のドイツのワイマール憲法は，「経済生活の秩序は，すべての人に，人たるに値する生存を保障することを目指す正義の諸原則に適合するものでなければならない。各人の経済的自由は，この限界内においてこれを確保するものとする」（151条１項)，「所有権は，義務を伴う。その行使は，同時に公共の善に役立つものであるべきである」（同153条３項）と規定するが，20世紀以降の憲法は，これらの社会生活にかかわる権利・自由を保障する一方で，経済活動や財産権に，一定の制約を加えようとしていることが指摘されている。そして，フランス人権宣言の「神聖不可侵」性から，ワイマール憲法下での「義務を伴う」に至る展開に現れるように，財産権に関するものの考え方の変化が，憲法の解釈にも影響を与える。

財産権保障の意義

憲法29条1項にいう「財産権」とは，一般には，物権，債権，無体財産権，そして公法上の権利など，**財産的価値を有するすべての権利**，と解されている。そして，憲法が財産権を保障する意味として，①**現に個人の有する具体的な財産権の保障**と，②個人が財産権を享有しうる制度，すなわち**私有財産制の保障**を意味するもの，とが指摘される（最高裁も，29条は，「私有財産制度を保障しているのみでなく，社会的経済的活動の基礎をなす国民の個々の財産権につきこれを基本的人権として保障する」もの，と位置づけている。**重要判例34**）。とはいえ，先にみたように，財産権が不可侵であることが維持しにくくなっている今日にあっては，財産権保障の主な意味は，財産を取得し保持する権利一般を法制度として保障するという面にある，ともいわれる。ただし，最近では，財産権など経済活動の自由一般を重視する思想的立場も有力に説かれ，財産権の制約については，「社会国家」の名の下にかんたんに認めていいのか（どうして自分の努力で勝ち取った財産を，見ず知らずの他人の生活保障のために制約されないといけないのか？），慎重な検討も必要である。

財産権の一般的制限

このように保障される財産権ではあるが，憲法自身，一定の制約があることを認めている。29条2項は，「財産権の内容は，公共の福祉に適合するやうに，法律でこれを定める」と定め，財産権が法律によって一般的に制約される可能性が示されている。

制約のタイプ

ここにいう「**公共の福祉**」とは，まず，①各人の権利が衝突・対立した際，それを調整するために，各権利にひろく規制を及ぼすという制約（**内在的制約**）がありうる。具体的には，**生命・健康などに対する危害を防止するための各種の規制**（食品6条，7条など）や，**相隣**

関係的規制（民209条以下や建築基準法による規制など。最近では，「建物の区分所有等に関する法律」による，区分所有者の集会の決議等による区分所有権行使の制限が，この権利に内在する制約とされた事案がある（最判2009（平21）・４・23判時2045号116頁））が例として挙げられる。また，②財産権の制約は，これにとどまらず，一定の社会・経済的政策実現のための**政策的制約**も考えられる。たとえば，私的独占の排除などを定める**独占禁止法**などはこの例とされる。

合憲性判断基準の展開

これらの制約が憲法違反かどうかについて，いかなる審査基準で判断すべきか。この点については，**1**でふれた職業選択の自由の規制とともに，財産権規制立法についても，規制目的によって区別されることが説かれた。まず，①内在的制約（消極的目的の規制）の場合については，(i)その規制立法が目的とする社会的害悪が存在するのかどうか，(ii)規制の程度・手段は，害悪の防止という目的達成のための必要最小限度のものにとどまらなければならないかどうか（必要最小限度規制の原則の適用），といった点，一方，②政策的制約（積極的目的の制約）の場合については，(i)制約の目的の正当性と，(ii)規制の程度・手段は，それが当該目的を達成するための必要かつ合理的な範囲かどうか，といった判断手法がそれである。

重要判例34　**森林法違憲判決**（最大判1987（昭62）・４・22【百選Ⅰ－101】）

原告（弟）は，被告（兄）とともに，両者の亡父から山林の贈与を受け，それぞれ２分の１の共有持分を有していたが，両者には著しく感情の疎隔があり分割協議が成立する見込みのないことから，山林の現物分割を求めたが（民256条１項参照），森林の各共有者の持ち分価額が２分の１以下の場合に分割することを禁止する森林法186条のために請求が認められなかった。そこでＸは，森林法の規定が憲法29条等に反するとして争った。

最高裁は，**重要判例33**を引用しつつ，財産権への制約も社会政策・経済政策上の積極的なものから消極的なものまで多岐にわたるため，規制が憲法29条２項に適合するためには，規制の目的・必要性・内容と，制限される財産権の種類・程度等を比較考量して決すべきであるとして，(a)立法の規制目的が公共の福祉に合致しないことが明らかであるか，(b)規制目的が公共の福祉に合致するものであっても，規制手段が達成手段として必要性・合理性に欠け，立法府の合理的裁量の範囲を超えるものとなる場合に違憲となる，との枠組みを示し，森林法のこの規定の立法目的を，森林細分化の防止，森林経営の安定，国民経済の発展といった積極目的にみえるような仕方でとらえつつ，規制手段が「合理的裁量の範囲を超えるもの」として憲法違反とした。

目的二分論と財産権

重要判例34で最高裁は，立法目的を積極目的規制に近い観点で理解しつつも厳格に立法の根拠となる事実（**立法事実**）を審査したことなどから，さまざまな議論を呼んだ。この判決は，森林法の沿革から，従来の判例が解く積極目的規制とはとらえがたく，むしろ消極目的規制の要素が強いものと判断したため，「厳格な合理性」の基準に類似した考え方がとられた，と分析する立場もあったが，消極・積極目的二分論は財産権領域では有効でないとされたとか，ここでは比較考量論が採用されたとか，さまざまな分析がなされている。しかし，最高裁判例の合憲性判断基準は，その後やや変遷もみられ，そもそもこうした二分論的思考を型どおりに採用しているとはいいがたいところがある。

たとえば，証券取引法164条（当時）の合憲性が争われた判決（最大判2002（平14）・2・13【百選Ⅰ－102】）では，上場会社等の役員・主要株主が，その職務・地位により取得した秘密を不当に利用することを防止するため，その者が当該上場会社等の特定有価証券等について，自己の計算において，買い付け等をした後6ヶ月位以内に売り付け・買い付け等をして利益を得た場合は，その上場会社等は，その利益を上場会社等に提供するべきことを請求することができると規定する証券取引法164条1項の規定が，主要株主の経済活動の自由としての株式売却の自由を制約するものであって，この規定を一律にあてはめるのは憲法29条1項に違反する，などとして争われた。最高裁は，「財産権に対する規制が憲法29条にいう公共の福祉に適合するものとして是認されるべきものであるかどうかは，規制の目的，必要性，内容，その規制によって制限される財産権の種類，性質及び制限の程度等を比較考量して判断すべきものである」，との判断枠組みを示し，本件規定を合憲とした。森林法違憲判決の判断枠組みと大きく変わるところはないようにみえるが，注意深くみると，財産権規制の類型を述べる点で，森林法判決では言及された「消極的」・「積極的」といった文言がないことなど，これまでの規制目的二分論を前面に押し出さない形になっているのが注目される。

損失補償の意義

以上は財産権が違法に侵害された場合についての問題であるが，たとえば，県道の拡張・新設のための土地が必要な場合に，法律の定める手続に従って付近の住民に立ち退きをお願いする場合など，適法な公権力の行為によっても財産権の制約が生じる場合がある。このような場合に備えた規定が憲法29条３項である。

一般に，国などの活動により私人に損失が生じた場合，その救済制度としては，①国などの違法な活動によって生じた損害を賠償する**国家賠償制度**と，②土地収用を中心として国などの適法な私人の財産権の剥奪による損失の補償を図る**損失補償制度**があるが，①は憲法17条が保障しており，29条３項が問題とするのは②の損失補償についてである。損失補償の制度とは，国家の行為自体をみれば適法であるが，それによって私人の側に生じた特別の損失をそのまま放置しておくと公平負担の理念に反することになるため，これを補償しようという制度である。

ここで問題となるのは，①いかなる場合に補償が必要となるか，という**補償の要否の問題**と，②いかなる内容の補償なら憲法の要請を満たすか，つまり，憲法29条３項にいう「**正当な補償**」となるか，という点である。

補償の要否の判断基準

まず，29条３項にいう「公共のために用ひる」とは，病院・学校建設など公共事業のためだけではなく，戦後の自作農創設のための農地買収のように，特定の個人が受益者となる場合でも収用全体の目的が広く社会公共の利益（公益）のためであればよい，とされている。そして，補償が必要となるか否かについては，いくつかの場面に応じて考えることができる。①**財産の完全取得の場合**（公用収用）については，私人の財産を完全に消滅させる処分であることから，収奪される財産が僅少である場合（食品28条など）を除いて，必ず補償がなされなければならない，といわれる。これに対して，②ある財産に，公権力による使用権を設定する「公用使用」や，財産の権利者の自由な権利行使を制限する「公用制限」といった，**財産権行使の制約の場合**には，さらにいくつか場合分けをすべきことが指摘される。

まず，(i)財産権の制限による損失が財産権自体に内在する一般的な社会的制約の範囲内に含まれるとき（**社会的制約の範囲内の場合**。相隣関係など）は，補償は不要とされる。最高裁は，損失補償の規定もなくため池の堤塘(ていとう)に竹木・農作物を植えることなどを禁止する条例が憲法29条に反するなどとして争われた事案において，この条例は，災害を防止し公共の福祉を保持するためのものであり，結局それは災害を防止し公共の福祉を保持する上に社会生活上やむをえないものであって，そのような制約はため池の堤塘を使用する財産権を有する者が当然受忍しなければならない責務というべきもので，憲法29条3項の補償は必要ない，と判示した（奈良県ため池条例事件（最大判1963（昭38）・6・26【百選Ⅰ－103】））。一方，(ii)ある財産の制約が，**特定の者に対して及ぼされる場合**については，**特別の犠牲**といえる場合とされ（河川付近地制限令事件（最大判1968（昭43）・11・27【百選Ⅰ－108】）），**特定の個人に特別の犠牲を加えた場合**に補償が必要であるとされる。

そして，「**特別の犠牲**」といいうるためには，(a)侵害行為の対象が広く一般人か，特定の個人・集団であるかという点（形式的要件），(b)侵害行為が財産権に内在する社会的制約として受忍すべき限度内であるか，それを超えて財産権の本質的内容を侵す強度なものであるか，という点（実質的要件）の2つを総合的に判断すべきである，とされる。この両面を考慮し，さらに，制限される財産権の内容・制限の目的や程度，制限の必要性などの諸要素を総合して，個別的に補償の要否を判断することが求められる。河川付近地制限令事件（前述）は，ある河川の堤外民有地において砂利を採取していた被告人らが，河川付近地制限令により，知事の許可を受けることなくしては砂利を採取することができなくなったため，相当の資本を投入して営んできた事業が営みえなくなり相当の損失を被ったという事案であるが，「その財産上の犠牲は，公共のために必要な制限によるものとはいえ，単に一般的に当然に受忍すべきものとされる制限の範囲をこえ，特別の犠牲を課したものと見る余地が全くないわけではなく，憲法29条3項の趣旨に照らし，……本件被告人の被った現実の損失については，その補償を請求することができるものと解する余地がある」，とした（本件で問題とされた制限については補償に関する規定はなかったが，「別途，直接憲法29条3項を根拠にして補償請求をする余地が全くないわけではない」，として，違憲無効の主張を退けた）。

正当な補償

一方，どの程度の補償なら憲法が認めるものであるか，という問題がある。29条3項は「**正当な補償**」を求めているが，これについては，①その財産の客観的市場価格を全額補償すべきであるとする**完全補償説**と，合理的に算出された相当な額で足りるとする**相当補償説**とがある。判例は，農地改革にかかわる事案で後者をとったが（農地改革事件（最大判1953（昭28）・12・23【百選Ⅰ－106】）），この事案については，占領管理期の政策に基づくものであったというきわめて特殊な事情があることを考慮すべきことが指摘されている（農地改革事件の井上・若松裁判官意見参照）。このため学説では，たとえば道路拡張のための土地収用などのような，既存の財産権秩序の枠内において特定の財産の使用価値が特別の犠牲に供される場合には，市場価格による完全な補償が求められる一方，農地改革のような，既存の財産権秩序を構成するある種の財産権に対する社会的評価が変化したことに基づいて，その財産が公共のために用いられることになるときは，相当補償であってよいとする，**完全補償原則説**が有力である。もっとも，最高裁は，収用する土地の補償金額について規定する土地収用法71条が憲法29条3項に反するとして争われた事案において，憲法29条3項の「正当な補償」とは，「その当時の経済状態において成立すると考えられる価格に基づき合理的に算出された相当な額をいう」として，農地改革事件の趣旨を確認し，土地収用法71条の合憲性をこの趣旨に従って判断すべきものとしている（最判2002（平14）・6・11民集56巻5号958頁）。

3　居住・移転の自由

以上のほか，経済活動に密接に関連するものとして，**居住・移転の自由**がある。先にみたように，封建体制では，生産者としての人民は特定の場所に拘束され，その職業は身分として固定されていたが，これらの拘束からの解放を前提にして成立したのが近代市民社会であり，経済活動についても，人の移動が欠かせないものとなる。

居住・移転の自由

憲法22条1項は，「何人も，公共の福祉に反しない限り，居住，移転……の自由を有する」と定める。居住・移転の自由とは，「自己の住所または居所を自由に決定し，移動すること」を内容とするものとされるが，この自由については，次の点が指摘される。まず，(i)先にみたように，移動する自由は，経済を成り立たせるための不可欠の要素でもあり，**経済的自由の1つ**といえる。それとともに，(ii)自分の移動したいところに移動できるという点で，**人身の自由**としての側面や，(iii)自分の選ぶところに従っていろいろな場所で人と接し，コミュニケートすることは，その人の人格形成・精神活動にとって非常に重要でもある点で，**精神的自由としての側面**ももっている。「居住・移転の自由」の性格がこのようなものだとすると，22条1項に「公共の福祉」が明示されているからといって，安易に制約を広く認めることには，慎重でなければならないだろう。なお，懲役刑・禁固刑（刑12条，13条）といった刑罰や，捜査機関による逮捕勾留は，刑罰制度の必要性が認められ，また憲法31条もこれを認めているところから，22条違反とはいえないとされる。

海外渡航の自由の位置づけ

この「居住・移転の自由」に関して，**海外旅行（海外渡航）の自由**が居住・移転の自由に含まれるかどうかが問題となった。

これについては，(a)憲法22条2項にいう「外国に移住」するということに含ませる見解がある。これは最高裁判所の判例もとる立場（帆足計事件（最大判

1958（昭33）・9・10【百選Ⅰ－111】））で通説ともされるが，その論拠は，「外国移住」は日本国を離脱する自由が前提となるが，海外旅行も日本を離れる点では同じだから，22条2項に含ませよう，というもののようである。また，(b)海外旅行のような一時的な旅行は22条1項の「居住・移転の自由」に含まれるとする考え方がある。これは，22条2項にいう「外国移住」は，永久か，または少なくとも相当長期にわたって日本国から離脱する自由をいうものと解されるが，一時的な海外旅行の自由は，憲法22条1項が国内外の人身の移動を含んだ「移転の自由」を保障するから，むしろこちらに含めるべきだ，とするものである（最判1985（昭60）・1・22民集39巻1号1頁の伊藤裁判官補足意見）。そして，(c)幸福追求権に含まれる，とする見解もある（帆足計事件・前述の田中耕太郎・下飯坂潤夫裁判官補足意見）。これは，「旅行」という概念は，憲法22条1項にも2項にも含まれないと解して，むしろ「一般的な自由」として，憲法13条の幸福追求の権利に含ませるという見解である。ややこしい話ではあるが，「海外旅行の自由」をどのように位置づけるかによって，この権利が保障される度合いが変わりうる面もあり，理論的には注意が必要である。

外国移住・国籍離脱の自由　憲法22条2項は，「何人も，外国に移住し，又は国籍を離脱する自由を侵されない」と定める。この「外国移住」とは，「居住・移転」の外国版，つまり，「すぐに帰国するつもりではなく，生活の本拠を外国に求めて出国すること」をさしているといえる。「国籍を離脱する自由」については，無国籍になる自由までも含むものではないと解され，国際社会が無国籍を作らないように努めているなかで，無国籍者を出さない法律を設けることは違憲ではないと解されている。

まとめてみよう

職業選択の自由を規制する立法は，どのような判断基準で合憲性が判断されるべきだろうか。

考えてみよう

新聞報道によれば，ディスカウント店などによる酒の安売りを規制するため，酒の価格設定について公正な取引の基準を定め，業者が従わない場合はそれを公表したり，酒の販売・製造の免許を取消したりできるようにする，酒税法の改正案が議論されている（朝日新聞2015年４月15日付朝刊）。この法案に，どのような憲法上の問題があるだろうか。

第10章
人身の自由と適正手続の保障

この章で学ぶこと

ルイス・キャロル原作『不思議の国のアリス』を読んだことがあるだろうか。赤いバラが好きな女王の庭に間違えて白いバラを植えたため，スペードの庭師たちが急いで白いバラを赤いペンキで塗る。しかし，そこへ女王がやってきて死刑を宣告する。現実の社会においても，このような権力者による恣意的な処罰，身体に対する不当な拘束・威嚇などが，歴史上，行われてきた。この章では，人身の自由を保障するために，憲法がどのような規定をおいているのか学ぶことにしよう。

1　奴隷的拘束・苦役からの自由

人身の自由は，人間の尊厳にかかわる最も基本的な権利である。憲法18条は，奴隷的拘束の禁止，苦役からの自由を定めている。大日本帝国憲法には同様の規定は存在せず，本条は奴隷制を廃止したアメリカ合衆国憲法修正13条に由来するといわれる。

奴隷的拘束の禁止

奴隷的拘束とは，自由な人格者を否定する程度まで身体の自由を拘束した状態であり，戦前の監獄部屋（「たこ部屋」），娼妓契約などがこれにあたる。このような人間の尊厳に反する奴隷的拘束は絶対に禁止され，たとえ刑罰であっても，また本人の同意があっても許されず，公共の福祉による制限も認められない。なお，通説は，本条は私人間にも直接適用されると解している（本書185頁）。

苦役からの自由

苦役とは，通常以上に苦痛をともなう役務と解する説と，より広く強制労働と解する説がある。このような苦役は本人の意思に反して強制されないが，「犯罪に因る処罰の場合」はこの限りではない。また，災害など**緊急の場合の応急措置業務への従事**については，公共の福祉による制限などを根拠に学説の多くが合憲と解している（災害基65条等）。**徴兵制**については，欧米では苦役と解されず，国際人権規約B規約でも兵役は強制労働に含まれないと明記している（同規約8条）。しかし，日本国憲法には兵役義務の規定も存在しないので，通説は，徴兵制は18条および9条に反すると解する。

18条を受けて，人身保護法が人身の自由を確保する救済方法を一般的に定めている。しかし，人身保護規則が人身保護請求できる場合を大幅に限定しているため，実質的にはほとんど利用できないという批判も存する。

2　適正手続の保障

31条の意義

刑罰権を国家が独占するため，近代立憲主義憲法ではその濫用を防止し国民の自由を守るための規定が存在する。マグナ・カルタ以来，適正な刑事手続の保障がコモン・ローとして発展した。日本国憲法31条は，アメリカ合衆国憲法修正14条に定められた法の**適正手続**（due process of law）条項の影響を受けたものであると解される。

31条は「法律の定める手続によらなければ」と規定し，法定手続の保障のみを定めたように読める。そのため，さらに，手続の適正および実体（刑罰）の法定・適正の保障まで含まれるか否かについては議論がある。(a)手続法定説は文言に忠実に手続の法定のみを保障したと解するが，それだけの内容なら41条の要請にも満たない。そこで，(b)手続の法定だけでなく，手続の内容の適正さをも保障したと解する適正手続説，(c)手続と実体の法定を保障したとする手続・実体法定説，(d)手続の法定と適正および実体の法定を求める適正手続・実体法定説，(e)手続と実体の法定と適正さを求める適正手続・適正実体説（通説）がある。

通説（e説）は，アメリカの実体的デュー・プロセス理論を踏まえ，人権保障の強化につながると主張する。通説に対する批判として，31条の文言の拡張に無理があること，アメリカにおいても反動が生じたこと，31条に実体の法定すなわち近代刑法の大原則である**罪刑法定主義**を読み込まなくても，41条の当然の要求であること，罪刑法定主義の派生原理のうち，73条6号（政令による罰則規定の禁止）が慣習刑法等の禁止を示唆し，39条が遡及処罰の禁止を定めていること，実体の適正についても，たとえば，罪刑の均衡や処罰の相当性は平等原則（14条）や残虐刑の禁止（36条）の問題とすれば足り，人権侵害となる不適正の判断は個々の人権規定や13条を根拠とすべきであることなどが指摘されている。通説からは，13条を人権の一般条項，31条を刑事手続的権利の一般条項と解して，具体的な31条を根拠にすべきなどの反論がなされている。

	法定	適正
手続法	①	②(告知・聴聞)
実体法	③(罪刑法定主義)	④(罪刑の均衡，刑罰の謙抑主義等)

(a)手続法定説　①
(b)適正手続説　①＋②
(c)手続・実体法定説　①＋③
(d)適正手続・実体法定説　①＋②＋③
(e)適正手続・適正実体説　①＋②＋③＋④

実体の適正の内容として挙げられる刑罰法規の明確性に関して，最高裁は，「通常の判断能力を有する一般人の理解」によって決定すべきとした（**重要判例24**）。

適正手続　適正手続の内容として，とくに**告知**と**聴聞**は重要である。国民に刑罰その他の不利益を科す場合には，当事者に事前に内容を知らせて弁解と防禦の機会を与えなければならない。

重要判例35　第三者所有物没収事件（最大判1962（昭37）・11・28【百選Ⅱ－112】）

被告人は密輸の嫌疑で逮捕された。裁判で有罪となり，付加刑として船舶および貨物を没収されたが，その中に被告人以外の第三者の所有物が含まれていた。最高裁は，「第三者の所有物を没収する場合において，その没収に関して当該所有者に対し，何ら告知，弁解，防禦の機会を与えることなく，その所有権を奪うことは，」「適正な法律手続によらないで，財産権を侵害する制裁を科するに外なら」ず，憲法31条，29条に反するとした。

行政手続　憲法31条は，文言に「刑罰」があることや32条以下が**刑事手続**に関する規定であることから，刑事手続的権利の一般的な規定であると解される。ただ，刑罰と実質的に同視しうる少年法による保護処分，「精神保健及び精神障害者福祉に関する法律」による措置入院などに，31条の効力が及ぶことは一般的に認められている。問題は，一般的な**行政手続**にまで効力が及ぶかどうかである。行政手続にも適用されると解する説も存在する（31条適用説）。しかし，文言上および性質上，行政の特質に応じた修正が必要であることから，通説は準用されると解する（31条準用説）。また，31条は刑事手続の規定であり，その他の手続については13条によって保障されると解する説もある（13条適用説）。なお，1993年に行政手続法が制定され，告知・聴聞・弁明の機会の付与が規定された。

重要判例36　**成田新法事件**（最大判1992（平4）・7・1【百選Ⅱ－115】）

運輸大臣（現国土交通大臣）が，「新東京国際空港の安全確保に関する緊急措置法」（成田新法）に基づき，規制区域内の工作物を多数の暴力主義的破壊活動者の集合の用等（同3条1項1，2号）に供することを禁止する命令を発した。成田新法の規定は事前手続を保障していなかったため，同法が憲法31条に反するか問題となった。最高裁は，行政手続については，すべてが当然に31条による保障の枠外であると判断することは相当ではないとしつつも，刑事手続とは性質が異なり，また行政目的に応じて多種多様であることから，「事前の告知，弁解，防御の機会を与えるかどうかは，行政処分により達成しようとする公益の内容，程度，緊急性等を総合衡量して決定されるべきもの」であるとして，違憲とはしなかった。

3　被疑者の権利

逮　　捕　不当な逮捕からの自由は，マグナ・カルタからの最も古い自由権である。日本国憲法は，逮捕について，**令状主義**の原則とその例外として**現行犯逮捕**を規定している（33条）。逮捕は犯罪の嫌疑を理由とする身体の拘束を意味し，勾引・勾留などを含む。令状は「権限を有する

刑事手続きの流れ

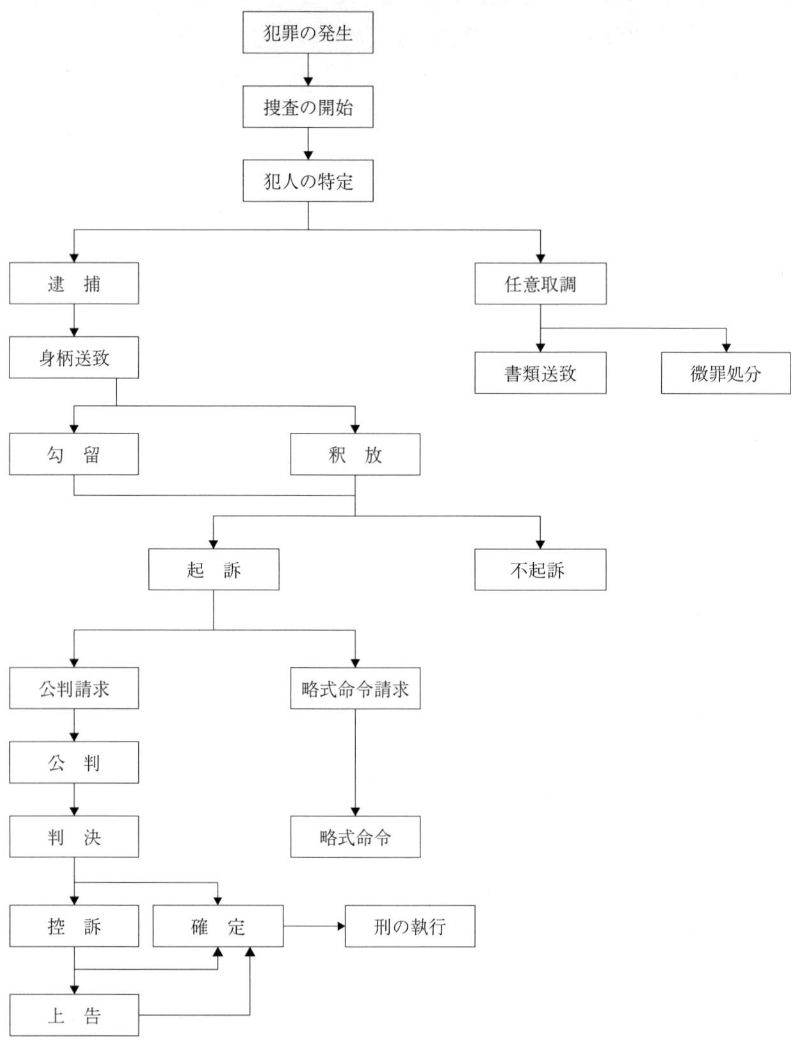

(警視庁HP (http://www.keishicho.metro.tokyo.jp/soudan/hanzai/hanzai2.htm) をもとに作成)

司法官憲」すなわち裁判官が発し，犯罪事実などが明示されていなければならず，令状主義の目的は，不当な逮捕の抑止と被逮捕者の防御権の保護である。

逮捕状を請求するだけの証拠がない場合に，一応証拠のそろっているより軽微な犯罪で逮捕する**別件逮捕**は，本件に関しては逮捕状請求の要件が整っていないので違憲の疑いが強い（本件基準説＝通説）。しかし，別件を基準にして見れば，別件についての逮捕の要件はそろっており，逮捕・勾留中に余罪の取調べをすることは許されているため，別件の余罪の取調べとして本件の追及が行われることがあり，問題は複雑である。最高裁は，別件基準説に立ち，例えば，狭山事件において，別件と本件とが「社会的に密接な関連」があり，別件「について逮捕・勾留の理由と必要が存する限り，」本件「について取り調べたからといって」違法な取調べとは解されないとした（最決1977（昭52）・8・9刑集31巻5号821頁）。

「現行犯」とは，「現に罪を行い，又は現に罪を行い終った者」であり（刑訴212条1項），現行犯逮捕は，犯行の明白性と逮捕の必要性から例外として認められた。**準現行犯**についても（同212条2項），通説は「罪を行い終わってから間がないと明らかに認められるとき」を厳格に解して合憲とするが，違憲と解する見解も有力である。

さらに，刑事訴訟法は，長期3年以上の罪を犯したと疑う十分な理由があり緊急性が高い場合に，逮捕直後の令状請求を条件とした**緊急逮捕**を定める（同210条）。逮捕時の令状欠如や重大な人権侵害などを理由に違憲説も有力に主張されているが，通説は，令状主義の一種として緊急逮捕を合憲と解している。最高裁も，山林から棕梠皮（シュロヒ）（当時約920円）窃取を理由に旧森林法違反の疑いで緊急逮捕した事件において，このような「厳格な制約の下に，罪状の重い一定の犯罪のみについて，緊急已むを得ない場合に限り，逮捕後ただちに裁判官の審査を受けて逮捕状の発行を求めることを条件とし，被疑者の逮捕を認めることは，憲法33条規定の趣旨に反するものではない」とした（最大判1955（昭30）・12・14【百選Ⅱ－116】）。しかし，当該事件に対しては，犯罪の重大性の点で疑問が残るという批判も強い。

抑留・拘禁

憲法34条は，不当な抑留・拘禁を受けない権利を保障している。**抑留**とは一時的な身体の拘束を意味し，刑事訴訟法の逮捕・勾引にともなう留置が該当し，**拘禁**は継続的な拘束を意味し，刑事訴訟法の勾留・鑑定留置がこれにあたる。抑留・拘禁をするには，犯罪の嫌疑，すなわち，罪名だけでなく犯罪事実の告知が直ちになされ，弁護人依頼権が直ちに与えられなければならない。また，拘禁をするには「正当な理由」，すなわち，逃亡や罪証隠滅のおそれなど拘禁の必要性がなければならず（刑訴60条１項，167条５項），公開法廷における拘禁理由の開示請求を認める（同82条）。

捜索・押収

憲法33条による正当な逮捕の場合を除いては，裁判官が発する令状がなければ住居・所持品の捜索および押収を受けない（35条）。住居については，居住要件などは必要ではなく，個人のプライベートな場所と広く解されている。令状は各別でなければならず，一般令状は禁止されている。

「33条の場合」とは，33条に基づいて逮捕される場合と解される（通説）。しかし，収税官吏による犯則調査に伴って，現行犯逮捕に至らない場合で令状のない捜索・押収を可能とする国税犯則取締法３条１項が，憲法35条に反しないか問題となった。最高裁は，「憲法33条の場合」を「33条による不逮捕の保障の存しない場合」と解し，実際に逮捕されることは必要ないとした（最大判1955（昭30）・４・27【百選Ⅱ－118】）。

通信の秘密，取材の自由等，他の人権と衝突する場合には許されないことがある。これに関して，1999年通信傍受法が制定され，組織犯罪に対して令状による通信傍受が認められるようになった（本書104頁）。さらに，身体に対する検査は人格権と衝突する可能性が高く，慎重な手続が必要である。最高裁は，強制採尿について捜索・差押えの性質を認め，令状を要件とした（最決1980（昭55）・10・23刑集34巻５号300頁）。

憲法35条の令状主義の要請が行政手続にも及ぶのか問題となるが，最高裁は川崎民商事件（**重要判例37**）において及ぶ場合があると認めた。

重要判例37 **川崎民商事件**（最大判1972（昭47）・11・22【百選Ⅱ－119】）

確定申告における過少申告の嫌疑による質問検査を拒否したため，旧所得税法違反に問われた被告が，令状なしに刑罰による強制力をもつ質問検査は，憲法35条・38条に違反すると主張した。最高裁は，「当該手続が刑事責任追及を目的とするものでないとの理由のみで，その手続における一切の強制が当然に右規定（憲法35条）による保障の枠外にあると判断することは相当ではない」とした上で，質問検査は，「性質上，刑事責任の追及を目的とする手続ではない」こと，「実質上，刑事責任追及のための資料の取得収集に直接結びつく作用を一般的に有する」手続ではないこと，強制の度合いも低いこと，租税の公平な徴収等の公益目的の実現のために不可欠であることを理由として，35条の法意に反しないとした。また，38条1項についても，当該検査が「所得税の公平確実な賦課徴収を目的とする手続きであって，刑事責任の追及を目的とする手続きではなく，また，そのための資料の取得収集に直接結びつく作用を一般的に有するものでもないこと」，「公益上の必要性と合理性の存すること」から，「自己に不利益な供述」を強要するものではないとした。

警察官職務執行法上の職務質問（2条1項）に付随して行われた所持品検査について，最高裁は，所持人の承諾なしに行われた場合であっても，「所持品検査の必要性，緊急性，これによって害される個人の法益と保護されるべき公共の利益との権衡などを考慮し，具体的状況のもとで相当と認められる限度」で許されるとした（最判1978（昭53）・6・20刑集32巻4号670頁）。

拷問の禁止

憲法36条前段は，公務員（警察官・検察官等）による拷問を絶対的に禁止している。歴史上，被疑者また被告人から自白をとる手段として，しばしば拷問が行われてきた。日本でも，大日本帝国憲法時代，旧刑法で禁止されていたにもかかわらず，事実上行われていたことへの反省がうかがえる。さらに，拷問による自白の証拠能力も否定されている（38条2項）。

4　被告人の権利

公平な裁判所の迅速な公開裁判

憲法37条1項は，刑事被告人に「公平な裁判所による迅速な公開裁判を受ける権利」を保障している。裁判を受ける権利については32条と82条でも規定しているが，本条はとくに刑事被告人の権利を明確化している。**公平な裁判所**とは「構成其他において偏頗の惧なき裁判所」を意味する（最大判1948（昭23）・5・5刑集2巻5号447頁）。**迅速な裁判**が要請されるのは，証拠の散逸防止，未決の身柄拘束の短期化，被告人の心理的・物的負担の軽減などを図るためである。審理の中断が15年以上に及んだ高田事件において，「憲法37条1項の迅速な裁判の保障条項」違反が認められ，免訴が言い渡された（最大判1972（昭47）・12・20【百選Ⅱ－121】）。司法制度改革の一環として，2003年裁判迅速化法が制定され，「第一審の訴訟手続については2年以内のできるだけ短い期間内にこれを終局させ」ることを目標とすると規定された（2条）。**公開裁判**は，憲法82条の公開原則を刑事被告人の権利から規定したものであり，恣意的な秘密裁判を排除する趣旨である。

証人審問権・喚問権

憲法37条2項は，前段で証人審問権，後段で証人喚問権を保障している。**証人審問権**は，自己に不利な証人に対する反対尋問権の保障であり，被告人が十分な審問の機会を与えられない証言には証拠能力を認めないという**直接審理の原則**を意味する（伝聞証拠排除法則（刑訴320条1項））。**証人喚問権**は，自己に有利な証人の喚問を請求する権利である。最高裁は，被告人の申請する証人をすべて喚問する必要はなく，裁判に必要適切な証人を喚問すればよいとした（最大判1948（昭23）・7・29刑集2巻9号1045頁）。

最高裁は，証人尋問の際，被告人保護のためにビデオリンク方式や遮蔽措置（刑訴157条の3，157条の4）が採られても，審理が公開されていることに変わりはないとし，また，「映像と音声の送受信を通じてであれ，被告人は，証人の供述を聞くことはでき，自ら尋問することもでき，弁護人による証人の供述態度等の観察は妨げられないので」，被告人の証人審問権は侵害されていないとした（最判2005（平17）・4・14【百選Ⅱ－192】）。

弁護人依頼権

憲法37条3項前段は，刑事被告人の防禦のため**弁護人依頼権**を保障する。また，被疑者であっても身体が拘束される場合には保障される（34条）。最高裁は，弁護人を依頼する機会を与えれば足り，依頼権の告知までは必要ないとしたが（最大判1949（昭24）・11・30刑集3巻11号1857頁），妨害を禁ずるだけでなく積極的に要請していると解すべきである。

弁護人依頼権には，**接見交通権**が含まれると解されている（刑訴39条1項）。刑事訴訟法は，被疑者については，捜査のため必要があれば，捜査側は接見の日時・場所・時間を指定できると規定する（同39条3項）。最高裁は，接見交通権を「憲法の保障に由来する」としたうえで，接見等の指定は「接見等を認めると取調べの中断等により捜査に顕著な支障が生ずる場合に限られ」ると限定解釈することにより，合憲とした（最大判1999（平11）・3・24【百選Ⅱ－125】）。

被告人が経済的理由等で弁護人を依頼できないときは，被告人の請求により**国選弁護人**を付ける（39条3項後段）。最高裁は，国選弁護人の選任請求について憲法上告知義務はないとしたが（最大判1949（昭24）・11・30刑集3巻11号1857頁，刑訴289条），多数説は権利の告知が必要と主張する。もっとも，刑事訴訟法は告知しなければならないと規定している（同77条，272条）。また，憲法には被疑者の国選弁護人依頼権に関する規定がないため，通説・判例は憲法上保障されていないと解する（前掲最大判1999・3・24）。もっとも，司法制度改革に伴い，勾留中の重大事件の被疑者も国選弁護人を依頼できることとなり，告知義務も明記された（同37条の2以下，203条3項，総合法律支援法）。

不利益供述強要の禁止

憲法は，「何人も，自己に不利益な供述を強要されない」（38条1項）と規定する。アメリカ合衆国連邦憲法修正5条の**自己負罪拒否特権**に由来すると言われる。「自己に不利益な供述」とは，自己が刑事上の責任を問われるおそれがある事項についての供述，すなわち，刑罰を科せられる基礎となる事実，またはより重い刑罰の根拠となる事実の供述拒否権と解されている（通説・判例）（最大判1957（昭32）・2・20刑集11巻2号802頁。同判例は，氏名は原則として該当しないとした）。刑事訴訟法は，「何人も，自己が刑事訴追を受け，又は有罪判決を受ける虞のある証言を拒むことができる」（同146条）と規定し，さらに，被疑者及び被告人に黙秘権を保障している（同198条2項，291条3項，311条1項）。

拷問等による直接的な強制だけでなく，供述拒否に対して不利益を課す間接的な強制も問題となる。また，通説は，麻酔分析は理性を失わせて供述を引き出そうとするので強要にあたると解するが，ポリグラフ・テストについては見解が分かれている。

行政法規上，答弁・届出・記帳などを義務づけ，従わない場合は罰則を科すものがある。たとえば，①麻薬取扱者に対する帳簿記載義務は，犯罪捜査の端緒となりうるため，その問題性が指摘されている。最高裁は，麻薬取締法による「一切の制限または義務に服することを受諾している」として黙秘権の放棄を擬制した（最判1954（昭29）・7・16【百選Ⅱ－123】）。②道路交通法による事故報告義務についても，報告すべき「事故の内容」に「刑事責任を問われる虞のある事故の原因その他の事項」は含まれないと判断し合憲とした（最大判1962（昭37）・5・2【百選Ⅱ－122】）。③所得税脱税の証拠となった質問顛末書につき，供述拒否権が告知されていないことが争われた。最高裁は，国税犯則法上の質問調査手続に供述拒否権の保障が及ぶとしながらも，供述拒否の告知を義務づけるものではなく，告知を要するか否かは，「その手続の趣旨・目的等により決められるべき立法政策の問題」であるとした（最判1984（昭59）・3・27【百選Ⅱ－124】）（税務調査の質問検査については，**重要判例37** 参照）。

自白の証拠能力・補強証拠　憲法38条2項は，強制・拷問・強迫による自白，および，不当に長く抑留・拘禁された後の自白の証拠能力を否定した（**自白排除の法則**）。この規定の趣旨について，(a)任意性を欠く自白は虚偽の可能性が高く，人権擁護の観点からも排除すると解する任意性説と，(b)適正手続保障のために違法に採取した自白を排除すると解する違法排除説等が主張されている。最高裁は任意性説をとり，偽計を用いて得られた**自白の証拠能力**を否定した（最大判1970（昭45）・11・25刑集24巻12号1670頁）。

憲法38条3項は，自白のみで有罪とされないと規定し，**自白の補強証拠**を要求する。自白は任意で行われたものであっても虚偽が含まれる危険があり，自白のみで有罪とできるのであれば，自白偏重主義に陥り冤罪を生み出すからである（**コラム⑦**参照）。最高裁は，公判廷における被告人の自白は自由な状態におけるものであり，その真実性を裁判所が自ら判断できるとして，「本人の自

コラム⑦　冤罪・誤認逮捕

島田・免田・財田川・松山事件などの冤罪事件が挙げられる。憲法や刑訴法などが，自白排除法則，自白補強法則，起訴状一本主義などを採用したことにより，かなり歯止めとなっているが，冤罪や不合理な誤認逮捕が根絶したわけではない。たとえば，強姦・強姦未遂で有罪判決確定後，服役中に無罪が判明した富山冤罪事件（2007年無罪判決），犯人がインターネットの電子掲示板を介して，他者のパソコンを遠隔操作して犯罪予告を書き込み，その他者が誤認逮捕されたパソコン遠隔操作事件（2012年），母と内縁の夫が保険金搾取目的で娘を殺害した罪で無期懲役刑が確定したが，再審が認められた事件（2015年）等がある。冤罪等の原因として，捜査における手続き的権利保障の不十分さ（別件逮捕等），根強い自白偏重主義（代用刑事施設），捜査機関の暴走などが指摘されている。予防するためには，近代刑事法の基本原則や適正手続の徹底のほか，取調べ過程の録画（可視化）も主張され，一部取り入れられている。

白」に含めなかった（最大判1948（昭23）・7・29【百選Ⅱ－A5】。なお，刑訴319条2項により，公判廷における自白も「本人の自白」に含まれるとされた）。同様に，共犯者の供述についても「本人の自白」に含まれず補強証拠を不要としたが（練馬事件（最大判1958（昭33）・5・28刑集12巻8号1718頁）），共犯者の供述には信用性が低いものもあるなど学説上批判が強い。また，起訴されていない犯罪事実を，余罪として量刑の資料に考慮して重く罰することは，自白に補強証拠を必要とする38条3項等に反するが，余罪を量刑のための一情状として考慮することは禁じられていないとした（郵便局員窃盗事件（最大判1967（昭42）・7・5【百選Ⅱ－114】））。

遡及処罰・二重の危険の禁止　憲法は，「実行の時に適法であった行為……については，刑事上の責任を問われない」（39条前段）と規定し，罪刑法定主義の一内容である**遡及処罰（事後法）**を禁じている。事後法によって実行時の法定刑よりも重い刑罰を定めることも禁じる趣旨と解されており，事後法での刑の軽減は違憲ではない（刑6条）。

憲法は，「既に無罪とされた行為については，刑事上の責任を問はれない。又，同一の犯罪について，重ねて刑事上の責任を問はれない」（39条前段後半および後段）と規定する。この規定の趣旨をめぐって，(a)大陸法的に，いったん実体判決が確定すると，同一事件について再び審理することが許されない（判決の既判力）という一事不再理と解する説，(b)英米法的に，同一犯罪について二度刑事訴追を受けないという二重の危険の禁止と解する説，(c)39条前段後半は一事不再理を，後段は二重処罰（起訴）の禁止を定めたと解する説などが主張されている。最高裁は，「危険とは，同一の事件においては，訴訟手続の開始から終末に至るまでの１つの継続的状態」と解し，検察官の上訴は被告人を「二重の危険に晒すものでもなく……重ねて刑事上の責任を問うものでもない」とした（最大判1950（昭25）・９・27刑集４巻９号1805頁）。

なお，有罪判決確定後に無罪等の証拠が発見されたときなどのために，**再審制度**がある（刑訴435条以下）。

残虐刑の禁止

憲法36条後段は，公務員による残虐な刑罰を絶対的に禁止している。残虐な刑罰とは，「不必要な精神的，肉体的苦痛を内容とする人道上残酷と認められる刑罰」である（最大判1948（昭23）・６・30刑集２巻７号777頁）。そこで，**死刑**の合憲性が問題となるが，13条・31条の反対解釈により合憲と解する説（通説）と，冤罪の不可避性，死刑の一般予防的効力に対する疑問等から違憲と解する説などが主張されている。

重要判例38　死刑制度合憲訴訟（最大判1948（昭23）・３・12【百選Ⅱ－120】）

死刑は残虐な刑罰か問題となった事件において，最高裁は次のように判示した。憲法13条は，生命に対する権利は最大の尊重を必要とすると規定しているが，同時に，公共の福祉に反する場合には立法上制限・剝奪されることを当然予想している。さらに，31条は，法律の定める手続によって生命を奪う刑罰が科せられることを明らかに定めている。すなわち，憲法は刑罰としての死刑を想定・是認しており，死刑の一般的予防効果から死刑制度の必要性を認めた。ただ，死刑の執行方法が，火あぶり・はりつけなど，「その時代と環境とにおいて人道上の見地から一般に残虐性を有するものと認められる場合」には，「憲法第36条に違反する」。

まとめてみよう

被疑者，被告人の権利を刑事手続の流れに沿って理解しよう。

考えてみよう

1. 別件逮捕は令状主義の原則に反しないか論じてみよう。また，緊急逮捕の合憲性についても考えてみよう。
2. 死刑存廃問題について，国際的動向，死刑廃止論・存置論の根拠を理解したうえで，考えてみよう。
3. 道を歩いていたところ，突然，警察に職務質問され，近くで窃盗事件があったが，犯人と体格・性別・服装・年齢などが似ているため，所持品検査に協力してくれと言われ，渋々応じた。憲法上問題はないか考えてみよう。

第11章
生　存　権

この章で学ぶこと

風邪や腹痛など，病気にかかったとき，健康保険証１つと少しのお金をもって病院に行けば，治療を受けることができる。これは，公的な医療保険制度があるおかげである。また，高齢者は国から支給される年金を中心に生活する場合があるが，これは，わが国では公的年金制度が確立しているから可能なことでもある。こうした，私たちの生活保障に深いかかわりをもつさまざまな施策の憲法上の論拠が，憲法25条にいう「生存権」である。

1　社会権の意義

社会権の背景

そもそも社会権が登場した背景には，20世紀以降，いわゆる**社会国家**の理想に基づき，特に社会的・経済的弱者を保護し**実質的平等**を実現すべきことが国家の任務として掲げられたことがある，といわれる。近代憲法が成立した当初は，できるかぎり個人の意思を尊重し，国家は個人の自由に対して余計な干渉をしないようにするという発想があり，いわば「最も少なく政治をする政府は，最良の政府である」という考え方があった。この時期制定された憲法では，自由権的な基本的人権を中心に保障され，国民の経済活動では活発に自由競争がなされ，経済発展を遂げた。ところが，この結果，国民の間で貧富の差が激しくなり，少数の富める者と多数の貧者が生じたため，国家による何らかの積極的関与が求められるようになり，労働者保護立法や社会保障施策など，社会的立法の創設が国の責務とされるようになった（後掲の食糧管理法違反被告事件判決参照）。**社会権**は，こうした国の責務について，いわば国民の側から権利として規定したものということができる。

世界各国の憲法が社会権と呼ばれる諸権利を盛り込むこととなったさきがけは，1919年のドイツの**ワイマール憲法**といわれている。そこでは，「経済生活の秩序は，すべての人に，人たるに値する生存を保障することをめざす正義の諸原則に適合するものでなければならない。各人の経済的自由は，この限界内においてこれを確保するものとする」（151条1項）とされた。日本国憲法の25条から28条の規定も，社会権としていくつかの権利を保障している。ただし，最近では，福祉施策が浪費と非効率の温床になりがちであるとか，ひとたび実施された施策は特定集団にとって既得権になりがちであるとか，客観的基準を明示しない法律の下で広く裁量権を与えられた官僚が，恵まれない人々の生活を細部にわたって干渉しがちになるなど，福祉国家（社会国家）の病理を鋭く指摘する立場も有力になりつつあり，憲法の社会権保障の意味についても再考を促している。

社会権の性格

このように規定された社会権であるが，その性格は，自由権とはやや異なる面があることが指摘されている。社会権は，上で述べたように，国などに対して積極的な施策を要求する権利（**作為請求権**）である。しかしながら，たとえば，「生活に困っているので生活保障をして下さい」と主張したとしても，その目標（＝生活保障）はある程度明確であっても，目標を実施する手段はさまざまであり（お金を出せばいいのか，医療費を支払えばいいのか，住宅を確保すべきなのか，など），一義的に特定しがたい。つまり，憲法の条文だけを根拠に，具体的に「○○をせよ」と請求することは，事柄の性質上むずかしいところがある。このため社会権は，憲法の規定だけを根拠として権利の実現を裁判所に請求することのできる具体的権利ではない，といわれ，裁判所に救済を求めることのできる具体的な権利となるためには，立法による具体的な裏づけが必要である，といわれる。自由権とはこの点で性質を異にする。ただし，社会権についても，たとえば生活を営む権利を公権力に不当に侵害された場合には，自由権同様，一種の妨害排除請求権的な側面を有するとの見解もある（**生存権の「自由権的側面」**）。最近では，生存権具体化立法における給付水準の引下げといった「制度後退」の場面で，憲法25条違反を主張しうることが説かれている（憲法25条から導出される「**制度後退禁止原則**」）。

2　生存権の保障

憲法25条の意味

憲法25条１項は，「すべて国民は，健康で文化的な最低限度の生活を営む権利を有する」といい，２項は，「国は，全ての生活部面について，社会福祉，社会保障及び公衆衛生の向上及び増進に努めなければならない」と規定する。１項・２項の関係については，１項が生存権保障の目的・理念を宣言したもの，２項がその目的・理念の実現に努力すべき国の責務を定めたもの，と解されてきたが，１項は最低生活保障を，２項はそれを上まわる社会福祉，社会保障および公衆衛生の向上・増進をうたうものとして，１項・２項とで法的規範性に強弱があると解する，**１項２項分離論**も有力に主張されている。なお，25条２項は，マッカーサー草案に原案がみられたが，１項は，当時の社会党議員の発案により，衆議院の審議過程で盛り込まれたものである。

憲法25条の解釈

さて，このような憲法25条の法的意味については，とくに，生存権の請求権的側面の法的効果をどのように考えるべきか（「健康で文化的な最低限度の生活」を営めるよう，国に対して何らかの措置を求めることを，25条をもとに裁判所において主張することができるか），という点で，さまざまな議論がなされた。憲法の教科書でよく挙げられるのは，次の３つである。(a)憲法25条は将来の政治や立法に対する基本方向を指示したものであると解して，法律的にはプログラム的意義のものである（政治的宣言にすぎない）とする**プログラム規定説**がある。一方，25条には何らかの法的意味があると解する立場があり，これには，(b)憲法25条それ自体では請求権が発生するのは困難であるが，これを具体化する法律によって権利が具体化されるという**抽象的権利説**，(c)25条は立法権に対し作為命令の内容を実現するための立法を行うことを憲法上義務づけており，（訴訟法論上の問題については留保しつつも）立法不作為の違憲確認訴訟は理論上提起可能とする**具体的権利説**がある（最近では，25条に表現の自由なみの裁判規範性を認めようとする立場や，生存権訴訟での具体的救済のあり方を権利論から検討する立場など，新たな展開もみられる)。しかしながら，今日，プログラム規定説をとる立場は少なく，抽象的権利説が通説とされ，これを前提として，審査基準論や行政裁量・立法裁量の枠付けに学説の関心は移っているといわれる。

判例の展開 生存権について争われた判例としては，次のようなものがある。

①**食糧管理法違反被告事件**（最大判1948（昭23)・9・29刑集2巻10号1235頁）では，食糧管理法に反して粳(うるち)精米等の買受け・持出しをしたために検挙された被告人が，本件行為は憲法25条に定められた生活権の行使であって，これを違法とする同法は違憲無効であるとして争われた。最高裁は，憲法25条2項が，「社会生活の推移に伴う積極主義の政治である社会的施設の拡充増強に努力すべきことを国家の任務の一つ」として宣言したものであり，1項は「同様に積極主義の政治として，すべての国民が健康で文化的な最低限度の生活を営み得るよう国政を運営すべきことを国家の責務として宣言したものである」，として，「この規定により直接に個々の国民は，国家に対して具体的，現実的にかかる権利を有するものではない。社会的立法及び社会的施設の創造拡充に従つて，始めて個々の国民の具体的，現実的の生活権は設定充実せられてゆくのである」，と述べた（被告人の主張については，「右憲法の規定から直接に現実的な生活権が保障せられ，不足食糧の購入運搬は生活権の行使であるから，これを違法なりとする食糧管理法の規定は憲法違反であると論ずるのは，同条の誤解に基く論旨であつて採用することを得ない」，などとして斥けた)。

② **重要判例39** は，生存権論の画期をなしたものである。

重要判例39 **朝日訴訟**（最大判1967（昭42)・5・24【百選Ⅱ-136】）

A県の国立療養所に入所していた原告（朝日茂さん）は，生活保護法による①生活扶助（月600円）と②医療扶助（自己負担なし）を受けていたが，実兄から送金（月1,500円）されるようになったため，社会福祉事務所長が①を支給停止（廃止），②については実兄からの送金のうち生活扶助相当額の600円をひいた900円を医療費の自己負担分とする保護の変更をした。このため原告はこの処分の違法性を争い，月600円の生活扶助が生活保護法で定める健康で文化的な最低限度の生活水準を維持するのに足りない額であるなどと主張した。第1審（東京地判1960（昭35）・10・19行集11巻10号2921頁）は，「人間としての生活の最低限度」は特定の国の特定の時点においては一応客観的に決定すべきものなどとして，朝日さんの主張を入れ，この保護基準が生活保護法に反するとした。一方，控訴審（東京高判1963（昭38）・11・4行集14巻11号1963頁）では，最低生活概念の抽象性を踏まえ，生活保護法の定める抽象的要件を逸脱しない範囲において具体的判断を厚生大臣に委ねたものとしながら，保護基準算定方法などを審査し，本件直後に改定された基準（640円）によってもなおパンツ2年1着・ちり紙月1束程度（月額30円程度）は不足するとして，ありうべき日用品費として月額670円程度という数字を示したが，この保護基準が「いかにも低額に失する」としつつも，なお違法とはいえないとした。本件は最高裁に上告されたが，訴訟継続中に上告人が死亡したため，最高裁は，判決主文において訴訟終了としたが，「なお，念のために」として，傍論で25条解釈を示し，「健康で文化的な最低限度の生活」は抽象的相対的概念であり，生活保護基準設定については厚生大臣の合目的的裁量に委ねられており，著しく低い水準などによって裁量の限界を超えた場合にはじめて違法となる，とした。

③ **重要判例39** は，傍論で25条解釈を行ったが，**重要判例40** は，今日の憲法25条解釈の先例となった。

重要判例40　堀木訴訟（最大判1982（昭57）・7・7【百選Ⅱ－137】）

視力障害者として障害福祉年金を受給していた原告（堀木フミ子さん）が，離婚以来次男を養育していたため，当時の児童扶養手当法（父と生計を同じくしていない児童について，その児童が育成される家庭の生活の安定と自立の促進に寄与するため，児童を監護する母または母に代わる養育者に支給される手当を定める法律）の受給資格認定の請求をしたところ，同法の併給調整規定によって障害福祉年金の受給者への支給が認められていなかったため却下された。そこで原告は，併給調整規定が憲法25条・14条等に反するとして争った。

第1審（神戸地判1972（昭47）・9・20行集23巻8＝9号711頁）は，本件併給調整規定について，何ら合理的理由がないにもかかわらず，障害福祉年金を受給する視覚障害者で児童を監護する母という地位にある女性を，一方において同程度の視覚障害者である障害福祉年金受給の父たる男性と性別により差別し，他方で障害者ではない母と社会的身分に類する地位により差別する結果をもたらすものであるなどとして，児童扶養手当法が併給調整対象として障害福祉年金を含む限度において憲法14条１項に反するとした。控訴審（大阪高判1975（昭50）・11・10行集26巻10=11号1268頁）は，憲法25条２項が国の事前の積極的防貧施策をなすべき努力義務があることを規定し，１項は２項の防貧施策の実施にもかかわらずなお落ちこぼれた者に対して事後的・補足的・個別的に救貧施策をなすべき責務を宣言したもの，という独自の１項２項分離論を展開し，本件併給調整規定は憲法25条に反しないとした（14条違反の主張も斥けた）。最高裁は，25条の規定の趣旨にこたえた具体的立法措置の選択決定は立法府の広い裁量に委ねられ，それが著しく合理性を欠き明らかに裁量の逸脱・濫用となる場合をのぞいて裁判所の審査に適しない事柄であるなどとして，本件の併給調整規定を合憲とした。

最高裁判例から読みとれること　以後，**重要判例40**は，生存権訴訟の先例として存在し続けている。最近でも，国民年金法（平成元年法律86号による改正前のもの）が，学生などについて国民年金に強制加入させずに任意加入のみを認めるとしていた措置などが憲法25条・14条１項に反するかどうかなどが争われた，いわゆる**学生無年金障害者訴訟**について，最高裁は，**重要判例40**を引用し，立法府の広い裁量を肯定している（最判2007（平19）・９・28【百選Ⅱ－139】，最判2007（平19）・10・９裁時1445号４頁参照）。とはいえ，**重要判例39**でも示されたように，最高裁は，著しく合理性を欠き明らかに**裁量の逸脱・濫用**となる場合については裁判所の審査の対象となるなど，限定的ではあるが，憲法25条が法的意味をもつ（裁判規範性を有している）点を認めている点は注目される（この意味で，最高裁判例はプログラム規定説とは言い切れないところがある）。しかし一方で，このような広い**立法・行政裁量**をはじめから全面的に肯定することについては，そもそも司法審査を困難とする点で問題となることや，問題となる立法の性格や事案の状況を慎重に考慮することなく制度全体について判断を下しかねない点で，事件・争訟性を核とする司法権の判断にとっても，問題がありうる。今後は，25条が一定程度裁判所において法的な判断基準となることを前提とした上で，問題となる立法や事案の性質に注意しながら，立法裁量・行政裁量の広狭を見きわめる作業を続けることが重要となろう。

行政裁量に対する司法審査については，行政の判断にいたる考慮要素などが適切に考慮されているかといった点を，根拠となる法律などに照らして裁判所が審査する手法（判断過程統制審査）が，行政事件などで広くみられ，社会保障訴訟においても，こうした手法によって，より綿密な司法審査が行われる可能性がある。老齢加算廃止違憲訴訟（最判2012（平24）・２・28民集66巻３号1240頁，最判2012（平24）・４・２民集66巻６号2367頁）では，70歳以上の生活保護受給者（被保護者）に支給されていた老齢加算が段階的に減額・廃止されたことが憲法25条１項・生活保護法に反するかが争われた。最高裁は，老齢加算の廃止を内容とする生活保護基準の改定について，①70歳以上の高齢者に老齢加算に見合う特別な需要がみられないなどとした行政（厚生労働大臣）の判断について，最低限度の生活の具体化に関する判断の過程・手続上，過誤・欠落の有無の観点から，②老齢加算を廃止するに際して激変緩和等の措置を採るかどうかについて，生活保護受給者の期待的利益や生活への影響等の観点から，という２つの点に着目して，行政裁量の逸脱・濫用を審査した。結論としては違憲・違法の主張を斥けたが，社会保障の行政裁量について，よりていねいな司法審査を行おうとする姿勢がうかがえる。

まとめてみよう

憲法25条の法的性格について，学説の展開と，重要判例の論旨をまとめてみよう。

考えてみよう

公的年金制度の財政悪化により，将来の受給者の給付額だけでなく，現在の受給者の給付額を一律20％削減する法律が可決・成立されたとする。この法律は，憲法上問題はないか。

第12章
教育を受ける権利

この章で学ぶこと

小・中学校で学んだことのうち，国語や英語はともかく，因数分解や三平方の定理といった道具立てを用いる数学など，大人になって，知識として直接用いる機会も多くはないように思うのに，「どうしてこういうことを学ぶのだろう？」，と疑問に思ったことはないだろうか。しかし，人が社会で生活し，充実した人生を送るためには，多様な知識・教養が必要ともいえる。教育は，社会の一員として有意義な生活を営むための基礎的条件を整備するものの１つということができ，これには国家的な配慮も求められる。ここでは，教育をめぐる憲法の規定について学んでおこう。

1　教育を受ける権利

教育と国家の役割

憲法は，教育に関する規定を設け，26条１項は，「すべて国民は，法律の定めるところにより，その能力に応じて，ひとしく教育を受ける権利を有する」，２項は，「すべて国民は，法律の定めるところにより，その保護する子女に普通教育を受けさせる義務を負ふ。義務教育は，これを無償とする」と定める。憲法がこうした規定を盛り込んでいる背景には，子どもの教育をめぐる国の役割の変化がある。

最高裁は，この点について，次のように述べる（**重要判例41**）。子どもの教育は，その最も始源的・基本的な形態としては，親が子との自然的関係に基づいて子に対して行う養育・監護の作用の一環として現れる。しかし，私事としての親の教育や私的施設による教育では，近代社会における経済的・技術的・文化的発展と社会の複雑化にともなう教育要求の質的拡大・量的増大に対応しきれなくなったため，子どもの教育が社会における重要な共通の関心事となり，子どもの教育をいわば社会の公共的課題として，公共の施設を通じ組織的・計画的に行う，**公教育制度の発展**をみるに至った。現代国家においては，子どもの教育は，主としてこのような公共施設としての国公立の学校を中心として営まれるという状態になっている，と。

教育を受ける権利の内容

教育を受ける権利は，その性質上子どもに保障される。一方，これに対応して，子どもに教育を受けさせる責務を負うのは，第一次的には親ないし親権者とされる（民820条は，親権者が子の監護および教育する権利を有し，その義務を負うとする）。この限りで，親には自分の方針に従って子を教育する憲法上の自由がある，といわれ，その内容として，**家庭教育の自由**，**私立学校選択の自由**，さらに**私立学校設立の自由**が挙げられる。

教育の機会均等

また，26条1項にいう教育を受ける権利とは，「能力」を条件とした教育を受ける等しい権利の保障，すなわち，**教育の機会均等の保障**に主眼があるとされている。つまり，それぞれの水準の教育を受けるに足る能力に応じて，どんな立場の人にでも教育機会へのアクセスが可能となるような立法措置を要求する権利といわれる。教育基本法4条1項も，教育の機会均等について定めている。しかしながら，ここでいう権利は，ほかの社会権と同じく，具体的権利とは解されず，同じ教育を受けることを直接国に要求できる性格をもつわけではない（**抽象的権利**である），とされる。

「教育を受ける権利」の具体的請求の可能性（義務付け訴訟）

もっとも，場合によっては，教育を受ける権利にかかわる立法を前提に，教育内容を均等に提供すべきことを具体的に請求できる途が，じつは存在する。2004年に改正された**行政事件訴訟法**では，「抗告訴訟」（行政庁の公権力の行使に関する不服の訴訟。同3条1項）という訴訟パターンのうち，行政に対して，何らかのサービスを提供してもらうよう法律などに基づいて申請したのに行政が拒否したような場合，その申請を認める処分（サービスを提供するという処分）などを求める訴訟が創設された（**義務付け訴訟**。同3条6項2号，37条の3）。これによると，裁判所は，一定の要件を満たした訴えについて，訴えに関する請求に理由があると認められ，また，行政がその処分（申請を認めることなど）をしないことが裁量権の範囲を逸脱・濫用となると認められるときなどに，求められた処分をすべきことを命じることができる。裁判例では，教育サービスとはやや異なるが，障害をもつ児童の保育所入所を不承諾とされた原告が，入園承諾の義務付け訴訟を提起し（取消訴訟も提起），その訴えが認められた事案がある（東京地判2006（平18）・10・25判タ1233号117頁）。裁判所は，児童福祉法の趣旨・目的なども踏まえ，障害のある児童であっても，その障害の程度・内容に照らし，その児童が，保育所に通うほかの障害のない児童と身体的・精神的状態や発育の点で同視することができ，保育所での保育が可能な場合であるのに，保育所入所の承諾をしなかった場合には，処分行政庁の裁量の逸脱・濫用となり違法となる，と述べている（このほか，この仮の義務付け訴訟（37条の５第１項）である東京地決2006（平18）・１・25判タ1218号95頁，町立幼稚園への就園許可の仮の義務付けの事案である徳島地決2005（平17）・６・７判自270号48頁などもある）。憲法学の通説では，教育を受ける権利は「抽象的権利」ともいわれてきたが，このように，行政訴訟において，社会権実現をめざす具体的な請求ができる場合もあることに注意が必要である。

教育の機会均等をめぐる論点

教育の機会均等に関する具体的な論点としては，次のようなものがある。①国公立大学・学校で，**男女別学**にしていることは，憲法26条１項に反しないか。学説では，女子だけを入学させる学校を設けることも，同様の内容の学校が等しく男子のために設けられている場合には，実質上の差別とみられないから，本条に反しない，といわれた。しかし，今日では，防衛大学校などまで女子にも開放されており，憲法は，男女のグループの機会均等ではなく，個人の性別にかかわりない機会均等を要求しているから，合憲とする理由はない，とする見解もある。

また，②**障害者の学習権の保障**も問題となる。先にふれた保育所の入所をめぐる義務付け訴訟もこの点にかかわる。裁判例では，公立高校の入学を希望して，学力検査を受検し合格点に達していた者が，進行性の筋ジストロフィー症に罹患していたため，高等学校の全課程を無事に履修する見込みがないと判定され，入学不許可の処分を受けたことについて，これが身体障害を唯一の理由としたものであって憲法26条1項・14条等に反して違法であるとして，処分取消し・慰謝料の支払いを求めた事案がある（神戸地判1992（平4）・3・13【百選Ⅱ－142】)。裁判所は，憲法26条1項や教育基本法に言及し，「障害を有する児童，生徒も，国民として，社会生活上あらゆる場面で一人の人格の主体として尊重され，健常児となんら異なることなく学習し発達する権利を保障されている」，と述べ，高校の全課程を履修することは可能であると認められるにもかかわらず，養護学校のほうが望ましいという理由で本件高校への入学を拒否することは，「その結果は，身体に障害を有する原告を不当に扱うものであるといわなければならない」，として，当該拒否処分に校長の裁量権の逸脱・濫用があったことを認めた。

義務教育の無償　憲法26条2項後段は，「義務教育は，これを無償とする」という。この「無償」の範囲が争われたことがある。同項の「義務教育」は就学したことによる必要な経費をすべて無償とする趣旨である，として，義務教育図書代金の徴収行為の取消しが争われた事案において，最高裁（最大判1964（昭39）・2・26【百選Ⅱ－A6】）は，本条については「国が義務教育を提供するにつき有償としないこと」，すなわち，「**授業料不徴収の意味**」と解している（義務教育の教科書は法律上無償とされている。また，高等学校等の授業料についても，立法措置として支援金制度が設けられている)。

2　教育への公権力の関与のあり方

以上のように，憲法は教育権をさまざまな面で保障するが，しばしば争われたのは，公権力による教育への関与のあり方についてであった。

教育権の所在　この点に関する重要な争点として，**教育権の所在**という問題がある。これは，子どもへの教育内容について，公権力（国家）がどこまで関与しうるか，という点をめぐって争われたのであるが，考え方としては，①教育内容について国が法律によって包括的に定めることができるとする説である「**国家の教育権説**」，②子どもの教育について責任を負うのは親・教師を中心とする国民全体であって，国の役割は教育の条件整備とする説である「**国民の教育権説**」とが対立した。この問題は，**重要判例41**で大きな争点となった。この判決では，親・教師・国のそれぞれについて，教育における役割を認めた点が評価されているが，国の広汎な教育内容への介入を認めた点には批判があるとされる。

重要判例41 **旭川学力テスト事件**（最大判1976（昭51）・5・21【百選Ⅱ－140】）

1961年10月に，文部省（当時）が実施した，全国の中学校の2・3年生を対象とする一斉学力調査をめぐって，これを阻止するため，被告人らが，中学校に赴き，学校内へ立ち入り，テストの執行を妨害するなどしたため，公務執行妨害罪（刑95条1項）等で起訴された。この事件では，公務執行妨害罪成立の前提として，文部省が実施した学力テストが教育基本法10条（平成18年法律120号による改正前のもの。以下同じ）などに照らして適法であったかが論点となり，そのなかで，「国家の教育権」・「国民の教育権」の両説が激しく争われた。

しかし最高裁は，「右の二つの見解はいずれも極端かつ一方的」とし，私事としての親の教育に言及し，子どもの教育が子どもの学習権に対応するものであること，そして教師にも一定の範囲で教授の自由が保障される点も指摘した。その上で，教育内容に対する国の介入について，「子供が自由かつ独立の人格として成長することを妨げるような国家的介入」は憲法26条・13条から許されないが，教育基本法10条の「不当な支配」（当時の規定では，「教育は，不当な支配に服することなく，国民全体に対し直接に責任を負つて行われるべきものである」こと（同1項），「教育行政は，この自覚のもとに，教育の目的を遂行するに必要な諸条件の整備確立を目標として行われなければならない」こと（同2項）とされていた）について，許容される目的のために必要かつ合理的と認められる国の介入は禁止されないなどとし，学力テスト実施は違法でないとした。

教育への公権力の関与

また，学習指導要領や通達などによる，教育現場への公権力の関与が問題となることがある（なお**コラム⑧**参照）。

学習指導要領とは，小学校・中学校・高等学校等について，その教育課程の基準として文部科学大臣により「小学校学習指導要領」などの題名を付して公

コラム⑧　教育基本法の改正

ここで注目されるのは，2006年12月22日に公布・施行された教育基本法である。これは，昭和22年の旧教育基本法制定から半世紀以上が経過し，この間，科学技術の進歩・情報化・国際化・少子高齢化など，わが国の教育をめぐる状況が大きく変化したことから，道徳心や自律心，公共の精神，国際社会の平和と発展への寄与など，旧法に明確に規定されていない事柄についても，教育において重視することが求められるようになった。そこで，教育において今日重要と考えられる事柄を，教育の基本理念を定める教育基本法に明確に規定することによって国民の共通理解を図り，社会全体による教育改革を着実に進めることを目的として改正された。国の教育への関与のあり方については，旧法でも規定されていた「不当な支配」（旧法10条）の意義が問題となるが，この改正では，「教育は，不当な支配に服することなく，この法律及び他の法律の定めるところにより行われるべきものであり，教育行政は，国と地方公共団体との適切な役割分担及び相互の協力の下，公正かつ適正に行われなければならない」（16条１項），などとされ，国及び地方公共団体の教育への関与の大枠や役割分担が法的に示されている。

示されるものであり，一般に，各教科の目標及び内容，指導計画の作成等に関する事項が示される。学習指導要領は法令そのものではないため，その法的拘束力が問題となる。最高裁は，学習指導要領から逸脱する授業や考査の出題など，教育関係法規に違反する授業をしたことなどを理由とした，県立高等学校教諭に対する懲戒免職処分が争われた事件（伝習館高校事件）において，高等学校学習指導要領は法規としての性質を有するとした原審の判断を是認し（最判1990（平２）・１・18判時1337号４頁），また，懲戒処分についても，懲戒権者の裁量権の範囲を逸脱したものとはいえないとしている（最判1990（平２）・１・18【百選Ⅱ－141】）。

また，教科書検定をめぐっても，国の教育内容に対する関与のあり方が問題となる。最高裁は，第１次家永教科書事件上告審（**重要判例23**）において，**重要判例41** を引用しつつ，「普通教育の場においては，児童，生徒の側にはいまだ授業の内容を批判する十分な能力は備わっていないこと，学校，教師を選択する余地も乏しく教育の機会均等を図る必要があることなどから，教育内容が正確かつ中立・公正で，地域，学校のいかんにかかわらず全国的に一定の水準であることが要請されるのであって，このことは，もとより程度の差はあるが，基本的には高等学校の場合においても小学校，中学校の場合と異ならないのである」，などとして，教科書検定は，憲法26条等に違反するものではないとした。

最近では，入学式・卒業式などでの国旗掲揚・国歌斉唱の実施をめぐる問題が注目を集めている（**重要判例12**）。裁判例では，東京都教育委員長が発出した通達に基づき，都立学校の入学式・卒業式などで，教職員らが国旗に向かって起立し，国歌斉唱・そのピアノ伴奏等が求められ，教職員がこの通達に基づく校長の職務命令に従わない場合は服務上の責任を問われることが周知されるなど，入学式・卒業式等の国旗掲揚・国歌斉唱の適正な実施を求めたことについて，国旗に向かった起立や国歌斉唱，そしてその際のピアノ伴奏の強制は思想・良心の自由等を侵害するものであるとして争われた事案がある（東京地判2006（平18）・9・21判時1952号44頁）。裁判所は，**重要判例41**を踏まえつつ，都教育長による通達・職務命令が，大綱的基準を逸脱し，教職員に対し一方的な一定の理論や観念を生徒に教え込むことを強制するようなものである場合には，教育基本法10条1項（当時）所定の不当な支配に該当するものとして違法になるものと解するのが相当であるとして，本件通達等がそれに該当することなどから違法と判断した（しかし控訴審〔東京高判2011（平23）・1・28判時2113号30頁〕と最高裁〔最判2012（平24）・2・9民集66巻2号183頁〕はいずれもこの点の主張を斥けた）。

まとめてみよう

教育への国の関与のあり方について，対立する2つの立場を対比させ，最高裁判所がどのように反応したかまとめてみよう。

考えてみよう

国が，自衛隊の特殊部隊養成のため，「特殊技能養成防衛大学校」を設置したが，職務の性格を考慮して男子のみを受け入れていた。ところが，女子からも入学の希望があったため，対応に苦慮した防衛省は，ほぼ同様のカリキュラムと施設を用意するものの，しかし女子のみを対象とする「特殊技能養成防衛女子大学校」を別に設置することとした。防衛省の対応は，憲法上問題はないか。

第13章
労働者の権利

この章で学ぶこと

就職活動を終え，はれて新入社員として希望した企業や職種に就くことができても，労働条件などが自分の思うようになっていなかったり，職場環境が予想以上に働く者にとって不利になっている場合もある。しかし，雇い主と労働者とでは，労働者のほうが立場が弱いことも多く，各国では，産業化の進展とともに，労働者の保護をめざす政策がとられることとなった。日本国憲法もその流れのなかにあるといえるが，ここでは，憲法が定める労働者の権利について，概観しよう。

1　労働者の権利

勤労の権利

憲法27条１項は，「すべて国民は，勤労の権利を有し，義務を負ふ」と定める。ここにいう「勤労」とは，「労働」のことで，「他人に雇われて働く雇用労働」をさすもの，といわれている。憲法は，25条を筆頭に社会権規定をおいているが，だからといって，飯のタネや生活の糧はすべて国におまかせ，あとはお上が面倒みてくれる……というわけにはいかない。さまざまな生活保障施策が予定されていても，資本主義・自由主義経済の下にあっては，私たちの生活は，それぞれの勤労によって維持されるのが原則といえる（もちろん，25条がある以上，働きたくても働けないなど，生活保障が優先されるべき場合は別である）。27条は，勤労によって生活しようとする国民に対して，勤労の権利を保障し（同１項），またそのような国民のために勤労条件の基準を法律で定めるべきことを求めたもの（同２項）とされる。**「勤労の権利」**とは，働く意思と能力のある者に，働く場所があるような国政を行うことを要請する趣旨である，といわれる。

ただし，憲法は，自由な経済活動を容認し（22条，29条），国が国民の勤労の場を完全に把握し，支配するという体制はとっていない。このため，憲法27条は，具体的な勤労の場を提供することを裁判所によって請求しうる効果をもつものではなく，すべての国民に勤労の機会を確保するような施策をなすことを国の責務とし，これを国民の側から抽象的「権利」と表現したものであって，個人の具体的請求権を保障したものではない，と解されている。とはいえ，「勤労の権利」は，「勤労の自由」を前提としていると解することもでき，その侵害は本条や憲法22条１項・13条違反となる，とか，さらに，「勤労の権利」が一定の範囲において私人間においても妥当し，たとえば使用者の正当な事由のない解雇を制限する根拠となりうる，ともいわれている。

勤労条件の法定　今日の自由主義的な経済体制では，雇う側（使用者）と雇われる側（被用者，労働者）とのあいだで雇用契約を締結することにより，雇用関係が成立する。このため，労働者と使用者とのあいだについては，契約の自由が原則的にあてはまるといえる。しかしながら，雇用契約をまったく当事者の自由に任せると，財産ももたず，提供しうるのは自分の労働力のみである労働者にとっては，不利な条件でも働かざるをえないなど，労働者の立場が弱いことによる問題も考えられる。このため，雇用条件などについて，法による統制が求められることとなる。憲法27条２項は，「賃金，就業時間，休息その他の勤労条件に関する基準は，法律でこれを定める」と規定し，３項は，「児童は，これを酷使してはならない」と定める。２項をうけ，**労働基準法**などが定められているが，これは，労働者の利益のために，勤労条件の最低基準を法律で定め，その基準を下まわらないよう制限する趣旨のものとされている（労基１条２項参照）。27条３項は，主として民間における年少労働者の保護を念頭においたものである。労働基準法によれば，満15歳未満の者（15歳に達した年の年度終了まで）を労働者として用いることを原則禁止とし（同56条１項），満18歳未満の者についても特別の保護規定をおいている（同57条，60条～64条）。また，個別の労働関係の安定に資するため，労働契約に関する民事的なルールの必要性が高まったことから，労働契約の基本理念・原則等を体系化した労働契約法（平成19年法律第128号）が制定されている。

わが国には，正規の雇用関係にある労働者（正社員など）とは区別された，パート社員・アルバイトなどの非正規労働者が存在している。1990年代半ば以降，経済不況に伴ってその数が増加しているといわれ（2000年代半ばで雇用者の３分の１を超えるほどと指摘されている），派遣労働者の人員削減など，雇用の不安定さが深刻な問題として挙げられている。このため，非正規労働者について待遇格差是正のための均等・公正な処遇を確保すべき旨の規制（労働契約法３条２項・20条，「短時間労働者の雇用管理の改善等に関する法律〔パートタイム労働法〕」３条，８条～10条等）や，期間の定めのある労働契約（有期労働契約）についての解雇制限（労働契約法17条）などの立法措置が講じられている。

労働基本権

憲法27条の趣旨からすると，労働条件がきちんと法定され，使用者と労働者が対等な立場で労働関係の問題が処理されるべきことが求められる。しかし実際には，労働者側と雇い主側とでは力に差があるために，労働者はえてして不利な立場におかれがちである。対等に労働契約を締結したとしても，実は連日サービス残業ばかりであった場合など，実際の職場環境は労働者に不利な場合もある。こうした場合に，労働者の側から，使用者に対して一定の要求をすることで，労働環境の改善をめざすための手段が，**労働基本権**である。

労働基本権の保障

憲法28条は，「勤労者の団結する権利及び団体交渉その他の団体行動をする権利は，これを保障する」と定める。ここでは，団結権，団体交渉権，団体行動権（争議権）が保障されている。

①**団結権**とは，労働者の団体を組織する権利（労働組合結成権）であり，労働者を団結させ，使用者と対等に立たせるための権利とされる。②**団体交渉権**とは，労働者の団体が使用者と労働条件について交渉する権利とされ，交渉の結果締結されるのが，**労働協約**となる（労組14条）。そして③**団体行動権**とは，労働者の団体が労働条件の実現を図るために団体として行動をする権利とされ，その中心は**争議行為**とされる（「争議行為」とは，労働法学でも議論があるが，「同盟罷業，怠業，作業所閉鎖その他労働関係の当事者が，その主張を貫徹することを目的

として行ふ行為及びこれに対抗する行為であつて，業務の正常な運営を阻害するもの」（労調7条）とされる）。

団結権については，労働組合が正当な団体行動を行う上で，組合の統一・一体化をはかり，団結力を強化することが必要となる場合もある。もっとも，その範囲がどこまでなら許されるのか，しばしば問題となる。

具体的には，①労働組合による組織加入強制の問題がある。一般に，労働組合の組合員は，その意思により，組合員としての地位を離れる自由（脱退の自由）を有するものとされているが（最判2007（平19）・2・2民集61巻1号86頁など参照），採用後一定期間内に特定の労働組合に加入しない労働者や，脱退・除名等により組合員資格を失った労働者を使用者が解雇する旨を定める労使間の協定（ユニオン・ショップ協定）などによって，組合加入が事実上強制される場合がある。憲法学説では，ユニオン・ショップ協定を肯定する傾向にあったが，労働法学説からは，使用者に解雇を義務付ける限りで，消極的団結自由（憲13条や28条などを根拠とする）を侵害するものであって無効であるとする批判がある（最近の判例も，その効力を限定する傾向にある。最判1989（平元）・12・14民集43巻12号2051頁など）。

一方，②労働組合内部の統制処分（規約違反の行動や決定に従わない組合員に対して労働組合が課す制裁）の限界も問題となる。三井美唄労組事件（最大判1968（昭43）・12・4【百選Ⅱ－149】）では，組合の執行役員であった被告人らが，組合による統一候補の決定にもかかわらず地方議会議員選挙に立候補しようとする組合員に対し，立候補を断念させるべく説得・威迫し，さらに組合の統制を乱した者として一年間組合員としての権利を停止することなどを決定したことの違法性が争われた。最高裁は，公職選挙における立候補の自由が憲法15条1項に照らし重要な権利であるとした上で，「……統一候補以外の組合員で立候補しようとする者に対し，組合が所期の目的を達成するために，立候補を思いとどまるよう，勧告または説得をすることは，組合としても，当然なし得るところである。しかし，当該組合員に対し，勧告または説得の域を超え，立候補を取りやめることを要求し，これに従わないことを理由に当該組合員を統制違反者として処分するがごときは，組合の統制権の限界を超えるものとして，違法といわなければならない」，と述べている。

労働基本権の性格

労働基本権の性格としては，次のようなものが指摘される。まず，①国との関係で労働基本権がもつ性格としては，(a)**社会権的な性格**として，国に対し，労働基本権を保障する措置を要求し，国はその施策を実現すべき義務を負う，という側面がある。この点で，使用者による労働基本権の侵害行為から救済するしくみの整備が求められるが，具体例としては，労働組合法による，労働委員会による不当労働行為事件の審査・救済命令等の措置の実施が挙げられる（労組7条，27条以下等)。次に，(b)**自由権的な性格**として，労働基本権を制限する国の行為が禁止される。これは，**争議行為の刑事免責**（団体交渉，争議行為など労働組合の行為が，形式的には犯罪構成要件に該当する場合においても，それが正当なものであるときは，刑35条の適用によって違法性が阻却され，処罰されないこと。労組1条2項）などに現れる。そして，②使用者との関係で労働基本権がもつ意味（**私人間での性格**）として，使用者は労働者の労働基本権の行使を尊重する義務を負うとされる。この意味で，**争議行為の民事免責**（労組8条。「民事免責」とは債務不履行責任や不法行為責任等の民事上の責任が免除されること）が意味をもち，またこの限りで，労働基本権は私人間の関係にも適用があるとされる。

2　公務員の労働基本権

労働基本権をめぐって，戦後激しく争われた論点の1つは，**公務員の労働基本権の制限**の問題であった。

公務員の労働基本権制約

現行法上，公務員には，先にふれた労働基本権のうち，いくつかのものがその行使を認められていない場合がある。具体的には，①警察職員，消防職員，海上保安庁または刑事施設において勤務する職員，自衛隊員は，団結権・団体交渉権・争議権のすべてが否認され（国公108条の2第5項，地公52条5項，自64条），②非現業の国家公務員および地方公務員は，団結権が認められているが，団体交渉権が制限され，また争議権が否認されており（国公108条の2第3項・108条の5第2項・98条2項，地公52条3項・55条2項・37条1項），そして③いわゆる現業の公務員（行政執行法人（旧独立行政法人）・地方公営企業の公務員）は，団結権および団体交渉権が認められているものの，争議権は否認されている（行政執行法人の労働関係に関する法律4条・8条・17条等）。

制約の根拠　たしかに，たとえば自衛隊の職員や警察官がストライキなどをひんぱんに行ってしまうと，私たちの生活の安全が確保できないおそれもあり，公務員に労働基本権の制約が求められるのは，やむをえないところもある。しかしながら，公務員も労働者であるとすると，憲法28条の趣旨に照らせば，公務員だからという理由で簡単に，また一律に制約が認められてよいものでもない。そこで，憲法上の制約根拠を確認しておくことが重要となる。

学説では，①公務員の職務の性質に求める説，②憲法15条2項の「**全体の奉仕者**」が一般的根拠になりうると解する説（ただし職務内容等も考慮する），③国民主権の下における公務員の基本理念（15条），それに基づく公務員制度法定の要請（73条4号），および財政民主主義（83条以下）などの憲法原理に支えられた公務員関係の存立と自律性を維持することに求める説，などがある。③説の背後には，政党内閣制の下では，**行政の中立性**が保たれてはじめて公務員関係の自律性が確保され，行政の継続性・安定性が維持されることから，このような中立性の維持という目的を達成するための合理的で必要最小限度の規制は，憲法上容認されている，という考えがあるとされる。

判例の展開　最高裁判所は，初期の判例で，「全体の奉仕者」性を強調するような姿勢を打ち出し，公務員の労働基本権制約を容易に認めるような姿勢をみせていた（たとえば政令201号事件（最大判1953（昭28）・4・8刑集7巻4号775頁）など）。しかし，**全逓東京中郵事件**（最大判1966（昭41）・10・26【百選Ⅱ－144】）は，労働基本権制約のあり方について画期的な判断を示した。そこでは，全逓信労働組合員の役員が東京中央郵便局の職員に対し争議行為等をそそのかしたことが争われた。最高裁は，「勤労者の団結権・団体交渉権・争議権等の労働基本権は，すべての勤労者に通じ，その生存権保障の理念に基づいて憲法28条の保障するところであるが，これらの権利であつても，もとより，何らの制約も許されない絶対的なものではないのであつて，国民生活全体の利益の保障という見地からの制約を当然の内在的制約として内包しているものと解釈しなければならない」，としつつ，制約の合憲性判断について，次のような基本視点を示した。①労働基本権の制限は，労働基本権を尊重確保する必要と国民生活全体の利益とを比較衡量して決定すべきであるが，その制限は，合理性の認められる必要最小限度のものにとどめなければならないこと，②労働基本権の制限は，勤労者の提供する職務・業務の性質が公共性の強いものであり，その職務・業務の停廃が国民生活全体の利益を害し，国民生活に重大な障害をもたらすおそれのあるものについて，これを避けるために必要やむをえない場合について考慮されるべきであること，③労働基本権の制限違反にともなう法律効果，すなわち，違反者に対して課せられる不利益については，必要な限度を超えないように，十分な配慮がなされなければならないこと，④職務・業務の性質上からして，労働基本権を制限することがやむをえない場合には，これに見合う代償措置が講ぜられなければならないこと。

都教組事件（最大判1969（昭44）・4・2【百選Ⅱ－145】）では，東京都教職員組合の役員らが同盟罷業の遂行をあおったことの違法性が争われた。最高裁は，全逓東京中郵事件の趣旨を踏まえつつ，地方公務員法37条にいう争議行為等の共謀・そそのかし・あおり行為を処罰する同法61条4号について，これらの規定が文字どおりに一切の争議行為を禁止し，あおり行為等がすべて処罰される趣旨であれば労働基本権を保障した憲法の趣旨に反することなどを踏まえ，憲法の精神に即し，これと調和しうるよう，合理的に解釈されるべきことを解き，(a)争議行為自体が違法性の強いものであることを前提として，そのような違法な争議行為等のあおり行為等であってはじめて刑事罰をもってのぞむ違法性を認めようとする趣旨と解すべきである，としながら，(b)あおり行為等の態様について，争議行為に通常随伴して行われる行為のごときは，処罰の対象とされるべきものではない，として，いわゆる「二重のしぼり」をかけた**合憲限定解釈**をした。

しかしながら，最高裁は，その後，全農林労働組合の役員らによる，農林水産省職員に対する争議行為遂行のあおりが問題となった**全農林警職法事件**（最大判1973（昭48）・4・25【百選Ⅱ－146】）において，次のように，上記の立場を大きく変更した。「公務員は，……憲法15条の示すとおり，実質的には，その使用者は国民全体であり，公務員の労務提供義務は国民全体に対して負うものである。……公務員の地位の特殊性と職務の公共性にかんがみるときは，これを根拠として公務員の労働基本権に対し必要やむをえない限度の制限を加えることは，十分合理的な理由があるというべきである」，とした上で，「公務員の従事する職務には公共性がある一方，法律によりその主要な勤務条件が定められ，身分が保障されているほか，適切な代償措置が講じられているのであるから，国公法98条5項がかかる公務員の争議行為およびそのあおり行為等を禁止するのは，勤労者をも含めた国民全体の共同利益の見地からするやむをえない制約というべきであつて，憲法28条に違反するものではないといわなければならない」。判例の流れは，公務員の労働基本権を尊重する判決から，現行法の厳しい全面的な制限を積極的に合憲とする判決へと推移しているといわれる（都教組判決を覆した岩手教組学テ事件（最大判1976（昭51）・5・21【百選Ⅱ－148】），全逓東京中郵事件を覆したとされる全逓名古屋中郵事件の趣旨（最大判1977（昭52）・5・4【百選Ⅱ－147】）など）。

まとめてみよう

公務員の労働基本権について，制約の根拠と，代表的な最高裁判例の論点をまとめてみよう。

考えてみよう

労働法学説のなかには，憲法27条2項は，立法者（国会）に対して積極的に労働条件を設定する義務を課す規定であると解して，法律の設定する労働条件基準があまりに低く，憲法25条と結びついた憲法27条２項の要請に反する場合には，違憲無効とすべきである，と主張する立場がある（西谷敏『規制が支える自己決定』〔法律文化社，2004年〕131-132頁)。憲法論からみて，この考え方に賛成できるだろうか。

第**14**章
受益権・参政権および義務

この章で学ぶこと

日本国憲法で保障される人権には，自由権と社会権のほか受益権と参政権がある。これらは，人々がきちんとした人権保障を受けるため国にサービスを要求したり，または国家の構成員として主体的に国政に参加したりする権利だ。また，憲法第３章が人権のほか国民の義務も規定していることも忘れてはならない。この章では，これらの権利と国民の義務を学ぼう。

1 受 益 権

受 益 権

受益権は国民が国家に対して活動または給付を要求する権利であり，**国務請求権**とも呼ばれる。受益権は自由権とならんで18世紀の人権宣言からみられてきた権利である。その典型例は裁判を受ける権利である。また，受益権は権利を侵害された者が救済を受けるという機能を果たすことから，**権利保障確保のための人権**でもある。日本国憲法における受益権として以下のものがある。

受益権	請願権（16条）
	国家賠償請求権（17条）
	裁判を受ける権利（32条）
	刑事補償請求権（40条）

裁判を受ける権利

裁判を受ける権利は，絶対王制の下で行われた専断的な裁判に対し人民の権利を保護するために生まれ，近代司法制度とともに発展してきた。この権利は人権侵害の救済を求める上で不可欠の権利である。明治憲法もこの権利を規定した（明憲24条）が，行政事件は行政裁判所のみで扱われ（同61条），その裁判事項も限定されていた。

日本国憲法は「何人も，裁判所において裁判を受ける権利を奪はれない」（32条）と定める。この権利は，民事事件と行政事件については受益権であるが，刑事事件については裁判によらなければ刑罰を科せられないという意味で自由権としての性格をもつ（37条1項参照）。

32条は，民事事件と行政事件について，権利侵害を受けた者が救済を裁判所に求める権利を保障する。当事者が適法に救済を求めた場合，裁判所が裁判を拒絶することは許されない（**裁判拒絶の禁止**）。また，32条でいう「裁判所」は76条以下の「裁判所」と同じであるので，裁判を受ける権利は，**公正で独立した裁判官**による**対審**と**公開**（本書243頁）の訴訟手続による裁判を前提とする（76条，82条）。

もっとも，権利義務関係の確定を目的とする訴訟事件とは異なり，権利義務関係の存在を前提にその具体的内容を裁判所が後見的・合目的的裁量判断によって形成することを目的とする**非訟事件**では，対審・公開の手続がとられなくても32条・82条に違反しないとするのが判例である（最大決1965（昭40）・6・30【百選Ⅱ－130】など）。2011年5月に新しく制定された非訟事件手続法および家事事件手続法により，当事者の手続保障の拡充が図られた。

請　願　権

請願権は，近代議会制度が成立する以前に人民が為政者に希望を伝えたことに由来する。そのため，民主制が発達した今日では，その重要性は薄れた。だが，請願は国民が民意を表明し，それを国政に反映させる手段として意義をもち続けている。このように請願権は**参政権的機能**を果たしており，そのため請願権を参政権とみる見解もある。

16条は「損害の救済，公務員の罷免，法律，命令又は規則の制定，廃止又は改正その他の事項に関し，平穏に請願する権利」を定める。この請願事項の列挙は例示であり，国・地方公共団体の諸機関にその権限に属するあらゆることについて希望を述べることができる。請願者は請願したことを理由としていかなる差別待遇も受けない（16条後段）。請願を受けた機関はそれを**受理**しなければならない（この意味で請願権は受益権）が，請願内容を実現する法的義務は負わない。請願権行使の手続は**請願法**で定められている。

国家賠償請求権

公務員の不法行為に対する**国家賠償**は，「国家は悪をなしえず」という考えから20世紀はじめまで否定されてきた。明治憲法の下でも，国家の責任を認めない**国家無答責**の原則のため，公務員の不法行為につき国家賠償が認められるのはきわめて限られていた。したがって，「公務員の不法行為により，損害を受けたときは，法律の定めるところにより，国又は公共団体に，その賠償を求めることができる」と定めた17条は，国民の権利救済を格段に進めたものである。

17条をプログラム規定と解する学説もあるが，**抽象的権利**（本書136頁）を定めた規定とみるのが多数説である。国家賠償請求権は**国家賠償法**によって具体化されている。国家賠償法施行前の事件については民法が適用され国の責任が認められる余地がある。国家賠償法施行後に国家賠償責任を免除または制限する規定は，17条に違反する場合がある。

重要判例42　**郵便法違憲判決**（最大判2002（平14）・9・11【百選Ⅱ－133】）

郵便法が損害賠償責任を限定していたことが17条に違反するかが争われた。最高裁は，国の損害賠償責任を免除または制限する法律の規定が17条に適合するかどうかは，「当該規定の目的の正当性並びにその目的達成の手段として免責又は責任制限を認めることの合理性及び必要性を総合的に考慮」するという一般論を示したうえで，次のように判示した。郵便役務を「なるべく安い料金で，あまねく，公平に提供する」という目的を達成するために賠償責任の対象・範囲に限定を加えることは正当である。しかし，書留郵便物につき，郵便事業者の故意または重過失によって生じた損害についてまで免責または責任制限を認めることは17条に違反する。また，訴訟法上の送達に関わる特別送達郵便物については，軽過失による損害についても免責または責任制限を認めることは17条に違反する。

刑事補償請求権

身体拘束を受けたのち無罪判決を受けた者は法律に基づき国に補償を求めることができる（40条）。この規定は，身体拘束を受けた者は大きな不利益と精神的な損失を蒙っているはずであるから，国が公平の理念に基づきそれらを補償することを目的とする。刑事補償請求権は，国家賠償請求権とは異なり**結果責任**に基づくものであり，被疑者・被告人の身体を拘束した公務員の故意・過失とは無関係に認められる。その具体的内容は**刑事補償法**で定められている。

2 参 政 権

意　　義　参政権は国民が国政に参加する権利であり，18世紀の人権宣言から保障されてきた重要な権利である。この権利は，国民の国家に対する能動的な関係を前提とし，また国民主権を具体化する権利でもある点で他の人権とは異なる。

憲法は「公務員を選定し，及びこれを罷免することは，国民固有の権利である」（15条1項）と定める。このように**公務員選定罷免権**が国民の権利とされているが，これは公務員の任免が究極的に国民の意思に基づくことを宣言したものであり，国民が15条1項に基づき個々の公務員を任免できるわけではない。国会議員の選挙（43条1項），地方公共団体の長・議会議員の選挙（93条2項），最高裁判所裁判官の罷免（79条2項・3項）については，憲法において公務員選定罷免権が具体化されている。

参政権として重要なものは，**憲法改正国民投票権**（96条），**選挙権**および**被選挙権**である。さらに一般的に公務員になる権利である**公務就任権**も参政権とみることができる。

立候補の自由　被選挙権の一環として**立候補の自由**も憲法で保障された権利である。しかし，憲法に明文規定がないため，その根拠について学説は13条説，15条説，44条説などに分かれている。最高裁は，「立候補の自由は，選挙権の自由な行使と表裏の関係にあり」，「これもまた，[15条1項] の保障する重要な基本的人権の一つと解すべきである」（**重要判例47**）と述べている。

選挙運動の総括主宰者等による選挙犯罪の場合には，候補者の当選が無効になるにとどまらず，5年間立候補が禁止されるという**連座制**（公選251条の2，251条の3）が設けられている。これは立候補の自由を制約するものであるが，

「公職選挙の公明，適正」を確保するための必要かつ合理的な規則である（最判1997（平９）・３・13【百選Ⅱ－165】）。

選挙権の法的性格　選挙が公務の遂行としての性格をも有するかをめぐり２つの学説が対立する。

第１は，政治的意思決定能力をもつ者が主権の行使に参加する権利として選挙権をとらえる**権利説**（**権利一元説**）である。この立場はプープル主権論（本書191頁）を基礎としている。権利説では，棄権が無条件で認められるとともに，選挙権の制約は主権者としての資格に内在する最小限のものしか許されない。第２は**二元説**である。この学説は，選挙には，国民の権利と同時に，**有権者団**としての**公務**の遂行としての面があるという。二元説によれば，成年被後見人や受刑者に選挙権が認められず（公選11条），一定の選挙犯罪者が選挙権を停止される（同252条）のは，選挙権の公務としての性格に由来する当然の結果ということになる。

最高裁は，選挙犯罪者への選挙権等の停止は不当に参政権を奪うものではないとしていた（最大判1955（昭30）・２・９【百選Ⅱ－151】）が，**重要判例43**では権利説に近い考えを示した。

重要判例43　**在外邦人選挙権訴訟**（最大判2005（平17）・９・14【百選Ⅱ－152】）

在外国民が，当時の公職選挙法により衆議院議員総選挙で投票できなったことから，選挙権を行使する権利を有することの確認および国会が公職選挙法の改正を怠ったために投票することができずに被った損害の国家賠償を求めた。最高裁は，「国民の代表者である議員を選挙によって選定する国民の権利は，国民の国政への参加の機会を保障する基本的権利として，議会制民主主義の根幹を成す」と考え，憲法43条１項，15条１項および３項，44条但書にかんがみ，「国民の選挙権又はその行使を制限することは原則として許されず，国民の選挙権又はその行使を制限するためには，そのような制限をすることがやむを得ないと認められる事由がなければならない」ところ，本件にはそのような事由は存在せず，在外国民に投票を認めないことは憲法15条１項等に違反するとした。

「国民の選挙権又はその行使を制限することは原則として許され」ないと判

示した **重要判例43** を受けて，選挙権の制限を違憲とする下級審判決が相次いで下されている（成年被後見人に選挙権を認めない公選法11条1項1号につき東京地判2013（平25）・3・14【平25重判－憲10】，禁固刑以上の受刑者に対して一律に選挙権を認めない同2号につき大阪高判2013（平25）・9・27【平25重判－憲11】）。2013年5月の公職選挙法改正によって成年被後見人には選挙権・被選挙権が認められるようになった。

選挙の原則

憲法で定められた選挙に関する基本原則として以下のものがある（国会議員の選挙方法については，本書207頁）。

第1は**普通選挙**である。これは選挙資格を財産（納税額）・性別などの理由によって制限する制限選挙とは異なり，成年者に等しく選挙資格を認める原則である（15条3項，44条但書）。

第2は，投票またはその価値を差別することなく，選挙人の投票を平等に扱うという**平等選挙**である（14条1項）。これに対して，投票またはその価値を身分や納税額などによって区別する選挙を不平等選挙という。不平等選挙には，特定の選挙人に複数の投票を認める複数選挙制，納税額などにより選挙人の等級を分け等級に応じて投票価値に差を設ける等級選挙制などがあった。平等選挙は，選挙権の数的平等（一人一票）のみならず，**投票価値の平等**をも要請する（本書65頁）。

第3は，選挙人が議員など代表者を直接に選挙する**直接選挙**である。これに対して，選挙人が中間選挙人を選出して中間選挙人が代表の選挙を行うことを**間接選挙**という。憲法は地方公共団体の長と議員の選挙については直接選挙を明示している（93条2項）。だが，国会議員については明文の規定がない。衆議院議員については直接選挙が要請されると解されるが，参議院議員について間接選挙が許されるかどうかについては学説が分かれる。なお，比例代表制も，選挙人の総意により当選人が決定される点において，選挙人が候補者個人を直接選択して投票する方式と異ならないから，比例代表制は直接選挙の原則には反しない（拘束名簿式につき最大判1999（平11）・11・10【百選Ⅱ－157】，非拘束名簿式につき最大判2004（平16）・1・14【百選Ⅱ－159】）。

第4は，投票を公開にせず，秘密にして選挙を行うという**秘密投票**である（15条4項)。秘密投票は選挙の自由と選挙の公正さを確保するために不可欠の基本原則である。

3　国民の義務

意　　義

日本国憲法第3章には少ないながらも国民の義務を定めた規定がある。国家が統治権に基づいて国民にさまざまな義務を課すことができることは当然であるため，憲法の人権規定において国民の義務を規定することの意義は乏しい。また，立憲主義は，国民に義務を課す際には国会の制定する法律に基づいて行うことを要請する。憲法上の義務は抽象的なものであるため，国民の義務は法律で具体化される必要がある。

憲法は，国民の義務とは別に，国民の一般的責任として，憲法上の権利・自由を不断の努力によって保持し，濫用せず，公共の福祉のために利用する責任を定めている（12条)。これは人権保障にともなう国民の責任を指摘したものにすぎない。この責任は漠然としているので，法律によってその内容が具体化されなければならない。

国民の義務

憲法は国民の義務として次の3つを規定する。

第1は，「保護する子女に普通教育を受けさせる義務」（26条2項前段）という**教育の義務**である。これは国家に対する義務であるが，子どもの教育を受ける権利（同1項）を確保する点に意義がある。教育の義務は教育基本法（5条）や学校教育法（16条，17条，144条）によって具体化され，この結果，保護者は子を小学校と中学校に就学させる義務を負い，この義務に違反した場合には処罰される。

第2は**勤労の義務**である（27条1項)。この義務は，勤労の権利（同）および生存権（25条）の保障と関連づけて，働く能力のある者は自らの勤労によってその生活を維持すべきであるという義務として把握される。したがって，勤労の義務は国家が国民に対して強制労働を課す法的根拠とはならない。勤労の義務は生活保護法，雇用保険法などに具体化されている（生保4条1項・60条，雇保32条1項）。

第3は**納税の義務**である。「国民は，法律の定めるところにより，納税の義務を負ふ」（30条）というように，この義務の具体化は法律による。この意味で30条は84条の**租税法律主義**（本書261頁）を重ねて規定するものである。

まとめてみよう

1. 受益権と社会権は，どのような点が共通し，どのような点が異なるか。
2. 選挙に関する憲法原則にはどのようなものがあるか。

考えてみよう

選挙犯罪の捜査のため投票済み投票用紙を警察が差押えることは許されるか。

第15章
人権の限界

この章で学ぶこと

以下，第15章「人権の限界」，第16章「人権の享有主体」，第17章「人権保障のおよぶ範囲」においては，一般の憲法教科書では「人権総論」として扱われる項目について学習する。

この章では，日本国憲法における人権は，「法律の留保」をともなっていた大日本帝国憲法下の「臣民の権利」と異なって，原則無条件で保障されるが，だからといって絶対無制約であるわけではないということについて検討する。これは，「人権の限界」という問題であり，「公共の福祉」との関係で論じられる。また，人権制限のあり方は，しばしば違憲審査基準の問題として論じられる。

1　人権保障と制限——大日本帝国憲法と日本国憲法

(1)　大日本帝国憲法下での「人権」保障

まず，確認する必要があるのは，大日本帝国憲法下で保障されたのは，「天皇が臣民に恩恵として与えた」という意味での「**臣民の権利**」であったということである（本書14頁）。そして，「臣民の権利」が意味するのは，第1に，それは人間が生まれながらにもっているという意味での生来の「人権」ではないということであり，第2に，恩恵として与えたものにすぎないから，もともと制限することを予定したものであったということである。かくして，大日本帝国憲法下での「臣民の権利」は，「法律の留保」をともなうものにすぎなかった。

ここで，「**法律の留保**」とは，一般に，「国民の権利・自由に対する制限は，行政権には許されず，立法権（法律）に留保されるべきだ」ということを意味するとされるが，これには積極的意味と消極的意味の2つがあるといわれる。積極的意味とは，国民の権利・自由は法律によらないと制限できないということであり，これは行政権が勝手に制限できないということを意味する。これに対して，消極的意味とは，法律によりさえすれば国民の権利・自由を制限することができるということである。大日本帝国憲法下での「臣民の権利」が「法律の留保」をともなうものであるという場合，問題となるのはこの消極的意味である。そして，「法律の留保」は，大日本帝国憲法において「法律ノ範囲内ニ於テ」として表現された（本書42頁）。

（2）　日本国憲法下での人権保障

たとえば，「日本臣民ハ法律ノ範囲内ニ於テ言論著作印行集会及結社ノ自由ヲ有ス」としていた大日本帝国憲法29条との対比で，日本国憲法21条は，「集会，結社及び言論，出版その他一切の表現の自由は，これを保障する」として消極的意味での「法律の留保」の仕組みを否定している。つまり，日本国憲法の下で，人権は，原則無制限の形で保障されている。しかし，原則無制限ということは例外的に制限される場合があるということを含意している。そして，日本国憲法の下で，人権は，例外的に制限されることがありうるということ，いいかえると人権には限界があることは，条文上「公共の福祉」によって説明される。

初期の最高裁判例には，「新憲法下における言論の自由といえども，国民の無制約な恣意のまゝに許されるものではなく，常に公共の福祉によって調整されなければならぬ」というように，人権制約を容認するために「公共の福祉」をただ援用するだけのような例がみられた（最大判1949（昭24）・5・18【百選Ⅰ-53】）。その後，最高裁も，ただ「公共の福祉」を援用するだけでなく，**比較衡量**を行う例がみられるようになった（たとえば，博多駅テレビフィルム事件では，「取材の自由」と「公正な刑事裁判の実現」の間での比較衡量が行われた（**重要判例19**））。

「公共の福祉」　日本国憲法において「**公共の福祉**」が明記されているのは，12条，13条，22条，29条の4箇所である。

１つの整理の仕方によると，第１，12条およびとくに13条の「公共の福祉」と第２，22条１項および29条２項の「公共の福祉」とが区別される。

第１の12条およびとくに13条の「公共の福祉」は，人権といえどもしたい放題のことが許されるというわけではなく，そこには一定の限界があるということ，いいかえると人権には「**内在的制約**」があるということを示すものだとされる。つまり，たとえば表現の自由について，それは言いたい放題何でも自由に言えるということを意味するわけではなく，他人の人権を侵害することは許されないという意味で「内在的制約」に服するということになる。

この「内在的制約」についても考え方はさまざまであるが，たとえば，①他人の生命・健康を害してはならない，②他人の人間としての尊厳を傷つけてはならない，③他人の人権と衝突する場合に相互調整されなければならないという観点からの人権そのものに内在する限界であるなどとされる。ここで，１つ注意すべきことは，このような人権の限界は，他人とのかかわり合いから生じるものであるとされることから，他人とのかかわり合いをもたない人権にはあてはまらないということである。したがって，日本国憲法19条が保障する「思想・良心の自由」は「内心の自由」と呼ばれるが，その人の心の中の問題である限りは他人とのかかわり合いが生じないので「内在的制約」が問題となることはない。このような場合，「内心の自由」は，絶対無制約の自由などといわれる。ただし，「内心の自由」が問題となるのはその外部への表現をめぐってであることが一般的である。その場合，内心の自由と表現の自由は重なり合って問題となり切り離せないことになる。

第２の22条１項および29条２項の「公共の福祉」は，「内在的制約」を超えた制約の根拠を示すものだとされる。その場合，これら２つの条文が，すでに学習したように（本書44頁，106頁），ひとまず人権の分類上経済的自由権に該当するものだということが注目される。いいかえると，日本国憲法において経済的自由権を規定した２つの条文についてだけ「公共の福祉」による制限が明記されているのである。

これは，人権の歴史的展開の中でいわゆる「経済的・社会的弱者」保護のために，一方で**経済的自由権**が制限され，他方で**社会権**が保障されるようになったことと対応している。経済的自由権の規定にだけ明記された「公共の福祉」は，この「経済的・社会的弱者」保護という特定の目的をもった**政策的制約**の根拠を示すものだとするのが１つの考え方である（なお，判例は，この政策的制約について，職業の自由に対する規制との関連で，「国民経済の円満な発展や社会公共の便宜の促進，経済的弱者の保護等の社会政策及び経済政策上の積極的なもの」といういい方をして，「経済的・社会的弱者」保護に限定していない（**重要判例33**））。したがって，経済的自由権は，「内在的制約」に服する上にさらにこのような意味での「政策的制約」にも服するということになる。

2 「二重の基準」論

一般に，人権は，絶対無制約なものではないというとき，憲法上「公共の福祉」が人権制限の根拠となっているが，実際には，人権を制限する立法の憲法適合性が問題となるとき，それをどのような基準で審査するかという形で個別の検討が行われる。これは，**違憲審査基準**の問題であり，その基本的なものが「二重の基準」論である。

「二重の基準」論

「二重の基準」論は，人権制限立法の憲法適合性審査にあたって，精神的自由権と経済的自由権との区別に立って違憲審査基準を異ならせることによって，精神的自由権の保障を徹底させようとするものである。すなわち，**精神的自由権制限立法**の憲法適合性については**厳格な審査**を行い，それとの対比で**経済的自由権制限立法**の場合には相対的に**緩やかな審査**を行おうとするのである。そう考える主要な理由は，「**表現の自由の価値」論**（本書83頁）と重なる部分があり，とりわけ重要なのは，精神的自由権が民主的政治過程にとって必要不可欠なものだということである（本書91頁。だからといって，経済的自由権が人権として重要でないというわけではない。職業選択の自由と「個人の人格的価値」との関連について，本書106頁）（**コラム⑨**参照）。

コラム⑨「二重の基準」論と最高裁判例

最高裁は，小売市場事件において，「憲法は，国の責務として積極的な社会経済政策の実施を予定しているものということができ，個人の経済活動の自由に関する限り，個人の精神的自由等に関する場合と異なって，右社会経済政策の実施の一手段として，これに一定の合理的規制措置を講ずることは，もともと憲法が予定し，かつ，許容するところと解するのが相当」と述べ（**重要判例32**），また，泉佐野市民会館使用不許可事件において，「集会の自由の制約は，基本的人権のうち精神的自由を制約するものであるから，経済的自由の制約における以上に厳格な基準の下になされなければならない」と述べ（**重要判例31**），「二重の基準」論と同様の考え方を示した（本書91頁）。

3つの審査基準

実際には，**違憲審査基準**としては，今日では，「**厳格な審査**」と「**緩やかな審査**」（「**合理性の審査**」と呼ばれる）との間にもう1つ「中間審査」（「**厳格な合理性の審査**」と呼ばれる）がおかれ，次のように立法目的の審査と立法目的達成手段の審査とを組み合わせて論じられるのが一般的になってきている。

「厳格な審査」によると，立法目的について「非常に強力なやむを得ない利益（compelling interest）」を守るためのものかどうか，立法目的達成手段について必要不可欠な最小限のものかどうかが審査される。

「厳格な合理性の審査」によると，立法目的について「重要な利益（important interest）」を守るためのものかどうか，立法目的達成手段について立法目的と実質的関連性があるかどうかが審査される。

「合理性の審査」によると，立法目的について「正当な利益（legitimate interest）」を守るためのものかどうか，立法目的達成手段について立法目的との合理的関連性があるかどうかが審査される。

こうして，従来の「公共の福祉」をめぐる議論は，人権制限立法の憲法適合性審査のあり方として論じられることになる（なお，平等違反の違憲審査基準について，本書60頁）。

第**7**章**3**（2）で検討された政教分離違反の違憲審査基準は，「**目的効果基準**」であったし（本書78頁），第**8**章**3**で検討された「**明白かつ現在の危険の**

基準」は，表現内容規制立法に関する違憲審査基準であり，「**より制限的でない他の選びうる手段の基準**」は表現内容中立規制立法に関する違憲審査基準であるというように（本書95頁）人権の性質に応じてそれにふさわしい違憲審査基準が考えられている（この他に，職業選択の自由の規制に関して本書108頁，財産権の規制に関して本書111頁）。なお，近年，「三段階審査」が言われ，そこでは，第1，当事者の主張する権利は，憲法上人権として保護される対象か，保護される範囲はどこまでか，第2，国家は，その憲法上の権利を制限しているか，第3，その制限は，正当化されるものか（立法目的は何か，手段は目的達成のために合理的なものか，制約は必要最小限度のものであるか，目的と制約の程度とは比例したものであるか）が審査される。

まとめてみよう

人権保障と制限のあり方について，大日本帝国憲法と日本国憲法とを比較してみよう。

考えてみよう

「第**2**編　基本的人権」の各章にみられる違憲審査基準を整理してみよう。

第16章
人権の享有主体

この章で学ぶこと

日本国憲法は,「国民の権利」について規定している。その場合,そもそも「国民」とは誰のことか,また,人権が「人」の権利だとすると,それが保障されるのは「国民」である「人」に限られるのか,あるいは,「自然人」に限られるのか,「成人」に限られるのかなどが問題となる。そこで,この章では,日本国憲法の下で「誰の」人権が保障されるのか(「人権享有主体性」の問題といわれる)について検討する。具体的には,「外国人」,「法人・団体」,未成年者が問題となる。

1 「外国人」の人権

(1) 「外国人」の人権享有主体性

「外国人」の人権享有主体性については,今日それを基本的には肯定することで一致している。つまり,「外国人」の人権享有主体性の問題について,**人権の前国家的性格**や**国際協調主義**などを根拠にあげ肯定説に立ち,その上で具体的には,人権の性質上適用可能な人権規定は外国人についても適用が及ぶとする**性質説**に立つとともに,次に述べるように「外国人」の類型を考慮しながら個別の人権ごとに具体的に保障のあり方を検討していくというのが議論の共通の枠組みとなっている。判例も,「憲法第3章の諸規定による基本的人権の保障は,権利の性質上日本国民のみをその対象としていると解されるものを除き,わが国に在留する外国人に対しても等しく及ぶものと解すべき」として,性質説に立っている(マクリーン事件(最大判1978(昭53)・10・4【百選Ⅰ-1】))。

なお,日本国憲法下での人権保障が問題となる「外国人」とは,日本に在留する「外国人」のことであり,「外国人」とは,「日本国籍をもたない者」の意味であるが，日本の場合，生まれも育ちも日本国民と変わらない「外国人」もいるため「外国人」の類型を考慮する必要がある。とくに問題となるのは，たとえば，「日本に生活の根拠をもちしかも永住資格を認められた**定住外国人**（「出入国管理及び難民認定法」上の永住者または「日本国との平和条約に基づき日本の国籍を離脱した者等の出入国管理に関する特例法」に定める特別永住者等）」である。

（2）「外国人」の人権保障

性質説に立って個別に人権保障のあり方を検討していくという場合，従来，参政権，社会権および入国の自由は，性質上「外国人」には保障されないとされてきた。他の人権は「外国人」にも保障されるが，日本国民とまったく同じというわけではないとされ，たとえば経済的自由についてさまざまな制限が認められてきたが，とくに問題とされるのは**政治活動の自由**である。

参　政　権　参政権については，従来，国民が自国の政治に参加する権利であり，性質上，当該国家の国民（＝国籍保有者）にのみ認められる権利であるとされてきた。つまり，ここには**国民主権**という原理的な問題が存するわけである。これに対して，重要なのは生活実態であり当該社会の構成員性であるということから，それを満たす「外国人」には参政権も認められるとする考え方も存在する（なお，参政権には被選挙権なども含まれるが（本書161頁），ここでは選挙権を取り上げる）。

憲法上「外国人」の選挙権が認められるかどうかと関連して，法律で「外国人」に選挙権を付与することができるかということが問題とされる。これについては，国政レベルと地方政治レベルを区別して論じるのが一般的である。(a)伝統的な国民主権の考え方に立って双方ともにできない（つまり，「外国人」に選挙権を与える法律は違憲である）とする見解，(b)社会構成員性を重視してそれを満たす場合，双方ともにできる，あるいは与えなければならない（つまり，「外国人」に選挙権を与える法律は合憲である）とする見解，(c)右の２つの見解を折衷して国政についてはできないが地方政治についてはできる（つまり「外国人」に国政レベルの選挙権を与える法律は違憲であるが，地方政治レベルのそれは合憲である）とする見解が成立しうる。今日では，(c)の考え方に立って，国政レベルについてはその性質上「国民」（＝国籍保有者）にのみ認められる権利であるが，住民の生活に密着した地方政治レベルについては国籍とかかわりなくたとえば「永住資格を有する定住外国人」に認めることもできるとする考え方をとるのが一般的である。判例も，基本的に同じ考え方に立っている。

重要判例44　定住外国人地方選挙権訴訟（最判1995（平７）・２・28【百選Ⅰ－４】）

原告らは，在日韓国人であるが，「定住外国人」は，憲法上，地方公共団体における選挙権を保障されているはずなのに，選挙人名簿に登録されていないのは不当だとして争った事件。

最高裁は，「憲法の国民主権の原理における国民とは，日本国民すなわち我が国の国籍を有する者を意味する」，「憲法15条１項の規定は，権利の性質上日本国民のみをその対象とし，右規定による権利の保障は，我が国に在留する外国人には及ばない」，「憲法93条２項にいう『住民』とは，地方公共団体の区域内に住所を有する日本国民を意味する」。しかし，「憲法第８章の地方自治に関する規定は，民主主義社会における地方自治の重要性に鑑み，住民の日常生活に密接な関連を有する公共的事務は，その地方の住民の意思に基づきその区域の地方公共団体が処理するという政治形態を憲法上の制度として保障しようとする趣旨に出たものと解されるから，我が国に在留する外国人のうちでも永住者等であってその居住する区域の地方公共団体と特段に緊密な関係を持つに至ったと認められるものについて，その意思を日常生活に密接な関連を有する地方公共団体の公共的事務の処理に反映させるべく，法律をもって，地方公共団体の長，その議会の議員等に対する選挙権を付与する措置を講ずることは，憲法上禁止されているものではない」。「しかしながら，右のような措置を講ずるか否かは，専ら国の立法政策にかかわる事柄であって，このような措置を講じないからといって違憲の問題を生ずるものではない」，とした。

入国の自由

外国人を入国させるか否かの決定は，それぞれの国家が自由に決定できることがらであるとされている。つまり，この問題は国家主権という原理的な問題だとされ，「入国の自由」は権利の性質上「外国人」に保障されないとされる。そして，「入国の自由」が認められないのだから，「在留の権利」も認められないとされている。判例は，「憲法22条１項は，日本国内における居住・移転の自由を保障する旨を規定するにとどまり，外国人がわが国に入国することについてはなんら規定していない」，「憲法上，外国人は，わが国に入国する自由を保障されているものでないことはもちろん，……在留の権利ないし引き続き在留することを要求しうる権利を保障されているものでもない」としている（マクリーン事件（最大判1978（昭53）・10・4【百選Ⅰ－1】））。

しかし，在留外国人も，日本国憲法22条2項を根拠に「出国の自由」は認められる。そうすると，「再入国の自由」も認められるかどうかが問題となる。「定住外国人」の場合，一時出国した際の「帰国」先は日本になるわけだから，「**再入国の自由**」（「帰国の自由」）が認められるということになるはずである。しかし，判例は，「外国人」は，「憲法上，外国へ一時旅行する自由を保障されているものではない」から，「再入国の自由」は憲法22条により保障されないとした（森川キャサリーン事件（最判1992（平4）・11・16【百選Ⅰ－3】））。

社　会　権

社会権は，かつて権利の性質上各人の属する国家によって保障されるべきものとされていた。しかし，選挙権は国民主権の原理との関係が問題となり，入国の自由は国家主権の原理との関係が問題となるというように原理的な問題を含んでいるのに対して，社会権についてはそのような事情はない。したがって，今日では，財政事情等の支障がなければ，法律によって「外国人」に社会権を保障することに憲法上問題はないとされ，とくに在日韓国・朝鮮人および中国人についてその歴史的経緯や生活実態等を考慮して可能な限り日本国民と同じ扱いをすることが憲法の趣旨に合致するとされている。

政治活動の自由

政治活動の自由については，一般に，参政権的な機能を果たすことを理由に，日本国民よりも大きな制限を受けるとされる。しかし，それに反対して，政治活動の自由は，参政権そのものではないのだから特別に制限を受ける理由はないとする説もある。

判例は，性質説を述べたあとで「政治活動の自由についても，わが国の政治的意思決定又はその実施に影響を及ぼす活動等外国人の地位にかんがみこれを認めることが相当でないと解されるものを除き，その保障が及ぶ」とした（ただし，「外国人に対する憲法の基本的人権の保障は，……外国人在留制度のわく内で与えられているにすぎないものと解するのが相当であって，在留の許否を決する国の裁量を拘束するまでの保障，すなわち，在留期間中の憲法の基本的人権の保障を受ける行為を在留期間の更新の際に消極的な事情としてしんしゃくされないことまでの保障が与えられているものと解することはできない」とした（マクリーン事件（最大判1978（昭53）・10・4【百選Ⅰ－1】））。

2 「法人・団体」の「人権」

人権とは「人」の権利であるから，「人」である「外国人」は当然に人権を保障され，「人」ではない「法人・団体」は当然に人権を保障されることにはならないと考えるのがむしろ当たり前のように思われる。しかし，実際は逆で，「(自然) 人」である「外国人」よりも「(自然) 人」でない「法人・団体」の方が手厚く「人権」が保障されてきたようにみえる。

「法人・団体」の「人権」享有主体性を認めようとするとき，その根拠が問題となる。考え方としては，(a)「法人・団体」の活動が自然人を通して行われその効果が究極的に自然人に帰属することを根拠とするものと，(b)「法人・団体」が現代社会において重要な活動を行う実在となっていることを根拠とするものと大きく２つに分かれる。その上で，一般には，「法人・団体」の「人権」を限定的にとらえ，選挙権や生存権などはその権利の性質上認められないとし，その他の「人権」についてはそれぞれ「法人・団体」の性格などを考慮して個別的に検討するとされる。たとえば，宗教法人の信教の自由，学校法人の学問の自由・教授の自由，報道機関の表現の自由というようにである。

判例は，「憲法第３章に定める国民の権利および義務の各条項は，性質上可能なかぎり，内国の法人にも適用される」とする（**重要判例45**）。

「法人・団体」の「人権」については，次にみるようにしばしばその構成員の人権と衝突しその間の調整が必要となるという形で問題となる。

会社と株主

ある会社が特定政党に政治献金をした場合，そもそも会社に政治献金をすることが認められるのか，認められるとした場合に特定政党への政治献金は構成員の思想・信条の自由を侵害するのではないかが問題となる。

重要判例45　八幡製鉄政治献金事件（最大判1970（昭45）・6・24【百選Ⅰ－9】）

八幡製鉄株式会社は自由民主党に政治資金を寄附したところ，同社株主が，同社取締役らに対し損害賠償責任を追及して訴えを提起した事件。

最高裁は，政党の「健全な発展に協力することは，会社に対しても，社会的実在としての当然の行為として期待されるところであり，協力の一態様として政治資金の寄附についても例外ではない」，「会社による政治資金の寄附は，客観的，抽象的に観察して，会社の社会的役割を果たすためになされたものと認められるかぎりにおいては，会社の定款所定の目的の範囲内の行為である」。「会社が，納税の義務を有し自然人たる国民とひとしく国税等の負担に任ずるものである以上，納税者たる立場において，国や地方公共団体の施策に対し，意見の表明その他の行動に出たとしても，これを禁圧すべき理由はない。のみならず，憲法第3章に定める国民の権利および義務の各条項は，性質上可能なかぎり，内国の法人にも適用されるものと解すべきであるから，会社は，自然人たる国民と同様，国や政党の特定の政策を支持，推進しまたは反対するなどの政治的行為をなす自由を有するのである。政治資金の寄附もまさにその自由の一環であり，会社によつてそれがなされた場合，政治の動向に影響を与えることがあつたとしても，これを自然人たる国民による寄附と別異に扱うべき憲法上の要請があるものではない」，とした。

税理士会と会員

ある税理士会が特定政治団体に政治献金をした場合も，会社の場合と同じ問題が生じる。ただし，税理士会は，強制加入団体である点で会社と異なる。

重要判例46　南九州税理士会政治献金事件（最判1996（平8）・3・19【百選Ⅰ－39】）

南九州税理士会Ｙは，税理士法改正運動に要する資金として会員から特別会費を徴収し，それを政治資金規正法上の政治団体である税理士政治連盟に寄附する等の決議をしたが，会員Ｘは本件会費を納入しなかった。そこで，Ｙは，役員選挙につき，Xを選挙人名簿に登載しないまま選挙を実施したので，Xが本件会費納入義務の不存在と慰謝料支払いを求めて訴えを提起した事件。直接の争点は，本件寄附は税理士会の目的の範囲内の行為かどうかである。

最高裁は，「税理士会は，法人として，法及び会則所定の方式による多数決原理により決定された団体の意思に基づいて活動し，その構成員である会員は，これに従い協力する義務を負い，その一つとして会則に従って税理士会の経済的基礎を成す会費を納入する義務を負う。しかし，法が税理士会を強制加入の法人としている以上，その構成員である会員には，様々の思想・信条及び主義・主張を有する者が存在することが当然に予定されている。したがって，税理士会が右の方式により決定した意思に基づいてする活動にも，そのために会員に要請される協力義務にも，おのずから限界がある」。「特に，政党など規正法上の政治団体に対して金員の寄付をするかどうかは，選挙における投票の自由と表裏を成すものとして，会員各人が市民としての個人的な政治的思想，見解，判断等に基づいて自主的に決定すべき事柄であるというべきである」。「公的な性格を有する税理士会が，このような事柄を多数決原理によって団体の意思として決定し，構成員にその協力を義務付けることはできない」，「税理士会が政党など規正法上の政治団体に対して金員の寄付をすることは，たとい税理士に係る法令の制定改廃に関する要求を実現するためであっても，法49条2項所定の税理士会の目的の範囲外の行為といわざるを得ない」，とした。

労働組合と組合員　ある労働組合が，公職選挙にあたって特定候補者の支持を決定し組合員にその決定の遵守を要求するという場合，そもそも労働組合がそのような政治活動を行うことが認められるのか，認められるとした場合に，たとえば特定候補者支持決定に反対して組合員が自ら立候補しようとしたとき，組合はその組合員の立候補をやめさせることができるかということが問題となる。

重要判例47　三井美唄労組事件（最大判1968（昭43）・12・4【百選Ⅱ－149】）

最高裁は，「労働組合は，その目的を達成するために必要な政治活動等を行なうことを妨げられるわけではない。したがつて，本件の地方議会議員の選挙にあたり，いわゆる統一候補を決定し，組合を挙げて選挙運動を推進することとし，統一候補以外の組合員で立候補しようとする組合員に対し，立候補を思いとどまるように勧告または説得することも，その限度においては，組合の政治活動の一環として，許される」。「また他面において，労働組合が，その団結を維持し，その目的を達成するために，組合員に対し，統制権を有する」。「しかし，労働組合が行使し得べき組合員に対する統制権には，当然，一定の限界が存する」。「殊に，公職選挙における立候補の自由は，憲法15条１項の趣旨に照らし，基本的人権の一つとして，憲法の保障する重要な権利であるから，これに対する制約は，特に慎重でなければならず，組合の団結を維持するための統制権の行使に基づく制約であつても，その必要性と立候補の自由の重要性とを比較衡量して，その許否を決すべきであり，その際，政治活動に対する組合の統制権のもつ前叙のごとき性格と立候補の自由の重要性とを十分考慮する必要がある」，「統一候補以外の組合員で立候補しようとする者に対し，組合が所期の目的を達成するために，立候補を思いとどまるよう，勧告または説得をすることは，組合としても，当然なし得るところである。しかし，当該組合員に対し，勧告または説得の域を超え，立候補を取りやめることを要求し，これに従わないことを理由に当該組合員を統制違反者として処分するがごときは，組合の統制権の限界を超えるものとして，違法といわなければならない」，とした。

3　未成年者の人権

未成年者の人権について，未成年者も「人」として人権享有主体性が認められるというのは当然のことである。したがって，問題となるのは，未成年者の人権は成年者と同じように考えられるのか，未成年者であることによって特別の制限が認められるのか，認められるとしたらそれはどのような根拠によるのかということである。

日本国憲法は，未成年者について，一方で，選挙権を「成年者」に限り未成年者には認めていないが（15条３項），他方で，「子女」に普通教育を受ける権利を保障し（26条２項），「児童」を酷使することを禁止する（27条３項）というように，制限規定をおくとともに保護規定をおいている。従来，このように未成年者を特別扱いする根拠は，心身の発達途上にあり判断能力も未熟であることに求められていたが，最近では，「**限定されたパターナリスティックな制約**」として説明されることがある。

コラム⑩　天皇の人権

日本国憲法において，身分による差別が認められているのが皇位が「世襲」（2条）とされる天皇である。この憲法上特殊な地位にある天皇の人権享有主体性については，争いがあるが，一般に，日本国籍を有する日本国民であり「人」であることから人権享有主体性自体は認められるが，象徴天皇というその地位の特殊性（1条）や地位の世襲制（2条）などを根拠に，国民一般とは異なった取扱いが認められるとされる。

したがって，たとえば，天皇は「国政に関する権能を有しない」（4条1項）ことから選挙権・被選挙権は認められないと解され，地位の特殊性も考慮して政治活動の自由は認められず，世襲制から職業選択の自由や外国移住・国籍離脱の自由あるいは婚姻の自由は制限されると解されている。なお，この問題は，一般には，「天皇・皇族」と一括して論じられるが，世襲制にかかわること以外は天皇と皇族を同列に扱う理由はない。

通例，人権は「他者加害」を理由に制限されるのだとすると，「自己加害」を理由に，たとえば人格的自律を回復が不可能なほどに害する場合に，例外的に国家が親のように干渉することをどのように説明するかが問題となるが，これを「限定されたパターナリスティックな制約」として説明しようとするのである。そして，それを未成年者の場合に適用しようとするのである（コラム⑩参照）。

まとめてみよう

法律によって，「外国人」に国政選挙あるいは地方選挙における選挙権を認めることはできるか，考え方を整理してみよう。

考えてみよう

未成年者に選挙運動を禁止し，刑罰を科す公職選挙法の規定（137条の2第1項，239条1項）の憲法適合性について検討してみよう。

第17章
人権保障のおよぶ範囲

この章で学ぶこと

将来，公務員を志望している人もいるであろう。公務員には，政治活動をする自由や，労働者に保障されているストライキをする権利などが制限されている。このような人権の制限は，どのような根拠でどの程度まで許されるのだろうか。また，憲法で保障される人権は，私人間，例えば私立学校と生徒の関係にも適用されるのだろうか。この章では，憲法上，人権規定の保障がどこまで及ぶのか学ぶことにしよう。

1　特別の法律関係

国民は憲法の保障する基本的人権を享有しつつ，国家の統治権に服するが，特別の法律上の原因によって国家と特別な法律関係に入った場合に，基本的人権の保障はどのようになるのか問題となる。

特別権力関係論

伝統的な特別権力関係論は，法律の規定（受刑者，強制入院患者など）または本人の同意（公務員，国立大学生）により，国家との統治関係において特別な関係に立った者について，一般の法律関係とは異なる規律を認める。すなわち，公権力は特別権力関係に属する者に対して，①法律の根拠なしに命令権・懲戒権などの包括的支配権を有し（**法治主義の排斥**），②人権を法律の根拠なしに制限することができる（**人権保障の排斥**）。そして，③特別権力関係内部における公権力の行為は，原則として司法審査が及ばない（**司法審査の排斥**）。

しかし，日本国憲法は，徹底した法治主義の原則をとり，基本的人権の尊重を基本原則としているので，このような理論は到底とることができず，今日では否定されている。特別権力関係を認める説でも，伝統的理論を修正して，特別権力関係においても基本的人権の保障が原則として及び，設定目的からみて必要かつ合理的な制限のみが許容されると解している。

さらに，最近では，特別権力関係論自体を否定する見解が有力である。特別権力関係論は，公務員関係・国立大学在学関係・刑事施設収容関係など，実質的にはまったく異なる法律関係にある者を，公権力に服しているという形式的なカテゴリーによって同質のものととらえていると批判した。そして，特別の法律関係のそれぞれにつき，いかなる人権が，いかなる根拠に基づき，どの程度制約されるのか，個別具体的に明らかにすることが重要であると主張している。

公務員の人権

公務員の人権については，政治活動の自由および労働基本権（本書153頁）に対する制限がとくに問題となる。公務員の人権制約の根拠は，公務員が「全体の奉仕者」（15条2項）であることに基づくというのが伝統的な立場であるが，憲法が公務員関係という特別な法律関係の存在とその自律性を憲法的秩序の構成要素として認めていることに求める立場（芦部）も有力である。ここでは公務員の政治活動の自由の制限について取り上げる（人権の制限根拠，労働基本権については第**13**章**2**参照)。

国家公務員法は「選挙権の行使を除く外，人事院規則で定める政治的行為をしてはならない」(国公102条1項）と規定し，違反者に対して懲戒処分だけでなく（同82条)，刑事罰（同110条1項19号）まで定めている。この規定に基づいて，人事院規則14－7は，「政治的目的」（同5項1号～8号）をもって，「政治的行為」（同6項1号～17号）を行うことを広く禁止している。地方公務員については，地方公務員法自体が政治目的を定め，その目的をもって行われる主要な政治的行為を制限しており，その他の行為も条例で定められる（地公36条)。また，違反者に対しては懲戒処分のみで刑事罰の規定が存在しないなど，国家公務員よりも制限の程度が弱く範囲も狭い。

初期の判例は，国家公務員法102条を公共の福祉や全体の奉仕者論（15条2項）によって合憲と判断した（最大判1958（昭33）・3・12刑集12巻3号501頁)。その後も，特別権力関係論によらず，公務員にも基本的人権が保障されることは認めたが，規制目的を行政の中立的運営とこれに対する国民の信頼の確保と広くとらえて，広範囲で高程度な制限が容認されている（**重要判例48**）。また，懲戒免職だけでなく依願退職強要なども行われており，依願退職の場合，退職金などが支給されるとはいえ，準じて問題とされるべきであろう。

重要判例48　**猿払事件**（最大判1974（昭49）・11・6【百選Ⅰ－13】）

北海道猿払村の郵便局員が，衆議院議員選挙の際に，某政党を支持する目的で勤務時間外に同党公認候補者の選挙用ポスターを公営掲示場に掲示・配布したため，国家公務員法の禁止する「政治的行為」に該当するとして起訴された。第１審は，非管理職の現業公務員で勤務内容が機械的労務の提供に止まる者が，勤務時間外に，国の施設を利用せず，かつ職務を利用もしくは公正を害する意図なしで，労働組合活動の一環として行った行為に刑事罰を加える国公法110条１項19号は，「行為に対する制裁としては，合理的にして必要最小限の域を超え」ており，「当該行為に適用される限度において，」「憲法21条および31条に違反する」（適用違憲）と判示した。控訴審も１審判決を支持した。しかし，最高裁は破棄自判し被告人を有罪とした。公務員の政治的行為の禁止は，「合理的で必要やむをえない限度にとどまるものである限り，憲法の許容するところである」。そして，行政の中立的運営とこれに対する国民の信頼の確保という目的は正当であり，政治的行為の禁止は目的との間に合理的な関連性があり，禁止によって「得られる利益は，失われる利益に比してさらに重要なもの」と判断して合憲とした。

社会保険庁年金審査官として勤務していた被告人が，勤務時間外である休日に，日本共産党を支持する目的で同党の機関誌の号外を配布したために起訴された事案において，最高裁は，本件行為は「管理職的地位になく，その職務の内容や権限に裁量の余地のない公務員によって，職務と全く無関係に，公務員により組織される団体の活動としての性格もなく行われたものであり，公務員による行為と認識し得る態様で行われたものでもないから，公務員の職務の遂行の政治的中立性を損なうおそれが実質的に認められるものとはいえ」ず，「本件罰則規定の構成要件に該当しない」と判示し，判例（**重要判例48**）を変更することなく，罰則の対象となる行為に限定解釈を加えた（堀越事件（最判

2012（平24）・12・7【百選Ⅰ－14】））。

刑事施設被収容者（在監者）の人権

憲法は犯罪者に対する人身の自由の制限を認めているが（18条，31条など），刑事施設収容には，被疑者としての逮捕・勾留，判決確定前の被告人としての勾留（以上，未決拘禁），判決確定後の身体刑執行としての懲役・禁固・拘留，死刑確定者の拘置などがある。収容の目的は，逃亡・証拠隠滅・自他殺傷の防止，受刑者の矯正教化等である。被収容者の人権制限の根拠については，憲法が収容関係の存在とその自律性を憲法的秩序の構成要素として認めていること（18条，31条，34条等）に求める説が有力である。

1908年に制定された監獄法が，不明確な規定と命令への白紙的委任で在監者の人権を制限していたため，日本国憲法下において問題視されていた。ようやく2005年に「刑事施設及び受刑者の処遇に関する法律」が制定され，2006年に同法が改正されて「刑事収容施設及び被収容者等の処遇に関する法律（刑事収容施設法）」が制定され，その施行にともなって監獄法は2007年に廃止された。刑事収容施設法では，新聞・書籍の閲覧，面会・信書の発受など，さまざまな処遇に関して詳細な規定がおかれている。

旧監獄法下の判例であるが，最高裁は，未決拘禁者の喫煙の禁止が争われた事件において，「喫煙を許すことにより，罪証隠滅のおそれがあり，また，火災発生の場合には被拘禁者の逃走が予想され，かくては，直接拘禁の本質的目的を達することができない」。他方，「喫煙の自由は，憲法13条の保障する基本的人権の一に含まれるとしても，あらゆる時，所において保障されなければならないものではない」として，必要かつ合理的な制限であるとした（最大判1970（昭45）・9・16【百選Ⅰ－15】）。また，未決拘禁者の新聞閲読の自由が問題となった**よど号ハイジャック記事抹消事件**では，「閲読を許すことにより監獄内の規律及び秩序の維持上放置することのできない程度の障害が生ずる相当の蓋然性があると認められることが必要」で，かつ，その場合でも，制限の程度は「必要かつ合理的な範囲にとどめるべき」とした上で，合憲と判示した（最大判1983（昭58）・6・22【百選Ⅰ－16】）。

2　私人間における人権の保障

社会的権力と人権　市民革命によって国家に権力が集中し，他方，市民関係については私的自治の原則を大原則として，国家の干渉が排除された。近代憲法下においては，国家統治権の発動に関する公法と私人間を規律する私法との二元性に立脚し，憲法で保障される人権は個人に対する強大な国家権力を制限するものであった。しかし，その後，資本主義の進展にともない，企業などの社会的経済的強者による労働者などの弱者に対する人権制約が問題となってきた。

学　　説　人権規定の私人間への適用が明文（例：憲法15条4項，団結権に関するワイマール憲法159条）で定められておらず，立法措置（例：労働基準法，男女雇用機会均等法）もとられていない場合に，憲法解釈による人権規定の私人間への適用が問題となる（**私人間効力論（第三者効力論）**）。この問題に関する見解は，(a)無効力（無適用）説，(b)直接効力（直接適用）説，(c)間接効力（間接適用）説に類型化されてきた。

(a)**無効力説**は，本来，憲法の人権規定は国家対国民の関係を規律するものであることを理由に，私人間への適用を否定する見解で，今日ではほとんど支持されていない。(b)**直接効力説**は，国家類似の巨大な社会的権力が国民の権利を侵害する危険に対処して，人権規定は私人間にも直接適用されると解する説である。この説に対して，市民社会の基本原則である私的自治の原則が侵害される可能性があること，国家権力に対する人権の本質を希薄化するおそれがあることなどの指摘がされている。(c)**間接効力説**は，**私法の一般条項**（民1条，90条等）を介在させて，憲法の趣旨を私人間にも間接的に適用する見解である（通説・判例）。公法私法の二元性と私的自治の原則を尊重しながら，人権規定の効力拡張の要請を充たす法的構成が望ましいとするところから支持されている。

ただし，間接効力説であっても，憲法の規定もしくはその趣旨・目的から，当然，私人間にも適用される権利・自由（15条4項，18条，24条，27条3項，28条）については直接適用を認める。逆に，直接効力説をとった場合でも，もっぱら国家に対してのみ保障される権利（17条，25条，26条，31条，40条等）の存在を認めざるをえない。また，たとえば，法の下の平等（14条）を具体化する男女同一賃金の原則（労基4条）のように，立法によって人権が具体化されている場合には，それらの法律が適用される。そのため，実際の差異はそれほど大きくないとも指摘されている。

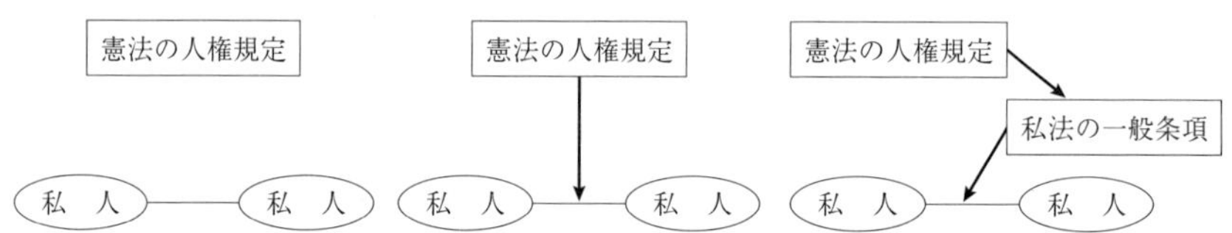

ドイツの基本権保護義務論を参考に，国家に保護義務があると想定し，私人による侵害を放置する国家の不作為が違憲となるという見解も主張されている（**国家の保護義務論**）。これに対して，自由権が国家による侵害の排除であることを軽視し，国家による介入を正当化するものであるという批判がなされている。

間接効力説において民法90条を適用するためには法律行為が存在しなければならない。そのため，事実行為による人権侵害の場合は，従来，私人間効力の問題として扱われなかった。不法行為（民709条）の「権利」に憲法規定を読み込んで救済する方法もあるが，人権規定に基づく不利益が常に違法な権利侵害と認定されるとは限らない。そこで，アメリカの判例によって確立された**ステイト・アクション論**（state action）を取り入れる考えも主張されている。この理論は，人権は国家と国民との関係を規律するものという伝統的な観念を前提とした上で，①国家が財政援助や監督・規制等を通じて，私人の私的行為にきわめて重要な程度までかかわり合いになった場合（たとえば，公共施設内で食堂を経営している私人が出身地差別をした場合など），また，②私人が国の行為に準ずるような高度に公的な機能を行使する場合（たとえば，企業が所有・運営する会社町が，街頭における宗教的文書の配布を禁止する場合など）には，当該私的行為を国家行為と同視して，憲法を直接適用するというものである（**国家同視説**）。

国の私法上の行為　国・地方公共団体が，国民と私法規定に従って契約等の行為をすることがある。そうした国の私法上の行為に憲法の規定は適用されるのか。航空自衛隊の基地建設をめぐり，国と私人との間に締結された土地売買契約の効力が争われた百里基地事件において，最高裁は「国が行政の主体としてでなく私人と対等の立場に立って，私人との間で個々的に締結する私法上の契約は，当該契約がその成立の経緯及び内容において実質的にみて公権力の発動たる行為となんら変わりがないといえるような特段の事情のない限り，憲法９条の直接適用を受けず，」「私法の適用を受けるにすぎない」とした（最判1989（平元）・６・20【百選Ⅱ－172】）。

判　　例　最高裁は三菱樹脂事件において，私人間における憲法の人権規定の効力の問題について初めて判断し，一般に間接効力説をとったと解されている。

重要判例49　三菱樹脂事件（最大判1973（昭48）・12・12【百選Ⅰ－10】）

原告は，大学卒業後，三菱樹脂株式会社に３ヶ月の試用期間を設けて採用されたが，入社試験の際に学生運動や生協活動を秘匿する虚偽の申告をしたことを理由に，本採用拒否の告知を受けた。最高裁は，憲法19条，14条は「その他の自由権的基本権の保障規定と同じく，国または公共団体と個人との関係を規律するものであり，私人相互の関係を直接規律する」ものではない。私人間においては，立法措置による是正や「場合によっては，私的自治に対する一般的制限規定である民法１条，90条や不法行為に関する諸規定等の適切な運用によって，一面で私的自治の原則を尊重しながら，他面で社会的許容性の限度を超える侵害に対し基本的な自由や平等の利益を保護し，その間の適切な調整を図る」ことができる。しかし，憲法は，思想・信条の自由，法の下の平等と同様に，22条，29条で経済活動の自由を保障しており，その一環として企業は契約の自由を有する。したがって，企業者が「労働者の採否決定にあたり，労働者の思想，信条を調査し，……申告を求めることも」違法ではないとした。

生活要録の規定に反して無届で政治活動を行った学生に対する退学処分が問題となった昭和女子大事件において，三菱樹脂事件最高裁判決を引用して，私立学校の生活要録について直接憲法の「基本権保障規定に違反するかどうかを論ずる余地はない」とした（最判1974（昭49）・7・19【百選Ⅰ－11】）。

女子若年定年制を定めた就業規則が問題となった**日産自動車事件**において，「就業規則中女子の定年年齢を男子より低く定めた部分は，専ら女子であることのみを理由として差別したことに帰着したものであり，性別のみによる不合理な差別を定めたものとして民法90条の規定により無効である（憲法14条1項，民法1条ノ2参照）」（現民1条2項）と判示して，民法90条を通して憲法14条1項を私人間に間接適用した（最判1981（昭56）・3・24【百選Ⅰ－12】）。

まとめてみよう

私人間における人権の保障について，それぞれの説を自分でまとめ，理解を確かなものにしよう。

考えてみよう

1. ある特定の宗教の教えを建学の精神の一つとしている某私立大学において，授業中に数回，その宗教を批判した教員を退職処分にしたとする。憲法上問題となるか考えてみよう。
2. 刑務所で受刑者が，服を着るようにという職員の指示に従わないことを理由に新聞を読ませてもらえなかった。憲法上の観点から考えてみよう。

第3編

統治機構

第18章 国民主権と象徴天皇制

この章で学ぶこと

日本国憲法制定時に政府が腐心したことは，天皇制をいかに存続させるかということであった。結果的に日本国憲法は天皇制を存続させたが，その天皇制は旧憲法下での天皇制とは大きく異なる象徴天皇制といわれるものになった。この章では，国民主権の意味を学んだのち，その原則の下にある象徴天皇制を学習しよう。

1 国民主権

主権の意味

主権は，近代的中央集権国家の建設の際に，絶対君主が，対外的にはローマ皇帝や教皇に対して王権の独立性を主張し，対内的には封建諸侯に対して王権の最高性を認めさせるためのイデオロギー的概念であった。この時代には国家自体の主権と君主の主権とが区別されていなかった（ルイ14世「朕は国家なり」）。その後，国家の権力と君主の人格とが区別されるに至って，両者が区別されるようになった。さらに君主主権に代わって国民主権が確立すると，それまで君主の主権において統一的に把握されていたものも区別されるようになった。このように主権は歴史的概念であり，そのため主権の概念は多義的である。

日本国憲法において主権の概念を理解するには，次の３つの意味を区別する必要がある。第１に**統治権**あるいは**国権**（９条，41条）という意味である。ポツダム宣言８項の「日本国の主権は，本州……に局限せらるべし」は，この意味で主権を用いる。第２に**国権の対外的独立性**という意味である。日本国憲法前文３項に「自国の主権を維持し」とあるのが，この意味での主権の例である。第3に**国政のあり方を最終的に決定しうる力**という意味である。

国民主権理解の困難さ

憲法は，「主権の存する日本国民」（1条）と定め，「日本国民は，……ここに主権が国民に存することを宣言し，この憲法を確定する」（前文1項）とうたい，**国民主権**を明確に採用する。国民主権は，通常，先にみた第3の意味での主権が国民に帰属すること，すなわち国民が国政のあり方を最終的に決定しうる力をもつという原理である。

だが，この原理の意味は，君主という1人の具体的存在を前提とする**君主主権**よりもわかりにくい。その理由は，国民は立場のさまざまな多数の者からなること，何が国民の意思であるかが明確でないことが多いこと，個々の国民のすべてが具体的な国家意思の決定をすることは現実には不可能なことにある。このため国民主権をどう理解するかについては，次の2点が課題となる。第1は帰属主体である**国民**とは何かである。第2は国民に主権が帰属するとは何を意味するかである。

この2点に関して，フランスにおける主権論争はわが国でもよく参考にされる。その論争では次の2つの主権論が唱えられた。第1は，抽象的な全国民に主権があるという「国民（ナシオン）主権」である。**ナシオン主権**は主権保持者と権力行使者とを異にすることから，この主権概念は代表民主制につながった。第2は，実際に政治的意思決定能力をもつ具体的な個々人である人民に主権があるという「人民（プープル）主権」である。**プープル主権**は主権保持者と権力行使者とを分離せず，直接民主制を導いた。

国民主権の意味

わが国においても前述の2点に関して論争されてきた。まず，「国民」の意味について次の典型的な2つの見解がある。第1は，すべての国民を「国民」ととらえる**全国民主体説**である。しかも，その国民として憲法制定時から現在さらに将来の国民も含む抽象的な「全体としての国民」が想定される。第2は，国民のうちで権力行使にふさわしい有権者すべて（**有権者団**という1つの国家機関を構成する）を「国民」とみる**有権者主体説**である。

次に，主権の国民への「帰属」に関しても次の2つの見方がある。第1は**権力の正当化の根拠**と説く見解である。全国民主体説はこの説を導く傾向がある。この説に立てば，理念上，抽象的な全体としての国民が国家権力のあり方を正当化するということが，国民に主権が帰属することの意味となる。第2は国家意思の最終的決定にふさわしい**法的権力の行使**と説く見解である。有権者主体説をとれば後者の見解につながりやすい。有権者団が投票という制度を通じて国家意思の最終的決定にあたる法的権力を実際に行使することが，国民に主権が帰属することの意味となる。

だが，以上の諸説にはそれぞれ問題点がある。まず，全国民主体説については，国民主権を理念でのみとらえるため内容が空虚であり，また独裁権力行使者を正当化するイデオロギーとなりかねない。他方，有権者主体説については，国民に主権者とそうでない者がいることを承認する点で民主主義に反すると批判される。そこで，国民主権は次の二面からとらえることが必要である。国民主権には，一方で国民が国家のあり方を最終的に決定する権力を行使する面（**権力的契機**）があり，他方で国家の権力行使を正当づける究極的な権威が国民にあるという面（**正当化契機**）がある。この二面をあわせもつのが国民主権の原理となる。

2　象徴天皇制

（1）　天皇の地位

地位と地位の根拠

日本国憲法は大日本帝国憲法（明治憲法）と同様に天皇制を定めている。しかし，両憲法での天皇の地位は次のように根本的に異なる。明治憲法の下においては，天皇の地位は天照大神の神勅に由来する神聖不可侵なものと位置づけられ（告文，憲法発布勅語，上諭，明憲3条），実際，天皇は国民から超越した現人神と考えられていた。その上で明治憲法は天皇を君主・元首であることを明らかにしていた（同1条，4条）。これに対し，日本国憲法は，国民主権を宣言するとともに，天皇の地位を「主

	天皇の地位	地位の根拠	権　能
大日本国憲法	君主・元首	神　勅	大権（政治的権力）
日本国憲法	象　徴	国民の総意	国事行為（形式的儀礼行為）

権の存する日本国民の総意に基く」と定め（1条後段），主権者である国民の意思に天皇の地位を根拠づける。この規定は，国民の意思が認める限りにおいて天皇の地位が存在することを意味し，したがって憲法改正手続により天皇制を廃止することが可能であるという法的意味をもつ。

象徴の意味

憲法は，「天皇は，日本国の象徴であり日本国民統合の象徴」であると定め（1条前段），天皇に**象徴**としての地位を与える。「象徴」は，通常，形のある具体的な事物（たとえば鳩）が形のない抽象的な事物（たとえば平和）を連想させる場合に，前者につき後者に対して用いられる。天皇が象徴であるということは，天皇という存在が日本国の存在と日本国民の国家的まとまりを連想させることを意味することになる。しかし，これは人の感覚に属する事柄であって本来憲法が関係することではない。憲法1条前段は事実上そのような心理的作用が起こりうることを期待するにすぎず，むしろその法的意味は次の点にある。

第1に，天皇は，明治憲法の下における統治権をもった天皇とは異なり象徴にすぎないという消極的な意味である。憲法は，天皇の国政に関する権能を否定し（4条1項後段），天皇を政治の外にある超然とした存在とする。天皇は，そのような非権力的・非支配的な天皇であってこそ，多様な政治的立場の者を含む全国民の象徴となりえ，また国民主権と調和しうる。

第2に，国家は天皇を象徴としての地位にふさわしく扱い，また同時に天皇はその地位にふさわしく行動すべきであるという意味である。天皇は，一定の限度で特別な法的地位が与えられるとともに，いささかでも政治的権力を行使するようなことを控えなければならない。

象徴としての地位に基づく天皇の特別な取扱いとして，皇室典範は，婚姻には**皇室会議**の同意を必要とする（皇典10条）などの具体的措置を定める。また，天皇が刑事責任を追求されるのは象徴としての地位にふさわしくないので，天皇は刑事責任を負わない。摂政については在任中訴追されない旨の規定がある（同21条）。民事責任については，天皇には民事裁判権が及ばないとするのが判例である（最判1989（平元）・11・20【百選Ⅱ－168】）が，天皇がこれを追求されても直ちに象徴としての地位にふさわしくないとはいえないので，民事責任は否定されない。

天皇と君主・元首　天皇が君主であるか，元首であるかが論議されてきた。伝統的な**君主**の観念においては，①世襲的に地位が継承され，②統治権の重要部分をもち，③対外的に国家を代表する権能をもち，④国家的象徴性を備える者が君主であった。これによれば，天皇は，②と③の要素を欠くので，君主ではない。しかし君主制が歴史的に進展し，今日の民主的な立憲君主制の下では，形式的に法的権能をもっていても，実際上はそれをまったく行使しない君主も多い。そこで最近は①と④の要素を前提として②と③は儀礼的権能で足りるとする見解がある。これによれば，天皇は最も儀礼的度合いの強い君主ということになる。

憲法には天皇を元首と明記する規定はないが，外交上の慣行では天皇が元首的な扱いを受けている。**元首**という語は，伝統的な君主が，国家を代表する地位にあって，国家を人間の身体にたとえると頭にあたるものであることに着目して，そのような君主をさすものとして用いられてきた。しかし今日では，元首は，一般に，対外的代表権をもつ者，あるいはそれとともに行政権の首長である者を意味し，共和国の大統領も元首とみなされる。この元首概念を前提とすれば，天皇は元首でないことになる。他方で，対外的代表権を儀礼的なもので足りるとして，天皇に外交使節の接受などの権能（7条5号，8号，9号）があることをもって天皇を元首と解する余地があると説く見解もある。

なお，天皇が元首ではないとすれば，日本国の元首は誰かということも論議される。しかしながら，今日の国家では，諸機関がそれぞれの権限範囲で国家を代表して対外的活動を行っているのであるから，元首の存在が必要であるかが疑わしい。

コラム⑪　女帝論議

現行の皇室典範では女性皇族の皇位継承は認められておらず，これに対しては男女平等の観点から問題視されてきた。これに加えて40年間皇室に男子皇族の誕生がなかったため将来皇位継承が不可能になるというおそれから，小泉首相は2004年に「皇室典範にする有識者会議」を設置した。この私的諮問機関は，女性・女系天皇が皇室の伝統に反するので皇室離脱した旧宮家の男子を皇室に復帰させるほうがよいという反対意見もあったなか，女性・女系天皇を容認するとともに男女の別なく第1子を皇位継承順位第1位とする報告書を2005年に提出した。政府はこれに基づき皇室典範を改正する法律案の国会提出を図ったが，2006年に男子皇族が誕生したため，同法律案は提出されなかった。

皇位継承　憲法は，**皇位継承**に関して，**世襲制**を定めるとともに，それ以外の事項について「皇室典範」の規定に委ねる（憲2条）。世襲とは天皇の血統に属する者だけが皇位を継承しうることである。憲法は，法の下の平等を原則としながらも，天皇制を存続させた結果，平等原則とは矛盾する世襲制を認めた。**皇室典範**は皇位継承など皇室に関することについて国会が定めた通常の法律である（憲2条後段）。もっとも，明治憲法の下では，皇室典範は皇室の自主法とされ，帝国議会による統制が及ばなかった（明憲2条，74条）。これは，皇室のことは皇室外から干渉されないという皇室自律主義の現れであった。

皇室典範は皇位継承として次の諸原則を定める。第1に皇位継承の資格は「皇統に属する男系の男子」（皇典1条）である。女帝が許されるかは論議を呼ぶ点であるが，現行法上それは認められていない（コラム⑪参照）。第2に皇位継承の原因は天皇の「**崩御**」すなわち死亡である（同4条）。このため天皇の生前譲位は認めらない。第3に皇位継承の順位は直系主義と長系主義に従う（同2条）。第4に皇位継承の儀式として**即位の礼**が行われる（同24条）。政教分離原則（本書76頁）に照らして即位の礼に宗教色があることは許されない。なお，皇位継承に不可欠な伝統的儀式とされてきた**大嘗祭**（だいじょうさい）は，神道色が濃いため国事行為ではなく皇室の私的行事として行われる。

（2）天皇の権能

国事行為　憲法は，天皇を象徴とした上で，「天皇は，この憲法の定める国事に関する行為のみを行ひ，国政に関する権能を有しない」（4条1項）と明確に限定的な権能を天皇に付与する。天皇は，「国政に関する権能」すなわち国政に影響を及ぼしうる権能が否認されるので，公的にも私的にも国政に影響を与えうることは一切行えない。天皇の権能は「憲法の定める国事に関する行為」（**国事行為**）に限定される。国事行為とは実質的決定権を含まない，国家の形式的・儀礼的な行為をいい，具体的には，4条2項を除けば6条と7条に列挙された12種類の行為である。

①**内閣総理大臣の任命**（6条1項）　内閣総理大臣は，国会によって指名され（67条），それに基づいて天皇によって任命される。先例によれば，天皇が，任命式で，任命の辞令を交付する。

②**最高裁判所長官の任命**（6条2項）　最高裁判所長官は，内閣の指名に基づいて，天皇が任命する。実質的決定を行うのは内閣である。

③**憲法改正・法律・政令および条約の公布**（7条1号）　すでに成立した国法を国民一般に知らせる表示行為を**公布**という。公布は，国法の成立要件ではないが，国法が国民を拘束するための**効力発生要件**（本書212頁）である。国法の正文を**官報**に掲載するのが，実際の公布の方式である。

④**国会の召集**（7条2号）　内閣が，憲法の規定（52条，53条，54条1項）に従い，実質的に召集を決定し，天皇は**詔書**の形式で召集を行う。

⑤**衆議院の解散**（7条3号）　内閣が解散の実質的決定を行い，天皇は詔書の形式で解散を行う（解散権に関する議論については，本書220頁）。

⑥**国会議員の総選挙の施行の公示**（7条4号）　参議院議員は半数改正である（46条）ため，「国会議員の総選挙」というものはありえず，衆議院議員の総選挙と参議院議員の通常選挙を意味すると解されている。内閣が，憲法（54条1項）および公職選挙法（31条，32条）に従い，選挙の期日を決定し，天皇が詔書の形式で公示を行う。

⑦**国務大臣等の任免等の認証**（7条5号）　**認証**とは，ある行為が正当に行

われたことを公に証明することをいう。認証はその行為の効力とは関係がなく，単にそれを権威づけるための形式的行為である。これに対して①から⑥までの法的行為は，形式であってもそれが行われない限り法的効果は発生しない。

⑧**恩赦の認証**（7条6号）　恩赦は内閣が決定する（73条7号）。

⑨**栄典の授与**（7条7号）　栄典の授与とは，勲章を与えるなどのように特定の者の栄誉を表彰することである。実質的決定を行うのは内閣である。

⑩**批准書その他の外交文書の認証**（7条8号）　批准書その他の外交文書の作成は内閣の権限に属する（73条2項・3項）。

⑪**外国の大使・公使の接受**（7条9号）　この接受とは単に儀礼的に接見する行為である。

⑫**儀式の挙行**（7条10号）　ここにいう儀式は国家的性格をもつ儀式である。「儀式を行う」とは即位の礼のように天皇が主宰して儀式を行う場合に限るのが通説である。

国事行為	規定する条文
法的行為	6条1項・2項，7条1号—4号
認証行為	7条5号—6号，8号
事実行為	7条7号，9号—10号

助言と承認

憲法は，「天皇の国事に関するすべての行為には，内閣の助言と承認を必要とし，内閣が，その責任を負ふ」と規定し（3条），天皇の国事行為を内閣の統制と責任の下においている。このため天皇は，内閣の**助言と承認**なしに国事行為を行うことができず，また必ず内閣の助言と承認どおりに国事行為を行うことになる。その結果，天皇は国事行為に関する責任を負わず，天皇の国事行為に関する責任はすべて内閣が負う。この内閣の責任は，自己の行った助言と承認についての国会に対する**政治的責任**である（66条3項参照）。

憲法は例外なく「国事に関するすべての行為」に内閣の助言と承認を必要としている。したがって，すでに所定の機関で実質的に決定されていることが憲法規定から明らかな国事行為（内閣総理大臣の任命など）についても，内閣は助言と承認を行わなければならない。

また,「助言と承認」は,別個2つの行為として別の閣議で行う必要があると説く見解もあるが,両者を統一的に考えた1つの行為が事前に行われれば足りる。というのは,天皇は内閣の意思に絶対的に拘束されるので,2つの行為まで必要ないからである。実際の運用も1回の閣議で行われている。

国事行為の代行

国事行為の代行には以下の2つの場合がある。

第1は**摂政**である。これは,天皇が成年に達しないとき,および天皇が精神もしくは身体の重患または重大な事故により国事行為を行うことができないときにおかれる(皇典16条)。摂政就任資格者は成年皇族に限られ,その順位は皇室典範に規定されている(同17条)。摂政は天皇の名ですべての国事行為を行う(憲5条)。

第2は**国事行為の委任**である。天皇は,法律の定めるところにより,国事行為を委任することができると規定されており(4条2項),「国事行為の臨時代行に関する法律」が制定されている。同法によれば,摂政をおくに至らない程度の病気や事故の場合(外国訪問のため執務不能な場合も含まれる)に,天皇は,内閣の助言と承認により,摂政となる順位にあたる皇族に委任する。国事行為の委任は,天皇の委任行為によっておかれる点で摂政とは異なる。

公的行為

伝説的見解(2種類説)によれば,天皇の行為には,国家機関として行う**国事行為**のほかには**私的行為**(散歩,学問研究,私的な祭祀の挙行など)があるだけだとされてきた。これに対して,天皇の行為には,国事行為と私的行為以外に,国事行為ではないが純然たる私的行為ともいえない一定の**公的行為**(代表的なものは国会開会式でのおことば,外国元首との親電交換など)も存在すると説く学説(3種類説)がある。また,実際上も公的行為の存在を前提とする憲法運用が行われている。

3種類説の中には次の2つの立場がみられる。第1は象徴行為説である。これによれば,天皇には国家機関としての地位と私人としての地位のほかに象徴としての地位があり,その地位に基づく象徴としての行為が認められ,それが公的行為となる。第2は公人的行為説である。この見解では,一般に公的地位にある者が社交的・儀礼的行為を行うのと同様に，天皇にも公人としての行為が認められる。

だが，いずれの3種類説にも批判がある。まず象徴行為説は，象徴はそれ自体には法的な意味がないので，象徴から何らかの法的帰結を導き出すことはできないはずである。次に公人的行為説も，天皇が，憲法上形式的・儀礼的な国事行為のみを行う存在であり，この点で他の公人とは異なることを見落としている。

（3）　皇室経済

皇室経済の民主化　明治憲法の下では，皇室が国有財産とは別のきわめて莫大な皇室財産をもち，皇室経済はそれで大部分がまかなわれていた。その上，国庫が皇室経費を毎年定額で負担するが，議会はその増額の場合にしか関与することができなかった（明憲66条）。このようにして，皇室経済には原則として帝国議会の統制が及ばず，皇室経済自律主義が妥当していた。これに対して日本国憲法は，皇室経済を国会の議決に基づかせ（8条，88条），皇室経済自律主義を否定して皇室経済を民主化させた。

皇室財産・皇室費用　「すべて皇室財産は，国に属する」（88条前段）として，皇室財産は国有財産に編入された。この規定は，かつて存在したような皇室の私有財産は認められないという意味をも有する。ただし，純然たる私用の財産まで国有にする必要はないので，日用生活品のようなものの私有は認められる。また，神器，宮中三殿のような「皇位とともに伝わるべき由緒ある物」（皇経7条）も皇室の私産である。

次に，皇室の費用については，「予算に計上して国会の議決を経なければならない」（88条後段）。これは，皇室財産の国有化にともない，皇室費用のすべてを国庫が負担するようになった当然の結果であり，また皇室費用が国会の統制に服することを意味する。**皇室経済法**では，予算に計上される皇室費用は，**内廷費**，**宮廷費**および**皇族費**の3つに区分される（皇経3条）。内廷費は，天皇，皇后，皇太子など内廷にある皇族の日常の費用その他の内廷諸費に充てるものであり，宮内庁の経理に属する公金ではない（同4条）。宮廷費は，天皇，皇室の公的活動のための費用であり，宮内庁の経理に属する公金である（同5条）。皇族費は，内廷にある皇族以外の皇族の品位保持の資に充てるためなどの費用であり，公金ではない（同6条）。

財産授受の制限　皇室の財産授受は「国会の議決に基かなければならない」（8条）。この趣旨は，皇室が特定の者と不当に結びついたり，皇室に財産が集中したりすることを防ぐため，皇室の財産授受を国会の統制の下におくことにある。したがって，個々の財産授受につき国会の個別の議決は必ずしも必要ではない。皇室経済法も，通常の売買行為など一定の場合には，その度ごと国会の議決を経なくてもよい旨を規定する（皇経2条）。

まとめてみよう

1.　日本国憲法における国民主権とはどのような意味か。
2.　大日本帝国憲法と日本国憲法とでは，天皇の地位と権能はどのように異なるか。

考えてみよう

国民主権をプープル主権的に考えると日本国憲法の解釈においてどのような結論を生むか。

第19章
国　　　会

この章で学ぶこと

近代国家は，国民の代表によって構成され立法権を掌握する「議会」を中心とする統治機構をもってきた。このあり方は，違憲審査制度などにより修正されたとはいえ，日本国憲法にも基本的に受け継がれている。国会が日本の政治の中心的役割を果たしているのはそのためだ。では，国会は憲法上どのような地位にあるのか。国会にはどのような権限が与えられているのか。そのほか憲法において国会がどう規定されているかについて学ぼう。

1　国会の地位

国民代表機関

国会は**国民の代表機関**である（43条1項）。国会のこうした地位は，憲法が直接民主制ではなく，**代表民主制**（**代議制，議会制民主主義**）を採用したことを前提とする（前文1項）。ところで，「代表」と選挙人との関係については歴史的に多様な考え方があり，その典型的なものは次のとおりである。

第1は，各身分の代表が選出母体の意思に拘束されるという**命令的委任**である。これは前近代の身分制議会における代表観念である。第2は，代表は選挙人の意思には拘束されずに自由に行動するという**純粋代表**（**自由委任**）である。これは近代議会における古典的な代表観念であり，この代表観によれば，議員は特定の選挙区や選出母体の代表ではなく「全国民の代表」となる。第3は，自由委任を前提としながらも，選挙や議会の解散等を通じて，代表が選挙人の意思をできるだけ忠実に反映することを要請するという**半代表**である。半代表は普通選挙制度が確立した時期に登場した代表観念である。第4は，国民投票とリコールを通じて代表は国民の命令的委任を受けるとみる**半直接制**である。半直接制は半代表よりさらに直接民主制に近い考え方である。

日本国憲法は以上の代表制のうち半代表を採用した。国会議員の自由な活動を保障（50条，51条）して命令的委任を否定する一方で，国会に選挙人の意思を反映することを求める制度（15条3項，69条）を定めているからである。

政党と代表　日本国憲法には**政党**についての規定はない。しかし，わが国においても，政党は「国民の政治意思を形成する最も有力な媒体」として，「議会制民主主義を支える不可欠の要素」を構成することは確かである（**重要判例45**）。

ところで，国会議員が所属政党の決定に拘束されるという**党議拘束**が43条1項に違反しないかどうかが問われる。この点，党議拘束そのものは，国会議員がそれに従うことで国民の意思を国会に反映させることができるので許される。だが，政党の決定に従わない議員が政党から除名された場合に議員資格を喪失させるのは，自由委任に反し43条1項に照らし問題がある。また，比例代表選出議員で所属政党を変更した者の議員資格を喪失させることができるかどうかをめぐり学説が分かれていたが，2000年の法律改正で，議席喪失を肯定する規定が設けられた（国会109条の2，公選99条の2）。

国権の最高機関　国会は**国権の最高機関**である（41条前段）。「国権」は国家の統治権を意味する。国会が国権の最高機関であるということの意味は理解しにくい。旧共産主義諸国の憲法には最高機関に関する規定が存在した（1936年ソ連憲法30条，1968年東ドイツ憲法48条など）が，権力分立制を採用する日本国憲法の意味内容がそれらと同一であるとは考え難い。実際，内閣は衆議院を解散することができ（7条，69条），裁判所は国会の制定した法律を憲法違反と判断することができる（81条）。また，国民主権を採用する日本国憲法の下では国民（有権者団）こそが「国権の最高機関」ではないのか。このような問題を抱え，国会の「国権の最高機関」としての地位をどのように理解するかについては次のような諸説が主張されている。

第1は統括機関説である。これは，日本国憲法の下では主権者たる国民の代表者である国会が，明治憲法下で「統治権の総攬者」（4条）であった天皇に比すべき地位にあるとする見解である。憲法によって内閣や裁判所に配分された権限を国会が行使できるわけではないが，内閣の活動が行政の方面に，裁判所の活動が司法の方面に限られるのとは異なり，国会の活動は立法の方面に限られるわけではなく，国権が適法かつ正当に発動されるように，国家の活動を創設し，保持し，終局的に決定する地位に国会はあると主張する。国民主権と国会の最高機関性との間の矛盾を，国民の国家機関性を否定することによって解消する見解である。

第2は**政治的美称説**である。これは，国会が主権者たる国民の代表者であることから国会に与えられた「政治的美称」に過ぎないという見解である。国民主権と国会の最高機関性との間の矛盾を，「国権の最高機関」の法的意味を否認することによって解消するものである。

統括機関説は「統括」の意味内容が明らかでなく，国会が内閣や裁判所の上位に立ってそれらに指揮・命令できるという意味であれば日本国憲法の基本構造と相容れない。国会が国権の最高機関であることを根拠として，参議院が国政調査権を用いて確定裁判を批判した浦和充子事件（本書214頁）がきっかけとなり，「国権の最高機関」に法的意味を認めない政治的美称説が通説となっていった。しかし政治的美称説は，「国会」の章の冒頭の規定の法的意味を否定するものであり，憲法が国会に与えた高い評価を軽視する印象を与えるものである。そこで，国政における国会の重要な役割に着目した統括機関説の趣旨を活かしつつ，「国権の最高機関」に法的意味をもたせようとする見解（最高責任地位説など）が主張されている。しかし，具体的にどのような法的効果が導かれるのかは明らかではない。

唯一の立法機関

「立法」は，法律という名をもつ国法の一形式を制定すること（**形式的意味の立法**）ではなく，特定の内容をもつ法を制定すること（**実質的意味の立法**）を意味する。しかも今日では，実質的意味の立法は，国民の権利を制限し，義務を課す法（**法規**）の制定には限られず，国民を拘束する一般的・抽象的な規範のすべて（**一般的・抽象的規範**）を制定す

コラム⑫　議員立法

国会議員提出の法律案に基づく立法作用およびそれにより制定された法律を議員立法という。議員提出法律案は内閣提出法律案に比べ圧倒的に少ないのが現状である。自民党単独政権が終わったのち議員提出法律案が増加する傾向があるが，それでも，法律案提出件数でみると3分の2が「閣法」と呼ばれる内閣提出法律案であり，成立法律案でみると8割以上が閣法である。この状況は，国会が唯一の立法機関とされていることからは好ましいことではない。ちなみに議院内閣制の母国イギリスでは議員立法は30％から40％を占めている。わが国でも議員立法のさらなる活性化が望まれる。

ることと解される。だが，今日，対象者を特定した行政処分的な法律である**措置法律**が制定されることが目立つようになり，論議を呼んでいる。

次に，「唯一」の立法機関であることは，①国会のみが立法を行うことができるという権限配分上の原則（**国会中心立法の原則**），②国会のみで立法作用を完結させるという国家行為の手続上の原則（**国会単独立法の原則**）を含意する。

明治憲法では帝国議会とは別に天皇が緊急勅令と独立命令（明憲8条，9条）により立法を行うことができた。国会中心立法の原則はこのような立法二元制を否定するものである。政府の制定する命令は，法律を執行するための命令（**執行命令**）か，法律による委任に基づく命令（**委任命令**）に限定される。もっとも，この原則にも議院や裁判所の自律性の尊重，地方自治の見地から次のような憲法上の例外がある。①**両議院の規則制定権**（58条2項），②**最高裁判所の規則制定権**（77条1項），③**地方公共団体の条例制定権**（94条）。

国会単独立法の原則は，これにより明治憲法においてみられた議会外の機関の関与（明憲5条，6条）を排除する。この原則にも地方自治の見地から例外が認められる（95条）。国会単独立法の原則からみて問題となりうるものに**内閣の法律案提出権**がある。内閣にも法律案提出権があるかについては憲法上は明らかではないが，内閣法によって内閣に法律案提出権が認められている（内5条）。そして実際に成立する法律のほとんどは内閣が提出したものである（**コラム⑫**参照）。法律案の提出が立法作用の重要な要素であるだけに問題視されるが，次の理由から41条には違反しない。①内閣の構成員の大半が国会議員であること（68条1項），②内閣が法律案を提出しても国会が自由に修正・否決することができること。

立法委任　憲法は国会に立法権を配分しているのであり，国会が法律によってこうした憲法上の権限分配を変更することは本来許されない。他方，罪刑法定主義の観点から国民を代表する国会が法律によって定めることが強く要請される刑罰についてすら，「法律の委任」がある場合には政令で設けることを憲法は認めている（73条6号但書）。したがって国会が立法権の行使を行政府に委任することがまったく認められないわけではない。実際上も「行政国家」の下で専門化した行政需要に迅速に対応するためには立法委任が必要である。しかし，立法委任が際限なく認められると，憲法が国会に立法権を配分した民主的・法治国家的意義が没却されてしまう。

そこで，どのような委任なら憲法上許容されるかが問題となる。諸外国の憲法では委任立法のあり方について規定しているものもある（たとえばドイツ基本法80条1項は授権の内容・目的・範囲を授権する法律に明記することを求める）が，日本国憲法にはこのような規定が存在しない。学説では一般に，「個別具体的な委任が必要であり，白紙委任は許されない」と説かれている。しかし，どのような委任が白紙委任となるかは明らかではなく，国家公務員法102条が処罰対象となる「政治的行為」の具体的内容を人事院規則に包括的に委任している点につき，学説は批判的であるが，最高裁は「公務員の政治的中立性を損うおそれのある行動類型に属する政治的行為を具体的に定めることを委任するもの」として合憲と判断している（**重要判例48**）。

他方，法律による委任を受けて制定される命令は，委任の範囲を超えてはならない。委任の範囲を超えているとして違法とされた例は比較的多くある（最近の例として，インターネットによる医薬品の販売を禁止した厚生労働省令が法律による委任の範囲を逸脱し，違法であると判示した，最判2013（平25）・1・11【百選Ⅱ-A11】参照）。

2　国会の組織

二　院　制

国会は衆議院と参議院から構成される（42条）。2つの院で組織される議会のあり方を**二院制**（両院制）という。ところが今日，単一国家では**一院制**の議会のほうが多い。二院制では，その理由，とくに民選議員で構成される**第一院**（下院）に対して**第二院**（上院）の存在理由が問われる。第二院には次のような類型がある。

第1は**連邦型**である。連邦国家においては，連邦全体を代表する第一院に対して，連邦を構成する州の代表によって組織される第二院が設けられることが多い。第2は**貴族院型**である。これは立憲君主制の下で貴族によって構成される第二院である。貴族院型では第二院は保守的性格をもち，第一院の民主的要素を抑制する機能を果たすことが多い。第3は**民主的第二院型**である。これは，第二院が第一院と同様に民選議員によって構成されるものである。ただし，民主的第二院型の国においても，日本の参議院のように全議員が直接普通選挙で選出されることは多くない。

参議院の存在理由

日本では，マッカーサー草案では一院制がとられていたが，日本側の要求で参議院が設置されるようになった。しかし，参議院は衆議院と同様の選出方法で議員が選出されることもあって，「衆議院のカーボンコピー」とあざけられるほど衆議院に近いものになっている。そのため，審議の効率化も理由となって，参議院無用論が唱えられてきた。これに対しては，参議院を**理性の府**としてその独自性を模索する立場もある。また，衆参両院の政党構成が異なる「**ねじれ国会**」によって参議院の存在意義が新たに認識されている。もっとも，憲法において参議院の存在理由として次の3点は明確である。①審議・決定を慎重にすること，②国民の多様な意見・利害を国会に反映できるようにすること，③衆議院が存在しないときに，国会の機能を継続させるようにすること。

両院の組織　憲法は，両院の**議員兼職禁止**（48条）を定めるほか組織上の原則を定める。公職選挙法も合わせると両院の組織上の差は以下のとおりになる。

①**任　期**　衆議院議員は4年で解散がある（45条）。参議院議員は6年で3年ごとに半数改選される（46条）。参議院は安定性と継続性を特徴とし，長期的展望に立った議論が期待されている。

②**被選挙資格**　両院の議員資格は法律事項である（44条）。公職選挙法は衆議院議員を25歳以上の者，参議院議員を30歳以上の者とする（公選10条1号，2号）。参議院は理性の府（良識の府）に相応しい経験豊かな人物が選出されることが期待されている。

③**定　数**　両院の定数は法律事項である（43条2項）。現在，衆議院は475人（小選挙区選出295人，比例代表選出180人）で，参議院は242人（選挙区選出146人，比例代表選出96人）である（公選4条1項，2項）。

両院議員の選挙方法　選挙区，投票方法等も法律事項である（47条）。選挙制度については，1選挙区から選出される議員の数（小選挙区制／大選挙区制），選挙人が選択すべき候補者の数（単記制／連記制），代表法（多数代表制／少数代表制／比例代表制），投票回数（一回投票制／二回投票制）などの相違により多様な可能性があり，「論理的に要請される一定不変の形態」が存在するわけではなく，選挙制度の仕組みの具体的決定は原則として国会の裁量に委ねられている（**重要判例9**）。代表的な選挙制度にもそれぞれ長所・短所がある。各選挙区から1人を選出する小選挙区制は，二大政党制を実現し易く政局の安定に資するが，**死票**が多く，少数政党に不利である。各選挙区から複数人を選出する大選挙区制は，少数政党にも議席獲得の機会を与えるが，同じ政党の候補者による同志討ちの危険がある。政党の得票に比例して議席を配分する比例代表制は，議会に民意を相似的に反映させるが，小党分立を招きやすい。

衆議院では，長らく中選挙区制（1選挙区から3人～5人を選出するもので，大選挙区制の一種）が採用されていたが，1994年の「政治改革」により現在では，小選挙区制（295人）と，全国を11ブロックに分けた拘束名簿式の比例代表制（180人）を組み合わせた選挙制度が採用されている（公選13条1項・2項，95条の2，別表第一・第二）。参議院では，都道府県単位（2015年7月の改正により2つの「合区」が行われた）の選挙区選挙（146人）と，全国単位で非拘束名簿式の比例代表選挙（96人）を組み合わせた選挙制度が採用されている（公選14条1項，46条3項・95条の3，別表第三）。このうち選挙区選挙は，半数改選という憲法上の要請（46条）を受けて，各都道府県2人をベースとしたうえで，人口に応じて4人（京都，広島など），6人（兵庫，千葉など），8人（神奈川，大阪，愛知），12人（東京）と偶数で議員定数が配分されている。これが参議院における「一票の較差」を大きくしている原因である（本書65頁）。しかも大多数（32／45＝約71％）を占める2人区は，半数改選1人であり，小選挙区制となる。したがって，両院の選挙制度が「同質的な選挙制度」となっており，参議院が独自の意義を発揮しにくくなっている。

両院の相互関係

活動面に関して両院には，**相互独立**および**同時活動**の原則がある。相互独立とは各議院が独立して議事を行い，議決することを意味する。同時活動は各議院の召集と閉会が同時に行われることをさす。衆議院が解散されたとき参議院も閉会となる（54条2項）のは，この原則の現れである。

同時活動の原則の例外として**参議院の緊急集会**がある。これが開かれるのは，衆議院の解散により国会が閉会中の期間で，「国に緊急の必要がある」として内閣が求めた場合である（54条2項）。ただし，緊急集会における議決の効力は暫定的であり，国会開会後10日以内に衆議院の同意がなければ議決は効力を失う（同3項）。

権限面に関しては，両院の優劣をつけるほうが国会の意思形成が容易であり，また衆議院のほうが民意を反映しやすいことを理由に，次のような**衆議院の優越**が認められている。

第1は**権限事項の優越**であり，内閣不信任決議権（69条），予算先議権（60条1項）がこれに該当する。

第２は**議決の効力の優越**であり，これには法律案の議決（59条２項），予算の議決（60条２項），条約の承認（61条），内閣総理大臣の指名（67条２項）がある。

両院協議会

両院協議会は一定の事項について両院の意見が対立した場合に妥協を図るために設置される（組織等については国会84条以下参照）。必ず開かれるのは，予算の議決，条約の承認，内閣総理大臣の指名についてであり，これらの場合に協議がまとまらなければ衆議院の議決が国会の議決となる（60条２項，61条，67条２項）。法律案の議決については，衆議院が要求したときに開かれる（59条３項）。

3　国会の活動方法

会 期 制 度

議会の活動期間（召集から閉会まで）を一定の期間に定める制度を**会期制度**という。これに対し活動期間の期間を定めない常設制（通年議会制）もある。にもかかわらず会期制度が存在するのには，イギリス議会の歴史的事情，さらには行政能率を低下させるという常設制の問題点が背景にある。日本国憲法も会期制度を採用し，次の３種に区分している。

第１は毎年１回召集される**常会**である（52条）。１月中に召集されるのが常例である（国会２条）。会期は150日間であるが（同10条），会期延長が１回可能である（同12条）。第２は臨時に召集される**臨時会**である。内閣が召集決定権をもつが，いずれかの議院の総議員の４分の１以上の要求があれば，内閣は召集を決定しなければならない（53条）。第３は衆議院の解散による総選挙から30日以内に召集される**特別会**である（54条１項）。なお，任期満了による総選挙の場合には臨時会が召集される（国会２条の３）。臨時会および特別会の会期は「両議院一致の議決」で定め（同11条），２回の延長が可能である（同12条）。

各会期は独立しており，会期中に議決されなかった議案は後会には継続しない（国会68条本文）。これを**会期不継続の原則**という。ただし閉会中も審議される議案については後会に継続する（同但書）。

すでに議決があった議案について同一会期中に再び審議しないという**一事不**

再議の原則は，明治憲法には規定された（明憲39条）が，現在では憲法にも国会法にも規定がない。だが，これは国会の円滑な運営のための原則として，実際に尊重されている。

議事手続

憲法は次のような議事手続に関する原則を定める。

①**定足数**　議事を開き議決するのに必要な出席者数（**定足数**）は，「総議員の３分の１」（56条１項）である。「**総議員**」の意味については，法定議員数，現在議員数（法定議員数から欠員者を除いた数）という２つの見解がある。先例では法定議員数を基準としている。

②**議決方法**　憲法に特別の定めがある場合（55条，57条１項，58条２項，59条２項，96条１項）を除き，議決は「出席議員の過半数」により，可否同数の場合は，議長の決するところによる（56条２項）。「**出席議員**」に棄権者，白票，無効票を算入するかどうかで，算入説と非算入説に分かれるが，算入説が多数説である。

③**会議の公開**　「両議院の会議は，公開とする」（57条１項本文）。これは本会議についてであり，委員会は公開されない（国会52条）。会議を公開するのは，国政を国民の監視と批判の下におくことによって民意に合致したものにするためである。この公開の具体的内容は，傍聴の自由，報道の自由，会議録の公表（57条２項）である。なお，出席議員の５分の１以上の要求があれば，各議員の表決は会議録に記載される（同３項）。会議の公開の例外として，出席議員の３分の２以上の多数決で**秘密会**の開催が認められる（同１項但書）。

④**国務大臣の議院出席権・出席義務**（63条）　大臣は議会の審議に参加する。議院内閣制の特徴の１つである（本書219頁）。

4　国会の権限

法律制定権

国会が唯一の立法機関であることから，国会が当然もつ権限である。法律案の提出，審議，議決という３段階を経て法律が制定される。衆議院先議の場合を例にすると次のようになる。

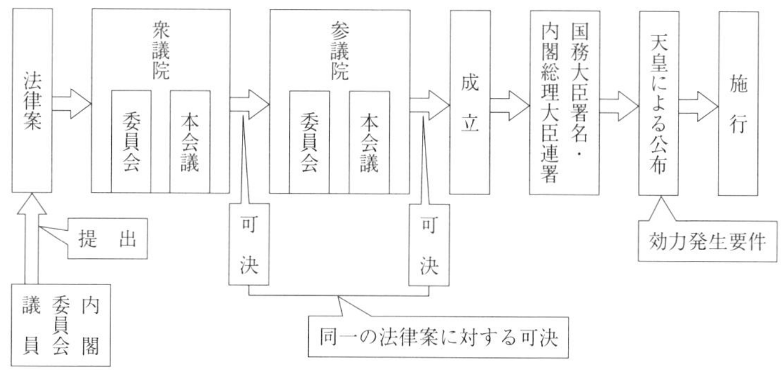

①**法律案の提出**　憲法は提出権者を定めず，法律が３種類の提出権者を定めている。第１は**議員**である。一定数の議員（衆議院20人，参議院10人，予算を伴う場合は衆議院50人，参議院20人）が法律案を提出することができる（国会56条１項）。第２は**委員会**であり，委員会はその所管に属する事項に関して法律案を提出することができる（同50条の２）。第３は**内閣**である（内５条）。

②**法律案の審議**　法律案が提出されると，それを所管する委員会に付託される（国会56条２項）。重要な法律案の場合には，委員会付託の前後に本会議（「議院の会議」）で趣旨説明がなされる（同56条の２）。委員会での審査・議決を経て，委員長は委員会審査の経過および結果を議院に報告する（同53条）。このように**国会法**では委員会を中心に行われる審議のあり方がとられている。これを**委員会中心主義**という。これに対して明治憲法の帝国議会では法律案の審議が本会議を中心にして行われていた（**本会議中心主義**）。だが，専門化した多数の委員会審議を通じて，国会の能率的な運営と権限行使を可能にするため，委員会中心主義が導入された。

③**法律案の議決**　原則として両議院の一致した可決が必要である（59条１項）。だが，これには次の２つの例外がある。第１は特別多数による**衆議院の再議決**である（同２項）。これは，衆議院で可決し参議院で異なる議決をした場合，または参議院が衆議院の可決した法律案を受け取ったのち60日以内に議決

しないため，参議院がそれを否決したものと衆議院がみなす場合（同4項）が前提となる。なお，再議決の前に両院協議会で両院の意思を調整することも可能である（同3項）。第2は**参議院の緊急集会**である（54条2項・3項）。

憲法改正発議権　国会は，各議院の総議員の3分の2以上の賛成で，憲法改正の発議をすることができる（96条1項）。国会による発議については，国会法68条の2以下で定められている（本書280頁）。

条約承認権　条約の締結は内閣の権限ではあるが，「事前に，時宜によっては事後に」国会が承認する（73条3号）。承認手続には衆議院の優越がある（61条）。ここにいう**条約**とは文書による国家間の法的合意であり，「条約」という名称がついているかどうかを問わない。したがって，他の名（協定，協約等）をもつ法的合意も国会の承認が必要である。ただし，既存の条約の実施細目を定めるもの，またはその委任に基づくものについては国会の承認は不要である。

条約の承認は条約締結の前に求めるのが原則であり，締結前に国会が承認しなかった場合，内閣は条約を締結できないことは明らかである。ところが，事後に国会が承認しなかった場合，すでに締結された条約は効力を有するのであろうか。この点，学説は，無効説，有効説，国際法有効・国内法無効説，条件付無効説と分かれる。このうちで事後不承認の条約は国際法上も国内法上も無効と解する**条件付無効説**が多数説である。その論拠は，条約承認は事前承認，事後承認を問わず条約の成立要件であること，国会の承認を必要とする条約締結手続は日本国憲法上明確であるため，事後不承認の場合に条約は無効と解しても国際法上問題ないことにある（条約法に関するウィーン条約46条参照）。

内閣提出の条約承認案に国会が修正を加えることができるかどうかも解釈上の問題である。条約締結権は内閣固有の権限であること，国会が修正しても，内閣が相手国と交渉して，それによって相手国が修正を受け入れない限り，修正は不可能であることから，否定するのが通説である。これによれば条約の修正は条約承認の否決とみなされる。

財政監督権　近代議会制度は，もともと法律の制定とならんで国民の代表として国の財政をコントロールするという役割を期待されて発展した。日本国憲法も**予算議決権**（60条）など，国会に財政の監督に関する諸々の権限を付与している（本書260頁）。

内閣総理大臣指名権　国会は国会議員の中から内閣総理大臣を指名する（67条1項）。国会が指名すると，衆議院議長から内閣を経由して奏上し（国会65条2項），内閣の助言と承認により天皇が内閣総理大臣を任命する（6条1項）。

弾劾裁判所設置権　「国会は，罷免の訴追を受けた裁判官を裁判するため，両議院の議員で組織する弾劾裁判所を設ける」（64条）。**弾劾裁判所**の制度は，憲法上裁判官に与えられた身分保障（78条）と，国民の公務員選定罷免権（15条1項）の趣旨とを調整して，不適切な裁判官を裁判手続で罷免させうるようにしたものである。弾劾裁判所の組織・活動方法は，裁判官弾劾法に規定されている。

他の権能　以上にみた憲法上の権限のほか，国会にはさまざまな法律によって多くの権限が与えられている。たとえば，中央選挙管理委員会委員の指名（公選5条の2），自衛隊出動の承認（自76条，78条）などが挙げられる。

5　議院の権限

議院の自律権　憲法は，いくつかの事項について，他の国家機関から干渉を受けることなくその組織や運営に関して自ら決定することができる権能を各議院に与える。この**自律権**には以下のものがある。

第1は**議員資格争訟の裁判**である。「両議院は，各々その議員の資格に関する争訟を裁判する」（55条本文）。ここにいう「議員の資格」とは44条に基づき制定された法律規定における議員としての地位を保持しうる要件，すなわち被選挙資格および兼職禁止の職に任ぜられていないことである（国会39条，108

条，109条）。この裁判で議員の議席を失わせるには，出席議員の３分の２以上の多数の議決が必要である（55条但書）。

第２は**会議公開の停止**である。特別多数の議決で両議院は秘密会を開くことができる（57条１項但書）。

第３は**役員選任**である。「両議院は，各々その議長その他の役員を選任する」（58条１項）。「役員」として，議長，副議長，仮議長，常任委員長および事務総長がある（国会16条）。

第４は**議院規則の制定**である。各議院は「会議その他の手続および内部規律に関する規則」を制定することができる（58条２項前段）。この規則として**衆議院規則**，**参議院規則**などがある。議院規則と法律の効力関係については，**法律優位説**と**議院規則優位説**に見解が分かれている。前者は，議院規則は一院の議決で足りるのに対して，法律は両院の議決を必要とすることを論拠とする。これが多数説である。これに対して，議院規則優位説は，58条２項前段が明治憲法51条とは異なること，法律優位説ではとくに参議院の自主性が損なわれるおそれがあることを理由とする。なお，議院規則優位説の中には国民の権利義務に関する事項については法律が優位すると解する見解もある。

第５は**議員の懲罰**である。両議院は「院内の秩序をみだした議員を懲罰することができる」（58条２項後段）。ここでいう「院内」とは人的組織体としての議院をさし，したがって議事堂外の行為についても懲罰の対象になる。懲罰には，公開議場における戒告，公開議場における陳謝，一定期間の登院停止および**除名**がある（国会122条）。除名には出席議員の３分の２以上の多数による議決が必要である（58条２項但書）。

国政調査権　両議院は国政に関する調査を行うことができる（62条前段）。調査方法として憲法は「証人の出頭及び証言」・「記録の提出」を規定するが，この点は**議院証言法**で証人の出頭，宣誓，証言を罰則つきで強制するなど詳細が定められている。

国政調査権の法的性質については，浦和充子事件（1949年）を契機に激しく争われた。第１は，国会または各議院が憲法上与えられている立法権・予算審議権等の権限を実効的に行使するための補助的権限だと捉える**補助的権能説**である。最高裁判所の主張した見解であり，これによれば国会に憲法上与えられている権限と無関係に国政調査権を用いることは許されない。第2は，国権の最高機関性に由来するものであり，他の諸権限とは独立に，国政全般に亘って調査できる権限だと捉える**独立権能説**である。この見解に基づいて参議院は，国政の一部門である司法の運営に関しても調査・批判することができると主張した。

国権の最高機関に関する政治的美称説（本書203頁）とともに，補助的権能説が通説となっていった。しかし，オイルショックの際の物価高騰の原因究明やロッキード疑惑の解明に際して，補助的権能説が自民党によって国政調査権の行使を抑制する論拠として用いられたこともあり，国政に関する情報を国民に提供するという機能を強調する見解も説かれるようになった。

国政調査権の限界

通説によれば国政調査権は国会または議院の権限の範囲内に限られる。とはいえ，国会の権限（とくに法律制定権）は広く国政全般に及ぶので，国政調査権の及ぶ範囲は広い。だが，国政調査権には権力分立と人権保障の観点から限界がある。

まず，**司法権の独立**の原則のため，議院が裁判官の職権行使に重大な影響を与える調査を行うことはできない。そのため，現に裁判所に係属中の事件における裁判官の訴訟指揮の当否を調査したり，判決確定後判決の当否を調査したりすることは許されない。ただし，係属中の事件についても，議院が裁判所の目的とは異なる目的（政治責任の追及，政治倫理の確立など）で並行して調査を行うこと（**並行調査**）は許される。むしろ国民への情報提供（知る権利の保障）の観点から並行調査が要請されよう。

次に，他の行政権とは異なり準司法作用の性質をもつ検察権との関係でも限界がある。検察権との並行調査は原則的に許容されるが，起訴・不起訴に政治的圧力を加えることを目的とする調査，起訴事件に直接関係する調査，捜査の続行に重大な障害を与える調査は許されない（日商岩井事件（東京地判1980（昭55）・7・24【百選Ⅱ－177】）参照）。

さらに，人権保障の観点から，調査は国民の人権を侵害しない方法で行われなければならない。**不利益供述強要の禁止**（38条1項）は国政調査にも妥当する。議院証言法は，証言拒否できる場合（議院証言4条）のほか，証人の補佐人（同1条の4），威圧的な尋問の制限（同5条の6），証言中の撮影制限（同5条の7）等を規定する。ただし撮影制限は国民の知る権利との関係で微妙な問題を含む。

6　国会議員の特権

不逮捕特権

「議員は，法律の定める場合を除いては，国会の会期中逮捕されず，会期前に逮捕された議員は，その議院の要求があれば，会期中これを釈放しなければならない」(50条)。ここにいう「逮捕」とは公権力による身体の拘束のことであり，刑事訴訟法上の逮捕のみならず，勾引，勾留等を含む。議員の逮捕が認められる「法律の定める場合」とは，院外における現行犯罪の場合，議院の許諾がある場合の2つである（国会33条）。前者については不当な逮捕の可能性が少ないためである。

不逮捕特権の目的をどうみるかに関して次のように学説が分かれる。

①**議員の身体的自由保障説**　政府の不当な権力行使による議員の身体拘束を防止することが目的であると説く。この学説では不当な逮捕であるかが逮捕の許諾の基準となる。

②**議院の活動確保説**　議院の正常な活動を確保することが目的であると説く。議院の正常な活動に支障があるかが逮捕の許諾の基準となる。

なお，①を主たる目的，②を派生的目的とみる学説もある。

議院が条件・期限つきで，議員の釈放要求または逮捕許諾（条件・期限つき逮捕許諾）を行うことができるかどうか。この点について学説は否定説と肯定説に分かれる。不逮捕特権の目的に関する①は否定説に，②は肯定説につながる。もっとも，①をとりながら条件付許諾等を肯定する見解もある。これは，議院が逮捕の許諾を全面的に拒否することができる以上，条件・期限つきの許諾も可能であると説く。通説・判例（東京地決1954（昭29）・3・6【百選Ⅱ－174】）は否定説であり，これによれば許諾は無条件でのみ可能となる。

免責特権　「議員は，議院で行った演説，討論又は表決について，院外で責任を問われない」（51条）。この趣旨は，議院における議員の自由な活動を保障し，それにより議院の十分な機能を確保することにある。

免責の範囲は，「議院で行った演説，討論又は表決」であるが，これは国会開会中に限らず議員の職務行為に付随して行う一切の行為をさす。だが暴力行為は範囲外である。また，免責の対象となる責任は，法的責任すなわち民事責任，刑事責任，公務員としての懲戒責任である。これに対して，政治的責任と道義的責任は免責されず，議員が選挙人，所属政党，支持団体等からこうした責任の追及を受けることがある。なお，議院における議員の発言により国民の権利が侵害された場合は，国家賠償責任の可能性がある（最判1997（平9）・9・9【百選Ⅱ－176】）。

歳費受給権　「議員は，法律の定めるところにより，国庫から相当額の歳費を受ける」（49条）。その歳費は一般職の国家公務員の最高給与額を下回らない（国会35条）。

まとめてみよう

国会，衆議院および参議院は各々いかなる権限をもつだろうか。

考えてみよう

特別委員会の設置を参議院に認めないようにする国会法改正案が衆議院議員の提案により衆議院で可決され，次いで参議院では否決されたが，最終的に59条2項に基づき衆議院で可決され成立したとすれば，憲法上問題はないか。

第20章
内　　閣

この章で学ぶこと

教育・福祉・保健衛生・警察等，行政の内容は多種多様にわたっている。そのため，あらためて「行政とは何ですか」と聞かれたら，どう答えるだろうか。立法や司法と違って，答えに困る人が結構多いのではないだろうか。膨大になり重要性が増大している行政，機能が強化された内閣，国会と内閣の関係などについて学ぶことにしよう。

1　内閣の性格と地位

行政権の主体

近代国家においては，「神の見えざる手」に表されるように，経済社会は自律的・調和的に発展すると信じられ，国家の役割は必要最小限の秩序維持に限定されるべきと考えられていた。しかし，経済恐慌，貧富の格差拡大等により，そのような自律的・調和的発展が望めないと明らかになった。**現代国家**では，積極国家観の下，経済政策，福祉，教育等，行政の役割が膨大・多様化し，国民生活における行政の役割が重要となっている（**行政国家現象**）。

大日本帝国憲法では，天皇が「統治権ヲ総攬シ」（同4条），「国務各大臣ハ天皇ヲ輔弼シ其ノ責ニ任ス」（同55条）と規定されていた。そして，内閣については憲法・法律上規定はなく，天皇の官制大権（同10条）に基づく「内閣官制」（勅令）によって定められていた。

日本国憲法は第5章で内閣を憲法上の機関と明記している。内閣は，首長である内閣総理大臣およびその他の国務大臣で構成される合議機関で（66条1

項)，行政権の帰属主体である（65条）。内閣は，組織面で国会に依拠するだけでなく，行政権の行使について国会に対して連帯して責任を負う（66条3項）。

議会と政府の関係

立法権を担う議会と行政権を担う政府の関係は各国によってさまざまである。①議会と政府とを厳格に分離する**大統領制**（アメリカ等），②内閣の存立が議会に依存する**議院内閣制**（イギリス，日本等），③議会に全権力が集中し，政府は議会によって選任され議会の意思に服する**議会統治制**（スイス等）などがある。

大統領制は，アメリカ合衆国における統治類型が典型例である。別々に国民によって選出された議会と政府は，それぞれ独立して立法権，行政権を行使し，政府は法律案提出権も有しない。政府には議会解散権はなく，議会も政府に不信任決議をすることはできない。議院内閣制は，概括的に述べると，政府の存立は議会の信任に基づき，他方，政府は議会の解散権を有することにより，**抑制と均衡**を保つ。

	大統領制	議院内閣制
議会と政府の分離	厳　格	緩やか
協力関係の回復をはかる制度	な　し	あり（議会による内閣不信任決議，内閣による議会解散制度など）
議員との兼職	禁　止	多くの大臣は議員
議会に出席・発言する権利・義務	な　し	あ　り
政府の長	国民により選出	議会により選出

議院内閣制

議院内閣制はイギリスで誕生した制度であるが，イギリスにおいても変遷しており，具体的形態は時代・国により相当異なるため，その本質をめぐって見解が分かれている。**責任本質説**は，議会と行政府が分離していること，および，政府の存立が議会の信任に基づき，政府は議会に対して責任を負うことを本質と考える。**均衡本質説**は，政府が議会の信任に依拠することに加えて，政府と議会が均衡することを重視して，政府が議会の解散権を有することを本質的要素とみる。

日本国憲法では，立法権と行政権はそれぞれ国会と内閣が担当し（41条，65

条），内閣総理大臣は国会議員の中から国会の指名によって選出され（67条1項，6条1項），内閣総理大臣が国務大臣を任命して（その過半数は国会議員），内閣を構成する（68条1項，7条5号）。閣僚の議院への出席・発言を認め（63条），内閣は行政権の行使について国会に連帯責任を負う（66条3項）。そして，衆議院の内閣不信任決議権（69条），内閣の衆議院解散権（69条，7条3号）についても規定している。このように，日本国憲法が議院内閣制を採用していることは明らかである。

衆議院の解散　解散は，任期満了前に全議員の地位を失わせることである。憲法では，衆議院の解散を天皇の国事行為と定めている（7条3号）。しかし，解散について具体的に定めた規定は69条だけで，誰がいかなる場合に解散を決定しうるのか明確に定めた規定は存在しないため，見解が分かれている。

(a)憲法上解散権の実質的所在が明記されていない以上，内閣は69条の場合に限り解散できると解する説がある（69条限定説）。しかし，69条は，内閣が不信任決議された場合に総辞職か解散か選択すべきことを定めた規定であり，解散権の根拠条文ではないと批判されている。

今日では，解散は69条の場合に限定されないという解釈が，一般に支持されている。この69条非限定説は，解散権の憲法上の根拠によって，さらに，(b)7条説，(c)65条説，(d)制度説に分かれる。(b)7条説（通説）は，天皇の国事行為は本来的に形式的行為ではなく，内閣の助言と承認の結果，形式的行為になると解する。これに対して，例えば，内閣総理大臣の任命を内閣が助言・承認するからといって，内閣が実質的決定権をもつわけではないように，国事行為は本来的に形式的行為であるという批判もされている。(c)65条説は，行政の概念について控除説に立ち，解散権は立法でも司法でもないから行政であり，65条により内閣に帰属すると主張する。しかし，控除説の前提である国家作用は国民に対する作用であって，国家機関相互関係の規律である解散権はこれには含まれないという批判もある。(d)制度説は，解散権の実質的根拠を議院内閣制という制度に求める。しかし，内閣に議会の解散権を認めない議院内閣制も存在するため，憲法がどのような議院内閣制を採用したかはこの説では説明できないと批判されている。

実際の運用では，憲法制定当初のみ69条限定説にたち，その後，69条非限定説が定着している。しかし，69条以外の場合にも内閣が解散権を行使できるとしても，無制限に許されるとは考えられていない。解散・総選挙によって民意を問うという解散の民主的機能を重視すれば，内閣の恣意による解散は抑制されなければならない。例えば，同一理由による再度の解散や会期外における解散は否定的に解されており，また，党利党略による解散なども不当である。

2 行　　政

行政権の意義

「行政権は，内閣に属する」(65条)。行政権には，行政機関に帰属する作用を意味する形式的意味の行政権と，作用の性質に着目した実質的意味における行政権とがある。学説は，65条を権力分立原則に基づく権限配分規定ととらえ，実質的意味の行政権と解している。

実質的意味の行政権について，(a)**積極説**と(b)**消極説**（**控除説**）が主張されている。消極説は，すべての国家作用の中から立法と司法を除いた作用を行政と解する（通説)。歴史的にみると，国家作用が立法作用と執行作用に分かれ，さらに執行作用が行政作用と司法作用に分かれた。消極説はこのような沿革に適合しており，また，複雑多様な行政権を包括的にとらえることができるが，重要な行政の定義としては消極に失するという批判がある。そこで，行政権の内容を積極的に定義しようとする見解が主張され，たとえば，「法の下に法の規制を受けながら，現実に国家目的の積極的な実現をめざして行われる全体として統一性をもった継続的な形成的国家活動」という説も有力である。しかし，積極説は行政権の特徴をとらえてはいるが，多様な行政権をすべて包摂してはいない。

最近，以下のような諸説が有力に主張されている。(c)法の支配の観点から，行政権を法律の執行権に限定し，法律で決まった事柄を執行することしかできないと主張する（法律執行説）。この説においては，内閣は法律案の提出等を通して，自らの政策に沿った法律の制定を促すことになる。(d)広義の行政一般を，執政（政策決定・指揮監督），狭義の行政（行政管理），業務（第一線の執行）としてとらえ，65条の行政権は執政権だと主張する説もある（執政権説）。

行政権の帰属　行政権は内閣に属するが，国会が「唯一の立法機関」（41条）であり，「すべて司法権は……裁判所に属する」（76条）（傍点は筆者による）のとは異なり，唯一性も機関の複数を前提とした専属性も想定されていない。内閣は担当するすべての行政作用を自ら行うものではなく，行政各部を指揮監督し，行政全体を総合調整し統括する立場にある。

内閣と行政機関　「行政各部」（72条），「主任の国務大臣」（74条）から，憲法は内閣の下に行政組織の形成を予定していることがわかる。しかし，具体的には規定していないため，法律によって定められると解されている。

従来，国の基本政策の形成は内閣ではなく官僚の主導によってなされ，行政が複雑多様化するにつれ，ますますこの傾向は強くなっていった。つまり，各省庁の担当部局の官僚が政策を立案し，省庁間の調整を経た後，事務次官会議で実質的に決定されるのが通例で，閣議とは形式的なものにすぎなかった。この**官僚政治**を克服するために，従来は，国会の強化，国会主導の政策形成・決定が主張されていた。しかし，今日の有力説は，内閣は単に国会で決定された政策の執行機関ではなく，国会とともに政策を決定する機関であると再確認し，内閣の民主化，機能の強化，内閣総理大臣の指導力の強化を主張している。

1996年以降，内閣中心の行政体制をめざして**行政改革**が進められ，1998年，**中央省庁等改革基本法**が制定された。この法律の基本方針は，内閣の機能強化，内閣総理大臣の指導性の明確化，内閣および内閣総理大臣の補佐・支援体制の強化である。1999年，この基本法に基づいて，内閣府設置法など中央省庁等関連法が制定，内閣法や国家行政組織法等が改正され，また，2001年には省庁再編に関する法律が施行された。改革の主要な特徴は以下のとおりである。①内閣の重要政策に関する基本的な方針の企画・立案と総合調整の点で内閣総理大臣を補佐する体制として，**内閣官房**の強化が図られた。②行政事務の分担管理だけでなく，各省間にわたる企画・立案と総合調整をも任務とする機関として**内閣府**が設置された。③従来の省益中心の縦割り行政の弊害を除去するために**省庁の再編**がなされた。

独立行政委員会

独立行政委員会とは，内閣から独立して職務を執行する合議制の行政機関であり，独立行政作用だけでなく，裁決・審決などの準司法的作用，規則制定などの準立法的作用も有する。独立行政委員会の制度は，戦後の民主化の過程においてアメリカにならって導入され，政治的中立性・公正さおよび専門技術性がとくに必要とされる分野に設置され，重要な役割を果たしている。現在，内閣の補助機関として人事院（国公3条），内閣府に公正取引委員会，国家公安委員会，特定個人情報保護委員会（内閣府設置法64条），その他，公害等調整委員会（総務省），公安審査委員会（法務省），中央労働委員会（厚生労働省），原子力規制委員会（環境省），運輸安全委員会（国土交通省）（行組3条）がある。

独立行政委員会は，内閣の所轄の下に属しながら内閣から独立して活動しているため，65条との関係で議論されてきた。合憲と解する点では学説はほぼ一致しているが，合憲性の根拠をめぐって争いがある。大別すると，(a)65条は例外を認めていないと解する説と，(b)一定の例外を許容すると解する説（通説）に分かれる。a説は，内閣が人事権と予算権を有することを根拠に，行政委員会も内閣の統制下にあるとする。これに対して，人事権と予算権のみで内閣の下にあるといえるなら裁判所も同様という批判が存在する。b説は，65条が76条のように「すべて行政権」と規定されていないこと，とくに政治的中立性や専門的技術的能力が必要とされる行政に限定されていること，内閣の「所轄」とは指揮監督ではなく職務執行の監視という意味であること，内閣から完全に独立しているわけではないことなどを根拠とする。とくに政治的中立性が要求される行政について，例外的に内閣の指揮監督から独立している機関が担当しても，最終的に国会のコントロールが直接及ぶのであれば合憲であると解されよう。

3　内閣の組織

内閣の形成　内閣総理大臣は，国会が指名し天皇が任命する（67条，6条)。総理大臣を指名する必要が生じたときには，他のすべての案件に先だって行わなければならない（67条1項)。ただし，議長の選挙，議席の指定，会期の議決等，院の構成に関する案件は，事の性質上，指名の前に行うことができる。指名は「国会の議決」で行うが，これは国会による総理大臣の選出を意味し，選挙と別に議決が必要とされるわけではない。各議院が記名投票の方法で議決を行い，両院の議決内容が一致すると国会の指名が成立する。①各議院が異なった指名の議決をし，両院協議会を開いても意見が一致しないとき，または，②衆議院の指名の議決後，国会休会中の期間を除いて10日以内に参議院が議決をしないときには，衆議院の議決が国会の議決となる（67条2項)。

内閣の組織　内閣は，首長たる総理大臣およびその他の国務大臣で組織される合議体である（66条1項)。国務大臣の数は14人以内であるが，特別に必要のある場合には17人まで増員できる（内2条2項）（復興庁が廃止されるまでの間，14人は15人，17人は18人。さらに，東京オリンピック競技大会・東京パラリンピック競技大会推進本部が置かれている間は，16人以内，19人まで（同附則)）。

①文　民　　内閣総理大臣および国務大臣は**文民**でなければならない（66条2項)。大日本帝国憲法時代，軍部大臣現役武官制がとられ軍部の台頭を許したため，日本国憲法では**文民統制**（シビリアン・コントロール＝軍人でない大臣に軍事権のコントロールを委ねる）が導入された。

文民の意味をめぐって，学説上，(a)現在職業軍人でない人，(b)職業軍人の経歴のない人，(c)職業軍人の経歴を有し，しかも軍国主義思想の持主である人以外の人，(d)職業軍人の経歴をもたずかつ現在も軍人でない人などが主張されてきた。自衛隊が創設され，合憲・違憲論の問題はあるにせよ，それとは別に文民統制の趣旨を活かす解釈が求められている。現役の自衛官は文民ではないと解されているが，自衛官の経歴をもつ人については見解が分かれている。政府は当初はｂ説的見解を示していたが後にｃ説的見解に変わり，そして自衛隊の存在を前提に自衛官の職にある者を排除する趣旨に解する立場をとっている。

②国会議員　　内閣総理大臣は国会議員であり（67条１項），国務大臣の過半数は国会議員の中から選任されなければならない（68条１項）。内閣が国会の信任に基づくという議院内閣制の趣旨が現れている。内閣総理大臣が国会議員であることは，資格要件であるとともに在職要件でもあると解されている。したがって，内閣総理大臣が，議員辞職・懲罰除名・資格争訟等により国会議員の地位を喪失した場合，当然に内閣総理大臣の地位も失い，内閣は総辞職しなければならない（70条）。ただし，議員の任期満了や衆議院の解散によって議員の地位を失う場合には，他の議員と同様，一般的理由によるものであり，内閣総理大臣の地位は失わない。また，同様に，国務大臣の過半数が国会議員であることは，内閣の構成要件であって，内閣の成立要件であるとともに存続要件とも解されている。したがって，この要件を欠くに至った場合には，内閣総理大臣は，国務大臣の任免権（68条）によってこの要件を満たすよう義務づけられている。

内閣総理大臣の地位と権限　大日本帝国憲法下では，内閣総理大臣は他の国務大臣と対等の地位にあり，「**同輩中の首席**」にすぎなかった。しかし，日本国憲法では，内閣総理大臣は「**内閣の首長**」（66条１項）として内閣を組織・運営・代表する（コラム⑬参照）。内閣の一体性・統一性，**国会に対する連帯責任**の確保を図るために，内閣総理大臣の地位と権限が強化された。

①国務大臣の任免権（68条）　　国務大臣を任命し，任意に罷免することもできる。これは，内閣総理大臣の専権に属し閣議にかける必要はない。また，**各省大臣**は国務大臣の中から総理大臣が任命する（行組５条２項）。国務大臣の任命と各省大臣の任命とは法的には別の権限であるが，実際には同時に行われる。この権限と②の権限は，首長としての優越性を裏づけるものである。

②国務大臣の訴追に対する同意（75条）　　国務大臣は，在任中，総理大臣

コラム⑬　首相公選論と国民内閣制

国会による指名にかえて，国民が内閣総理大臣を直接選挙する首相公選論が主張されているが，導入するためには憲法改正が必要となる。実質，大統領制と変わらない大統領型や，議院による内閣不信任と内閣による議院解散といった議院内閣制を基礎に首相の公選を導入する議院内閣制型などが主張されている。しかし，国会の多数派政党と首相の所属政党が異なる場合，議会制民主主義の特徴が失われることになり，内閣の政治的主導の強化はそれほど望めないことになる。

国民内閣制も，内閣の主導権の強化をめざすものであるが，議院内閣制の運用形態であり憲法改正は必要ではない。二大政党（たとえば，イギリスの保守党と労働党）の政権交代が実現するところにおいては，均衡型議院内閣制は，あたかも，国民が首相を選出し内閣を不信任する権利を有するかのように機能する。これを国民内閣制といい，内閣が国民の統制を受けるとともに，統治における強い主導権を握ることが期待される。

の同意がなければ訴追されない。国務大臣ひいては内閣の職務遂行の阻害を防止するためである。したがって，支配的学説は，「訴追」は公訴の提起だけでなく，逮捕・勾留など職務遂行を阻害するような処分を含むと解する。しかし，「これがため，訴追の権利は，害されない」により，公訴時効は停止すると解されている。

ところで，本条の国務大臣の中に内閣総理大臣が含まれるだろうか。従来の通説は，総理大臣は在任中訴追されない，あるいは，自ら同意することはないから結局訴追は認められないと解していた。しかし，身の潔白を証明するために自ら同意することが，まったくないとは言い切れないであろう。

③内閣の代表（72条）　内閣を代表して，議案（法律案，予算案など）を国会に提出し，一般国務および外交関係について国会に報告し，行政各部を指揮監督する。内閣を代表して行うため，内閣の意思から離れて行使することはできず，「閣議にかけて決定した方針に基いて」行政各部を指揮監督する（内6条）。ロッキード事件（**重要判例50**）において，この指揮監督権が問題となった。

④法律・政令の署名および連署（74条）　内閣の法律執行責任と政令制定・執行責任を明確化するために，主任の大臣として署名し，主任の国務大臣とともに連署する。

⑤その他の権能　　議案について発言するために議院に出席する（63条）。内閣の運営に関して，閣議の主宰（内4条2項），内閣の重要政策に関する基本的な方針その他の案件の発議（4条2項後段），主任大臣間における権限疑義の裁定（同7条），行政各部の処分・命令の中止（同8条）などを行う権限を有する。他にも，防衛・治安維持のための自衛隊出動命令（自76条，78条），緊急事態の布告・統制等（警71条～74条），裁判所による行政処分の執行停止に対する異議申立て（行訴27条）などの権限がある。

重要判例50　ロッキード丸紅ルート事件（最大判1995（平7）・2・22【百選Ⅱ－180】）

総理大臣田中角栄は，ロッキード社の意向を受けた販売代理店丸紅社長の請託を受け，運輸大臣に対して全日空にロ社の航空機の選定購入を勧奨するように働きかけ，贈収賄罪等で起訴された。争点の1つとして，総理大臣の職務権限の範囲が挙げられる（田中は最高裁で審理中に死亡）。最高裁は，運輸大臣の航空会社に対する勧奨は，行政指導として運輸大臣の職務権限に属すると認めた上で，内閣総理大臣は「内閣を統率し，行政各部を統括調整する地位」にあるとしたうえ，「少なくとも，内閣の明示の意思に反しない限り，行政各部に対し，随時，その所掌事務について一定の方向で処理するよう指導，助言等の支持を与える権限を有する」から，運輸大臣に対する働きかけは，「内閣総理大臣の指示として，その職務権限に属する」とした。

国務大臣の地位と権限

国務大臣は内閣総理大臣によって任命され，天皇によって認証される（68条，7条5号）。内閣の構成員として内閣の運営に参加し，議案について発言するために議院に出席する（63条）。主任の大臣となったときは，担当の行政事務を分担管理し（行組5条1項，内3条1項），主任大臣として法律および政令に署名する（行政事務を分担管理しない無任所大臣もありうる（内3条2項））。閣議に列席し（内4条1項），案件の如何を問わず，内閣総理大臣に提出して閣議を求めることができる（同3項）。

内閣の総辞職

内閣の総辞職とは，内閣の全構成員が同時に辞職することである。通説は，憲法が規定する必要的総辞職のほかに，内閣の自立性から任意的総辞職を認める。憲法は，必要的総辞職として，①衆議院で不信任の決議案を可決し，又は信任の決議案を否決した後10日以内に，衆議院の解散がなされなかったとき，②内閣総理大臣が欠けたとき，③衆議院議員総選挙後にはじめて国会が召集されたときを定めている（69条，70条）。「欠けたとき」とは，死亡，国会議員の資格を喪失した場合，辞職した場合などが含まれる。総辞職した内閣は，新たな総理大臣の任命まで必要的事務の遂行を行う（71条）。なお，病気等で総理大臣の職務を行うことができない場合は，「内閣総理大臣に事故のあるとき」に該当し，内閣総理大臣があらかじめ指定した国務大臣（内閣総理大臣臨時代理）が内閣総理大臣の職務を行う（内9条）。

4　内閣の権能と責任

（1）　内閣の権能

73条列挙の権限

内閣は，行政権の中枢として，行政事務を自ら行うか行政各部を指揮監督して事務をさせる。内閣の処理する行政事務として，憲法は一般行政事務のほか7つの事項を列挙している（73条）。「行政権」について控除説をとれば（本書221頁），73条は65条の例示にすぎないことになる。しかし，法律執行説をとれば，「法律の誠実な執行」（1号）のみが固有の意味の行政権であり，他の権限は同条によって内閣に付与された権限ということになる。

①法律の誠実な執行と国務の総理　　法律の執行は，実質的意味の行政であり，内閣の中心的職務である。「誠実に執行」とは，たとえ内閣がある法律を違憲と考えたとしても，国会の判断に拘束され執行すべきという趣旨である。では，裁判所で違憲と判断された場合に，内閣は執行義務を免除されるであろうか。伝統的通説は，違憲判決の効力に関して個別的効力説をとり，執行を拒否できないと解した。しかし，個別的効力説に立った場合でも，内閣は執行義務をいったん免除され，国会および裁判所の判断を勘案して内閣が判断できる

と解する説が多数説となっている。

「**国務の総理**」の意味についても見解が分かれている。通説は，最高の行政機関として，行政事務を統括し行政各部を指揮監督すると主張する。しかし，国務とは行政事務だけでなく立法・司法も含む概念であり，国会や裁判所による行使が支障なく行われるように，調整的な配慮をすると解する説も有力に主張されている。

②外交関係の処理　　外交使節の任免，全権委任状，大使および公使の信任状，批准書その他の外交文書の発行（認証は天皇の国事行為（7条5号，8号））など，外交関係に関する事務を行う。

③条約の締結　　条約の締結も外交関係の処理に含まれるが，その重要性ゆえに別に規定された。

④官吏に関する事務の掌理　　一般に，「**官吏**」とは国家の公務に従事する公務員（国家公務員）を意味するが，本号の官吏の意味をめぐって見解が分かれている。国会議員や裁判官以外の国会や裁判所の職員等を含むと解する説もある。しかし，権力分立の趣旨にかんがみれば，内閣の権能に属する事務を行う公務員と解するのが妥当といえよう。また，地方自治との関連で地方公務員は含まれない。「掌理」の意味については，官吏の意味の解釈と関係する。官吏をａ説のように内閣の指揮監督下にある公務員に限定すれば，掌理は任免権・人事権も含め指揮監督するという意味になるが，官吏の範囲を広げれば，円滑な事務処理の調整的配慮ぐらいの意味になる。なお，「法律の定める基準」を受けて**国家公務員法**が制定された。

⑤予算の作成・提出　　予算作成は内閣の権限であるが，国会の議決がなければ執行できない（86条，83条）。

⑥政令の制定　　行政機関の制定する法形式を**命令**というが，**政令**は内閣が制定する命令であり，命令の中で最高の形式的効力を有する。政令には主任の国務大臣の署名と内閣総理大臣の連署が必要であり（74条），天皇がこれを公布する（7条1号）。

内閣は「この憲法及び法律の規定を実施するために，政令を制定する」。憲法および法律執行の細則を定める執行命令は認められ，法律の存在を前提としない独立命令や法律と同等の形式的効力を有する代行命令は許されない。なお，「憲法及び法律」は一体として読むべきであり，憲法を直接執行する政令は認められないと解するのが通説である。

また，「政令には，特にその法律の委任がある場合を除いては，罰則を設けることができない」（6号但書）から，法律の授権に基づいて制定される**委任命令**が認められると解されている。ただし，事実上，立法権を放棄するような一般的包括的な白紙委任は許されない。立法の委任を受けた機関が，他に委任（再委任）することが許されるかについては，否定説と条件付き肯定説が主張されているが，最高裁は委任事項の一部を再委任しても，法律の「委任の趣旨に反しない」とした（最大判1958（昭33）・7・9【百選Ⅱ－A10】）。

⑦恩赦の決定　　有罪宣告の失効や公訴権の消滅，減刑もしくは刑の執行の免除，有罪宣告により停止された資格の回復を総称して**恩赦**という。内閣が行い，天皇が認証する（7条6号）。立法権の定めた法律に基づく司法権の決定に影響を与えるものであるから，権力分立制の例外である。それゆえ，合理的理由に基づくことが強く求められる。

その他の権限　天皇の国事行為は，内閣の助言と承認に基づいて行われる（3条，7条）。国会との関係では，臨時会の召集（53条），参議院の緊急集会の請求（54条2項），国会への議案提出，一般国務・外交関係についての報告（72条），衆議院の解散の決定（69条，7条）などがある。財政関係では，予備費の支出（87条），収入支出の決算の国会への提出（90条），国会および国民に対する財政状況報告（91条）がある。また，裁判所との関係では，最高裁判所長官の指名（6条2項），長官以外の最高裁判所裁判官の任命（79条1項），下級裁判所裁判官の任命（80条1項）が定められている。

権限行使の方法　内閣は合議体であり，その権限行使も合議すなわち**閣議**による（内4条1項）。閣議は内閣総理大臣が主宰し，国務大臣は閣議を請求できる（同2項）。閣議には，**定例閣議**，**臨時閣議**，**持回り閣議**がある。閣議の議事に関しては法律による規定はない。慣例によると，閣議は高度に政治的判断を行う場であるから議事は秘密とされる。また，内閣は連帯責任を負い，総理大臣に国務大臣の任免権が与えられていることから，その決定は全員一致で行われるとされてきた。しかし，内閣は連帯責任を負うので，外部的には多数意見に反対の大臣も責任を負うことは当然であり，また，議事は秘密で行われるため反対の大臣がいたかどうかさえわからない。閣議決定は要式行為ではない。決定を文書にして大臣が署名捺印するのを慣例とするが，それが欠如しても決定の効力が失われるわけではない。

（2） 内閣の責任

「内閣は，行政権の行使について，国会に対して連帯して責任を負う」(66条3項)。議院内閣制の本質的要素の１つである。この責任は法的責任ではなく政治責任である。責任の対象は形式的意味の行政権であると解されるため，内閣はすべての権限行使に関して政治問題一般が追及されることになる。責任追及は，衆議院での内閣不信任決議だけでなく，質疑・質問，国政調査（62条）などによってもなされる。「国会に対し」「連帯して」責任を負うが，各院に対して責任を負うことも，また，各大臣が個別に責任を負うことも可能である。

まとめてみよう

内閣・内閣総理大臣・国務大臣，それぞれの権限についてまとめてみよう。

考えてみよう

内閣提出法案が，衆議院で可決されたが参議院で否決された場合に，内閣が民意を問うという理由で，衆議院を解散したとする（参考：2005年「郵政解散」)。この解散権の行使は正当化されるか。

第21章
司法権と裁判所

この章で学ぶこと

国会，内閣と概観してきたところで，権力分立の各部門の最後として，裁判所について考えてみよう。司法制度改革など，最近の裁判所をめぐる動きは，目をみはるものがある。ここでは，こうした動きにも注意しながら，憲法が定める司法権と裁判所のすがたを理解しておこう。

1　司法権の概念

「司法権」とは

憲法76条1項は，「すべて司法権は，最高裁判所及び法律の定めるところにより設置する下級裁判所に属する」，と定める。大日本帝国憲法（明治憲法）は，「司法権ハ天皇ノ名ニ於テ法律ニ依リ裁判所之ヲ行フ」（57条1項）と定め，司法権は，「統治権ヲ総攬」（4条）する天皇に属するとされていたが（4条，57条），日本国憲法は，司法権を裁判所に属させることとした。

ところで，そもそも「**司法**」とは何だろうか。「司法」とは，一般に，具体的な争訟事件について，法を適用し，宣言することによって，これを解決する作用のことをいうものとされる（「**争訟**」とは，広義では，訴えを起こして争うこと，狭義には，法律上の権利義務や法律関係の存否・形成に関して対立する当事者間の具体的な争いで，その争いに対し公の裁断を下す手続をさす）。通説は，「司法」について，当事者間に，具体的事件に関する紛争がある場合において，当事者からの争訟の提起を前提として，独立の裁判所が統治権に基づき，一定の争訟手続によって，紛争解決のために，何が法であるかの判断をなし，正しい法の適用を保障する作用，と考えている。ただし，最近では，司法をその法的性格の観点から把握して，「適法な提訴を待って，法律の解釈・適用に関する争いを，適切な手続の下に，終局的に裁定する作用」と定義して，のちに述べる事件性の要件を司法権の概念要素から外そうとする見解も出されている。

司法権の範囲

明治憲法下では，**民事裁判**と**刑事裁判**だけが司法裁判所に属するものとし，**行政事件の裁判**は行政裁判所の所管とされた（61条）。これに対して日本国憲法では，行政事件の裁判も含めて一切のの裁判作用を「司法権」とし，先述のように，これを裁判所に属させるものとした。

事件・争訟性の要件

司法権の定義について，「具体的な争訟」の存在ということにふれたが，これは，**事件・争訟性の要件**ともいわれている。裁判所法３条１項は，「裁判所は，日本国憲法に特別の定のある場合を除いて一切の法律上の争訟を裁判し，その他法律において特に定める権限を有する」と定めるが，一般には，ここにいう「**法律上の争訟**」と，司法権の概念についていわれる具体的事件・争訟性の要件とは同じ意味をもつもの，と説明される。

この具体的事件性の要件＝「法律上の争訟」の要件とはいかなるものなのか。最高裁は，これを，「法令を適用することによつて解決し得べき権利義務に関する当事者間の紛争をいう」ものと解している（最判1954（昭29）・２・11民集８巻２号419頁）。この説明を分解すると，①当事者間の具体的な権利義務ないし法律関係の存否に関する紛争であって，かつ，②それが法令を適用することにより終局的に解決することができるもの，に限定される，ということになる。逆にいうと，この２つの要件を満たさないものは，裁判所としても司法権を発動できない（裁判所として仕事ができない），ということになる。

具体的事件性の欠如(法令の解釈・効力についての抽象的な争い)

まず，そもそも具体的な権利侵害がないなど，具体的事件性が欠けているにもかかわらず，抽象的に法令の解釈又は効力について争うことは，具体的事件性がないために「法律上の争訟」にはあたらない，とされる。たとえば，自衛隊の前身であった警察予備隊について，昭和26年度予算措置に基づき政府が警察予備隊の名の下に警察と称して軍備（戦力）を保持することは，憲法9条2項に違反するとして，警察予備隊の設置・維持の無効確認を求めるという訴えがなされたが，最高裁は，「わが現行の制度の下においては，特定の者の具体的な法律関係につき紛争の存する場合においてのみ裁判所にその判断を求めることができるのであり，裁判所がかような具体的事件を離れて抽象的に法律命令等の合憲性を判断する権限を有するとの見解には，憲法上及び法令上何等の根拠も存しない」として，訴えを却下した（**重要判例53**）。

客観訴訟　もっとも，法律で，具体的事件性を前提とせずに訴えることができる制度を用意している場合がある。たとえば，行政事件訴訟法は，「国又は公共団体の機関の法規に適合しない行為の是正を求める訴訟で，選挙人たる資格その他自己の法律上の利益にかかわらない資格で提起するもの」である「民衆訴訟」（行訴5条）や，「国又は公共団体の機関相互間における権限の存否又はその行為に関する紛争についての訴訟」である「機関訴訟」（同6条）を定めている。前者の例として，地方自治法上の住民訴訟（自治242条の2。政教分離原則違反を争う訴訟でしばしば利用される）や，公職選挙法上の選挙の効力に関する訴訟（公選203条以下）がある。これらは，個別の法主体に属する権利義務関係を目的とする通常の訴訟とは異なり，法規の適用の適正を保障し，一般公共の利益を保護するために特別に認められる訴訟とされ，**「客観訴訟」**といわれる。

客観訴訟とは，たとえば，地方自治体が護国神社に玉串料を支出することは，直接個々の住民の権利を侵害したり新たに義務を課す行為とはいえない（しかし違法な公金支出として住民訴訟で争うことができる）ように，実は具体的事件性が欠けているものでもある。学説は，このように「法律上の争訟」が前提とする具体的事件性の要件が欠けるものであっても，裁判所法3条1項にいう「その他法律において特に定める権限」として，裁判所による審査権が付与されたもの，と解してきた。最近では，客観訴訟であっても，具体的な国の行為を争う点では抽象的な審査ではなく，国の行為と提訴権者の権利・利益の侵害との間に一定の関係があると考えることもできるとして，司法権の作用に含めようとするなど，その位置づけについては学説上もさまざまな議論が展開されている。

事実の存否・個人の主観的意見の当否・学問芸術上の論争等　たとえば国家試験の合否判定などは，学問や技術上の知識・能力の優劣・当否の判断を内容とする行為でもあるため，試験機関の最終的判断に委ねられ，司法権の対象にならないとされる。判例では，技術士国家試験の合否判定について，法律上の争訟とは，「法令を適用することによって解決し得べき権利義務に関する当事者間の紛争をいう」ものとの趣旨を確認した上で，「法令の適用によつて解決するに適さない単なる政治的または経済的問題や技術上または学術上に関する争は，裁判所の裁判を受けうべき事柄ではないのである」として訴えを棄却したものがある(最判1966(昭41)・2・8民集20巻2号196頁)。

宗教上の教義等にかかわる訴え　純然たる信仰の対象の価値や宗教上の教義に関する判断自体を求める訴えも，「法律上の争訟」ではない，とされる。これは，法令の適用によって解決しうるものではないことによる。

重要判例51　**創価学会「板まんだら」事件**（最判1981（昭56）・4・7【百選Ⅱ－190】）

創価学会が正本堂建立の建設費用にあてるため寄付金を会員から募集したところ，創価学会の元会員（信者）らが，そこに安置された本尊のいわゆる「板まんだら」は，日蓮正宗において「日蓮が弘安2年10月12日に建立した本尊」と定められた本尊ではないなどとして，納めた寄付金には要素の錯誤（民95条）があったなどとして寄付金について不当利得の返還請求をした事件。最高裁は，「板まんだら」が本尊として真であるかどうかについては，「……信仰の対象についての宗教上の価値に関する判断が」必要であって，「……ことがらの性質上，法令を適用することによつては解決することのできない問題である」とし，「本件訴訟は，具体的な権利義務ないし法律関係に関する紛争の形式をとつており，その結果信仰の対象の価値又は宗教上の教義に関する判断は請求の当否を決するについての前提問題であるにとどまるものとされてはいるが，本件訴訟の帰すうを左右する必要不可欠のものと認められ，……結局本件訴訟は，その実質において法令の適用による終局的な解決の不可能なものであつて，裁判所法3条にいう法律上の争訟にあたらないものといわなければならない」として，「法律上の争訟」にあたると解した控訴審判決を破棄した。

2　司法審査の限界

このように，日本国憲法における司法権は，具体的な事件・争訟を中核として，裁判所は，一切の法律上の争訟を裁判することとなっている。しかしながら，そこには，法律上の争訟ではあるが，事柄の性質上裁判所の審査には適しないと認められるもののように，司法審査について一定の限界があるといわれている。憲法が明示的に司法審査の例外を規定するものには，議員の資格争訟の裁判（55条）や裁判官の弾劾裁判（64条）といったものがあるが，国際法上の治外法権や条約による裁判権の制限のように，国際法によって認められたものもある。これ以外については，いかなる限界がありうるのか。

自律権に属する行為

まず，憲法が，各国家機関の自律的な組織運営を認めている場合には，これらの機関の内部運営についての争いは，司法審査の対象とされない，といわれる（ここでいう自律権とは，懲罰や議事手続など，国会又は各議院など政治部門の内部事項について，自主的に決定できる権能をいうとされる）。最高裁は，昭和29年法律第162号の警察法の無効が争われた事件において，この警察法を議決した参議院の議決は無効であるとする主張に対して，「同法は同院において議決を経たものとされ適法な手続によつて公布されている以上，裁判所は両院の自主性を尊重すべく同法制定の議事手続に関する所論のような事実を審理してその有効無効を判断すべきでない」，とした（最大判1962（昭37）・3・7【百選Ⅱ－186】）。

自由裁量行為

政治部門の自由裁量に委ねられていると解される行為については，当不当が問題となるにとどまり，裁量権を著しく逸脱するか濫用するかしたときにのみ，裁判所の統制が及ぶと解されている。

経済政策立法や生存権にかかわる法律の合憲性について，最高裁は，しばしば立法裁量論を展開することがある（たとえばサラリーマン税金訴訟（最大判1985(昭60)・3・27【百選Ⅰ－32】)，**重要判例40**）。これらについては，権利や自由の性質上の相違により，裁量が広い場合と狭い場合に分けて具体的に考えるべきである，との指摘もなされる。

統治行為論　司法審査の限界という問題を根本的に提起したのは，**統治行為論**をめぐる論点である。統治行為論とは，国家機関の行為のうち，きわめて**高度の政治性**を有する行為については，裁判所の司法審査の対象とならないとする考え方である。

重要判例52　**砂川事件**（最大判1959（昭34）・12・16【百選Ⅱ－169】（**重要判例3**も参照））

日本国とアメリカ合衆国との間の安全保障条約第3条に基づく行政協定の実施等にともない，東京調達局が，アメリカ合衆国空軍の使用する東京都北多摩郡砂川町（当時）の立川飛行場内の民有地の測量を開始したところ，これに反対する者の一部が，滑走路付近の境界柵を破壊し，アメリカ空軍が使用する区域で入ることが禁じられた立川飛行場内に立入ったため，「日本国とアメリカ合衆国との間の安全保障条約第3条に基づく行政協定に伴う刑事特別法」（刑事特別法）により起訴された。ここでは刑事特別法の合憲性，ひいてはアメリカ軍が駐留することが憲法9条2項に反するかが争点となった（第1審判決は合衆国軍隊の駐留が9条2項違反であるとした）。

最高裁は，刑事特別法の根拠となる安全保障条約の内容が憲法に適合するか否かについては，「本件安全保障条約は，前述のごとく，主権国としてのわが国の存立の基礎に極めて重大な関係をもつ高度の政治性を有するものというべきであつて，その内容が違憲なりや否やの法的判断は，その条約を締結した内閣およびこれを承認した国会の高度の政治的ないし自由裁量的判断と表裏をなす点がすくなくない。それ故，右違憲なりや否やの法的判断は，純司法的機能をその使命とする司法裁判所の審査には，原則としてなじまない性質のものであり，従つて，一見極めて明白に違憲無効であると認められない限りは，裁判所の司法審査権の範囲外のもの」であって，第一次的には，条約締結権をもつ内閣と，その承認権をもつ国会の判断に従い，終局的には国民の政治的批判に委ねられるべきものであると解するのが相当である，とした。

重要判例52は，一見きわめて明白な場合には司法審査は可能であるとの含みをもっていたが，衆議院の解散の効力が争われた事件（**苫米地事件**（最大判1960（昭35）・6・8【百選Ⅱ－196】））では，「直接国家統治の基本に関する高度に政治性のある国家行為のごときはたとえそれが法律上の争訟となり，これに対する有効無効の判断が法律上可能である場合であつても，かかる国家行為は裁判所の審査権の外にあり，その判断は主権者たる国民に対して政治的責任を負うところの政府，国会等の政治部門の判断に委され，最終的には国民の政治判断に委ねられているものと解すべきである」，として，統治行為論を是認した（**重要判例52**にみられたような「一見極めて明白に」，といった留保は付されなかった）。

統治行為論の論拠

このように，統治行為論というものが認められるとしても，それを認める論拠と範囲はいかなるものかが問題となる。

学説では，論拠として①裁判所の自制の結果である，すなわち，統治行為に対して司法審査を及ぼすことで生じる混乱を回避するために，裁判所が自制すべきである，とする**自制説**と，②裁判所は本来その審査権をもたない，すなわち，高度の政治性を帯びた行為は，政治的に無責任である裁判所の審査の範囲外にあり，その当否は国会・内閣に委ねられている，とする**内在的制約説**とがある。最高裁は，「三権分立の原理に由来し，当該国家行為の高度の政治性，裁判所の司法機関としての性格，裁判に必然的に随伴する手続上の制約等にかんがみ，特定の明文による規定はないけれども，司法権の憲法上の本質に内在する制約と理解すべきものである」，としているが（前述の苫米地事件），事案のすべてが①・②のどちらか一方と一律に考えるのは適当ではなく，事案に応じて併存すると考えるべきである，ともいわれる。

次に，統治行為論の射程・範囲が問題となるが，学説では次の点が指摘されている。①統治行為は明文上の根拠もなく，内容も不明確であるから，機関の自律権や自由裁量で説明しうるものについては除外すること，②統治行為の根拠が民主政の理論にある以上，基本的人権，とくに精神的自由権に関する事件には適用すべきでないこと，③その他，権利保護の必要性や裁判の結果生じる事態等も踏まえ，事件ごとに対応すべきこと。

団体の内部事項に関する行為　地方議会や，大学，政党などといった，さまざまな団体の内部紛争について，司法審査が及ぶか否かも問題となる。法律上の争訟であっても，純粋に団体内部の事項については，各団体の自治を尊重して，司法審査を控える場合がありうる。この点で，「一般市民社会にあつてこれとは別個に自律的な法規範を有する特殊な部分社会における法律上の係争のごときは，それが一般市民法秩序と直接の関係を有しない内部的な問題にとどまる限り，その自主的・自律的な解決に委ねるのを適当とし，裁判所の司法審査の対象にはならない」ものとする，**「部分社会」論**がいわれることがある（最判1977（昭52）・3・15【百選Ⅱ－188】）。しかし学説は，こうした考え方には批判的で，各団体の目的・性質・機能や，自律性・自主性を支える憲法上の論拠はそれぞれ異なるので，それに即しながら，かつ争われている権利の性質などを考慮した個別具体的な検討が必要とされている。

①**地方議会**　地方議会議員に対する３日間出席停止の懲罰議決が争われた事件では，最高裁は，「自律的な法規範をもつ社会ないしは団体に在つては，当該規範の実現を内部規律の問題として自治的措置に任せ，必ずしも，裁判にまつを適当としないものがあ」り，「本件における出席停止の如き懲罰はまさにそれに該当するものと解するを相当とする」とした（最大判1960（昭35）・10・19【百選Ⅱ－187】）。ただし，カッコ書きで，議員の除名処分を司法審査の対象とした先例（最大判1960（昭35）・3・9民集14巻3号355頁）にふれ，議員除名処分は議員の身分喪失に関する重大事項で，単なる内部規律の問題にとどまらない点で，議員の出席停止のような議員の権利行使の一時的制限にすぎないものとは異なるとして，出席停止懲罰と除名処分とについて，司法審査の可能性を区別した。

②**大　学**　次に，国立大学の単位不認定が争われた事件で，最高裁は，大学における授業科目の単位授与（認定）行為は，一般市民法秩序と直接の関係を有するものであることを肯認するに足りる特段の事情のない限り，大学の自

立的判断に委ねられ，司法審査の対象とならないとした（前述・最判1977（昭52）・3・15）。しかし修了認定については，「国公立の大学において右のように大学が専攻科修了の認定をしないことは，実質的にみて，一般市民としての学生の国公立大学の利用を拒否することにほかならないものというべく，その意味において，学生が一般市民として有する公の施設を利用する権利を侵害するものであると解するのが，相当である。されば，本件専攻科修了の認定，不認定に関する争いは司法審査の対象になるもの」である，とした（最判1977（昭52）・3・15民集31巻2号280頁）。単位認定は原則として一般市民法秩序とかかわりはないが，修了認定はかかわりがある，としたことになる。

③**政　党**　政党についても，その自律性が尊重されることがある。最高裁は，参議院（比例代表選出）議員の選挙後に，名簿届出政党等から当選人とならなかった次順位の名簿登載者の除名届がされた後欠員が生じ，後順位の名簿登載者が繰上補充による当選人と決定された場合に，この除名が不存在または無効であることと後順位の名簿登載者の当選無効について争われた，**日本新党事件**（最判1995（平7）・5・25【百選Ⅱ－160】）において，「政党等の政治結社は，……政党等に対しては，高度の自主性と自律性を与えて自主的に組織運営をすることのできる自由を保障しなければならないのであって，このような政党等の結社としての自主性にかんがみると，政党等が組織内の自律的運営として党員等に対してした除名その他の処分の当否については，原則として政党等による自律的な解決にゆだねられているものと解される」，とした。

3　裁判所の組織と権能

司法権についての解釈をめぐる論点をおおよそ理解できたところで，続いて，裁判所の組織や権能についてみておこう。

裁判所の組織

司法権は，「最高裁判所及び法律の定めるところにより設置する下級裁判所」に属する（76条1項）。このように憲法は，司法権の担い手である裁判所として，「**最高裁判所**」と，「法律で定めるところにより設置する下級裁判所」とを予定するが，裁判所法では，「**下級裁判所**」を高等裁判所・地方裁判所・家庭裁判所・簡易裁判所としている（裁2条1項）。基本的に，事件は，地裁，高裁，最高裁の順に上訴される（3審制）。

最高裁判所の構成と権限　ここではとくに，最高裁判所の構成と権限についてみておこう。まず構成として，最高裁判所は，最高裁判所長官1名および最高裁判所判事14名で構成される（79条1項，裁5条1項・3項）。また，最高裁は，大法廷（15名全員の合議体）または小法廷（5名の裁判官の合議体）で審理・裁判するが，法令等の憲法適合性の判断や判例の変更など，一定の場合には，大法廷で裁判しなければならない（裁9条，10条）。権限としては，上告および訴訟法で定める抗告についての一般裁判権（裁7条），法令の憲法適合性審査権（81条），規則制定権（77条）などがある。

特別裁判所の禁止　また，憲法は，すべて司法権がこれらの裁判所に帰属するとの関係上，特別裁判所の設置を禁止する（76条2項）。ここにいう**特別裁判所**とは，戦前の**軍法会議**（旧陸海軍における特別刑事裁判所で，現役軍人の刑事事件のほか，一部の非軍人の刑事事件についても審判した。昭和21年勅令278号で廃止）のように，特定の地域・身分・事件等に関して，通常の裁判所の系列から独立した権限をもつ裁判機関をいうとされる。この点で，**行政機関による審判**が問題となるが，憲法76条2項は，行政機関が終審として裁判を行うことを禁止する。この規定を裏からみて，終審でなければ（つまり前審として）行政機関が裁判をしてもよい，と考えられている（「審判」とは，一般的には，国の行政機関が準司法的手続によって法令を適用する作用をいう）。国家公務員法上の，国家公務員の意に反する降給等の処分に関する人事院の審査（国公90条以下）などがこれにあたる。

この点と関連して，いわゆる実質的証拠の法則の問題がある。たとえば，電波法によれば，同法に基づく総務大臣の処分に対する異議申立てについて，総務大臣は，電波監理審議会の議決に基づき決定を行うこととされているが，この決定に不服がある者は，裁判所（東京高等裁判所）に，取消しの訴えを提起することができる（電波法83条以下）。この訴えについて，「電波監理審議会が適法に認定した事実は，これを立証する実質的な証拠があるときは，裁判所を拘束する」，とされている（同99条1項）。もし行政機関の事実認定が無条件に裁判所を拘束するとすれば，司法権をすべて裁判所に委ねた憲法の趣旨に反するおそれもある。もっとも，実質的証拠の有無は裁判所が判断するものとされている（同2項。なお，実質的証拠法則を定める例としてよく引用された独占禁止法の規定は，公正取引委員会が行う審判制度の廃止に伴い廃止された（平成25年法律第100号））。

下級裁判所の裁判官　下級裁判所裁判官は，最高裁の指名した者の名簿に基づき，内閣が任命することとされ，任期を10年とし，再任されることができる（80条1項）。裁判官の任期が10年で再任されることができることの意味について，有力説は，再任が原則であるとしても，裁判官の弾劾事由（「職務上の義務に著しく違反し，又は職務を甚だしく怠つたとき」，「その他の職務の内外を問わず，裁判官としての威信を著しく失うべき非行があつたとき」裁判官弾劾法2条）等の場合のほか，成績不良など不適格者であることが客観的に明白である場合にのみ，再任を拒否できると解すべきである，としている。しかし最高裁は，任命権者の裁量に委ねられている，と解しているようである。

最高裁判所裁判官の国民審査　最高裁判所裁判官については，任命後はじめて行われる衆議院議員総選挙の際と，その後10年を経過した後はじめて行われる衆議院議員総選挙の際さらに審査に付されるという，国民審査制度が設けられている（79条2項）。これは，最高裁判所の地位と権能の重要性にかんがみ，アメリカの州で行われていた制度にならって導入され，裁判官の選任に対して民主的コントロールを及ぼすことを目的としているものといわれている。この審査の性質について，通説は，**リコール制**（**解職制**）と解している（「リコール」とは，国または地方公共団体の公職の地位にある者を，任期終了前に，国民または住民の発意によって罷免，解職する制度）。最高裁も，この国民審査の制度は実質において「解職の制度」であるとした上で，罷免すべき裁判官にだけ × 印をつけ，それ以外の裁判官には何も記さないで投票するしくみ（最高裁判所裁判官国民審査法15条1項）についても，積極的に罷免を可とする者が多数であるか否かを知ろうとするものであって，解職制度の精神に沿うものとしている（最大判1952（昭27）・2・20【百選Ⅱ－184】)。しかし，国民審査制度については，実効性が極めて薄いといった指摘もある。

最高裁判所規則制定権　「最高裁判所は，訴訟に関する手続，弁護士，裁判所の内部規律及び司法事務処理に関する事項について，規則を定める権限を有する」（77条1項)。「訴訟に関する手続」とは，広い意味では裁判所の組織・構成・管轄権などを含むものとされ，「弁護士に関する事項」とは，弁護士に関する一切の事項であり，そして，「裁判所の内部規律及び司法手続事務処理に関する事項」とは，まさに裁判所の内部規律等にかかわる事項といわれる。これらの規則事項は，同時に法律でも定めることができるとされているが，裁判所の自律権に直截にかかわる内部事項については，規則によってのみ定めることができる，と解する有力説がある。問題となるのは，刑事手続について，憲法31条が法律で定めることを要求しているのに規則で定めることができるか，という点があるが，有力説は，憲法が，規則事項についてなんら留保もつけていない点などから，法律事項についても，法律で規定されない限り，規則で定めることができる，と解しつつ，規則制定権の範囲内の事項について，法律と規則とが競合的に制定された場合については，憲法41条の趣旨を踏まえるなら，法律優位説が妥当である，としている。

裁判の公開　憲法82条は，裁判の対審および判決は，公開法廷でこれを行うことを定め，政治犯罪，出版に関する犯罪または憲法第3章で保障する国民の権利が問題となる事件を除き，公序良俗を害するおそれがある場合には，裁判官の全員一致の判断で，公開しないことができると定める。ここで「**対審**」とは，当事者を対立関与させ訴訟の審理を行うこと（具体的には，裁判官の面前で当事者が口頭でそれぞれの主張を述べること）をいう。また，「公開」とは**傍聴の自由**を認めることを意味する。ただし，裁判長が法廷の秩序を維持するため必要あると認めたときに，一定の制約を加えること（裁71条など）は公開原則に反しない，とされる。傍聴の自由は，報道の自由を含むものといわれるが，刑事訴訟では写真撮影，録音，放送が（刑訴規215条），民事訴訟では録画・速記も（民訴規77条），裁判所の許可無しにはできないこととされている。最高裁は，ある事件において裁判長が傍聴人にメモをとることをあらかじめ一般的に禁止していたところ，メモをとることの許可が認められなかった原告が，国に対して国家賠償請求をした事案（**レペタ事件**（最大判1989（平元）・3・8【百選Ⅰ－77】））において，憲法82条1項は法廷でメモをとる権利を保障するものではないが，法廷で傍聴人がメモをとることは，その見聞する裁判を認識・記憶するためのものである限り憲法21条1項の精神に照らして尊重に値いし，ゆえなく妨げられてはならない，と言及した（ただし，メモ採取を一般的に禁止するといった法廷警察権の行使は裁判長の広範な裁量に委ねられ，その目的・範囲の著しい逸脱等の特段の事情がなければ国家賠償法1条1項にいう違法な公権力の行使にはあたらない，とした）。

陪審制と参審制

裁判所の組織と関連して，国民の司法参加を確保する制度についてもふれておこう。これにはまず，陪審制と参審制がある。**陪審制**とは，英米法で発達したものであるが，一般国民から選任された陪審員が，正式起訴をするかを決定したり，審理に参加し評決したりする制度をいい，通例は事実認定を行い，結論（評決）を出すものとされる。一方，類似の制度として，ドイツなどヨーロッパ諸国などにみられる，**参審制**というものがあり，これは，職業裁判官と素人の民間人（参審員）とが1つの合議体を構成して裁判する制度である。陪審制では，裁判官とは独立して評決が下され，事実判断についてはこれに裁判官が拘束されるところ，参審制では，終始裁判官と参審員が共同して裁判にあたる点などに違いがある。わが国でも，かつて陪審制度が導入されていたが（陪審法（大正12年法律50号）），あまり活用されず，1943年以降停止されている（昭和18年法律第88号（陪審法ノ停止ニ関スル法律）による）。日本国憲法の下でも，裁判官が陪審の評決に拘束されない限り，陪審制を導入することは可能である，といわれるが，さらにすすんで，裁判官が陪審の評決（事実認定）に拘束される制度であっても，司法の本質的要素を法の適用と解するなどの立場からは，違憲でない，とする考えもある

（裁判所法は，刑事事件について，陪審制度を設けることを許容している（同3条3項））。

裁判員制度

一方，国民の司法参加を確保する施策として，2004年に，裁判員の参加する刑事裁判に関する法律（裁判員法）が制定され，2009年に**裁判員制度**が実施されている。このしくみは，一定の重大犯罪（殺人罪・強盗致死傷罪等）に関する事件について，衆議院議員の選挙権を有する20歳以上の者の中から裁判員を抽出し，通常の場合裁判員6名と裁判官3名で，ともに刑事事件の審理に立ち会い，事実の認定・法令の適用・刑の量定について，裁判官と裁判員の合議によって審理し，判決をするものである。

裁判員制度は，次の点で憲法違反であるとして争われた。①憲法には，裁判官以外の国民が裁判体の構成員となって裁判を行うことを想定した規定はなく，憲法80条1項は，下級裁判所が裁判官のみによって構成されることを定めている。このため，裁判員法に基づいて裁判官以外の者が構成員となった裁判体は憲法にいう「裁判所」には当たらないから，裁判を受ける権利（憲法32条）や公平・迅速な裁判を受ける被告人の権利（37条1項），すべて司法権は裁判所に属すると定める憲法76条1項，適正手続保障（憲法31条）に反する。②裁判官が裁判員の判断に影響・拘束されるため，裁判官の職権行使の独立（憲法76条3項）に反する。③裁判員裁判は，通常の裁判所の系列外であるから，特別裁判所を禁ずる憲法76条2項に反する。④裁判員制度は，国民に憲法上根拠がない負担を課すため，意に反する苦役を禁ずる憲法18条に反する。

最高裁は，刑事裁判への国民の司法参加が憲法上許されるか否かについて，憲法が採用する統治の基本原理や刑事裁判の諸原則，憲法制定の経緯，そして憲法の文言（文理）等を総合的に検討すべきである，とした。その上で，憲法は，一般的には国民の司法参加を許容しており，適正な刑事裁判を実現するための諸原則が確保されている限り，陪審制・参審制のいずれを採用するかを含め，その内容を立法政策に委ねている，として，上記①～④の違憲の主張をすべて斥けた（最大判2011（平23）・11・16【百選Ⅱ－181】）。また，裁判員裁判による審理裁判を受けるか否かについて被告人に選択権が認められていない点で憲法32条・37条に反する，との主張に対しても，これを斥ける判断をしている

（最判2012（平24）・1・13刑集66巻1号1頁）。

4　司法権の独立

以上のように構成・運用される裁判所にとって，**司法権の独立**というのは非常に重要な意味をもつ。

司法権独立の意義　裁判が公正に行われるためには，裁判所と事件を担当する裁判官が，いかなる外部からの圧力や干渉も受けずに独自の立場で職務を果たすことが重要であり，司法権の独立は，このような要請によって生まれたといわれる。司法権は非政治的権力であって，政治性の強い立法権・行政権から侵害される危険が大きいこと，司法権は，国民の権利保障の役割を担っているため，政治的権力による干渉を排除する必要があることなどが指摘される。

司法権独立の内容　司法権の独立には2つの内容がある。①司法権が立法権・行政権から独立していること，すなわち**司法府の独立**（**広義の司法権の独立**），そして②裁判官が裁判をするにあたり，独立して職権を行使すること（**裁判官の職権の独立**）。もっとも，両者を一体として総称する場合もある。これらを側面から保障するものとして，**裁判官の身分保障**（78条等）や，最高裁判所の規則制定権（同77条）などが挙げられる。

これまでわが国で司法権の独立が問題となった事件として，次のものがよく知られている。①**大津事件**：1891年，滋賀県大津で巡査（津田三蔵）が，来遊中のロシア皇太子（後のニコライ2世）を負傷させた事件について，死刑判決を下すよう大審院に申し入れた政府に対し，大審院長であった児島惟謙はそれに抵抗し，無期徒刑とした事件（ただし児島自身が担当裁判官を説得したなど，独立性をめぐってはさまざまな問題も今日指摘されている）。②**浦和事件**：1949年，埼玉県で親子心中を図って子を殺した母親に浦和地裁（当時）が懲役3年・執行猶予3年の判決を下したことに対して，参議院の法務委員会が量刑不当との決議をし，国政調査権（62条）の下に独自に調査した。最高裁はこのような調査権の発動は司法権の独立を侵害し，憲法上許された国政調査権の範囲を逸脱するとして，参議院に申入れをした。③**吹田黙禱事件**：いわゆる吹田騒擾事件（朝鮮戦争等に反対する労働者集団等と警官隊が衝突し，111名が騒擾罪（現在は騒乱罪。刑106条）で起訴された事件）の裁判の際，担当の地裁裁判長が法廷内で被告人らの朝鮮戦争休戦を記念して黙禱・拍手を行ったことを制止しなかった訴訟指揮について，国会の裁判官訴追委員会が調査したり，最高裁が，本件裁判に影響を及ぼすものではないがこの訴訟指揮が遺憾であったなどとする通達を出した事件。④**平賀書簡事件**：長沼事件（**重要判例2**）に際して，札幌地裁所長（平賀健太）が事件担当の裁判長に対して，事件の判断にわたる事柄を含む書簡を送った事件。

裁判官の良心

憲法は，「すべて裁判官は，その良心に従ひ独立してその職権を行ひ，この憲法及び法律にのみ拘束される」とし，裁判官の独立の原則を定める（76条3項）。この規定は，裁判の公正を保つために裁判官に対するあらゆる不当な干渉や圧力を排除すべく，裁判官の職権の独立をうたったものとされる。ここで「良心」とは，裁判官個人の良心ではなく，客観的良心，すなわち**裁判官としての良心**をいう。また，「独立してその職権を行ひ」とは，他の何ものの指示・命令も受けずに，自らの判断に基づいて裁判を行うことをいうものとされる。これについては，立法権，行政権のほか，司法府内部からの指示・命令も排除され，さらに，裁判官の職権の独立は，事実上，他の機関から裁判について重大な影響を受けないという要請を含んでいる，ともいわれる。

まとめてみよう

司法権の概念と，司法審査の限界について，具体的事例を挙げながら検討してみよう。

考えてみよう

住民訴訟において，法律で，憲法上の争点を提起することを認めない規定をおいたとする。この法律は憲法違反といえるだろうか。

第22章
違憲審査制

この章で学ぶこと

本書で検討してきた判例は，当事者がある国家行為などを憲法違反として争うものであった。しかし，これまで特に説明はしてこなかったが，裁判においてこうした主張が可能となるのは，裁判所による国家行為の合憲性審査が認められているからに他ならない。この章では，裁判所による違憲審査のあり方について勉強しよう。

1　違憲審査制の根拠・性格

違憲審査制の根拠

外国との比較でみると，そもそも**違憲審査制**はアメリカ合衆国最高裁判所の判例（Marbury v. Madison, 5 U. S.（1 Cranch）137（1803））によって確立された。かつてヨーロッパ大陸諸国では制度化されなかったが，第二次世界大戦以降，基本的人権が法律から保障されなければならないという考えがみられ，各国で導入が図られたといわれる。

こうした違憲審査制はなぜ認められるのか。通説的な説明によれば，まず，①憲法の最高法規性の観念が挙げられる。憲法が国の最高法規であって，それに反する法律・命令その他の国家行為は違憲無効であるが，これは国家行為の合憲性を審査決定する機関があって初めて現実に確保されることによる。次に，②基本的人権尊重の原理も指摘される。つまり，人権が立法・行政によって侵害される場合に，それを救済するものとして違憲審査制が必要とされる，ということである。そして③司法が，立法・行政の違憲的行為を統制し，権力相互の抑制と均衡を確保する必要がある点も指摘される。通常の裁判所に違憲審査権を認める制度は，三権が平等に並立するというアメリカ的な権力分立の思想をも大きな理論的根拠としている，とされる。もっとも，こうした通説的理解の妥当性や，違憲審査制が民主政と緊張関係に立つのではないか，との問題も指摘され，違憲審査制の論拠については，なお議論の余地が残されている。

違憲審査制の性格

法令の憲法適合性を審査するといっても，そのあり方・性格は多様である。外国との比較でみると，過去には，違憲審査を行う独立の政治機関（フランス第四共和制憲法下の憲法委員会など）も存在したが，広くみられるのは，裁判所による違憲審査である。そして，裁判所による違憲審査制も，大別して，①特別に設けられた**憲法裁判所**が具体的な争訟と関係なく抽象的に違憲審査を行う方式（**抽象的違憲審査制**）と，②**通常の裁判所**が，具体的な訴訟事件を裁判する際にその前提として事件の解決に必要な限度で適用法条の違憲審査を行う方式（**付随的違憲審査制**）がある，とされる。学説では，審査の目的からみて，(a)**憲法保障**を目的とするヨーロッパ大陸型と，(b)国民の権利保障（**私権保障**）を目的とするアメリカ型に，審査の方法からみて，(α)憲法裁判制度（独立審査型）と，(β)憲法訴訟制度（付随審査型）というふうに類型化するものもある。もっとも，抽象的違憲審査制や付随的違憲審査制といった類型は，近年一定の限度で歩み寄りの傾向がみられるといわれ，両者の違いは確かに認められるものの，理念のレヴェルにとどまってその違いを絶対視してはならない，ともいわれる。

日本国憲法の違憲審査制

わが国の違憲審査制のあり方はどのようなものだろうか。上記の抽象的違憲審査制を許容する趣旨であるのか，付随的違憲審査制とするものであるか。通説は，憲法81条の趣旨は，司法裁判所の最高機関としての最高裁判所に法令の最終的審査権を付与したものと解し，最高裁判所を憲法裁判所としての地位におくものではなく，81条の法令審査権は，あくまで通常の訴訟事件の裁判に従って行使される，として，現行憲法は付随的違憲審査制を採用したものと解している（その理由には，抽象的違憲審査を認めるにはそれを積極的に明示する規定（提訴権者や裁判の効力など）が憲法上必要であることなども指摘される)。最高裁は，いわゆる **重要判例53** で，後者の付随的違憲審査制を憲法81条が採用したものであるとの立場を明確にした。ただし，この判決が，「現行の制度の下においては」とか，「法令上何等の根拠も存しない」という点を踏まえて，ここでは最高裁による抽象的違憲審査が現行法上不能とされるにとどまるものであって，手続法等の制定によってその可能性は排除されないと解するものもある。

重要判例53　警察予備隊違憲訴訟（最大判1952（昭27）・10・8【百選Ⅱ－193】）

X（原告）は，1951年度以降被告Y（国）がなした警察予備隊の設置・維持に関する一切の行為が無効であることを確認する旨の判決を求め，最高裁判所に出訴した。その際Xは，①実体論として，Yが警察予備隊の名の下に軍備（戦力）を保持することは憲法9条2項に反するから無効であり，また②手続論として，憲法81条は最高裁判所に憲法保障機関としての憲法裁判所の性格を与え，最高裁判所は一般の司法裁判所としての性格と憲法裁判所としての性格を併せ有するなどと主張した。最高裁は，もっぱら②について判示し，「わが裁判所が現行の制度上与えられているのは司法権を行う権限であり，そして司法権が発動するためには具体的な争訟事件が提起されることを必要とする。我が裁判所は具体的な争訟事件が提起されないのに将来を予想して憲法及びその他の法律命令等の解釈に対し存在する疑義論争に関し抽象的な判断を下すごとき権限を行い得るものではない」，81条は「最高裁判所が憲法に関する事件について終審的性格を有することを規定したものであり，従つて最高裁判所が固有の権限として抽象的な意味の違憲審査権を有すること並びにそれがこの種の事件について排他的すなわち第一審にして終審としての裁判権を有するものと推論することを得ない」，「要するにわが現行の制度の下においては，特定の者の具体的な法律関係につき紛争の存する場合においてのみ裁判所にその判断を求めることができるのであり，裁判所がかような具体的事件を離れて抽象的に法律命令等の合憲性を判断する権限を有するとの見解には，憲法上及び法令上何等の根拠も存しない」，として，Xの訴えを却下した。

2　付随的違憲審査制の内容・特質

憲法判断の対象

憲法81条は，「一切の法律，命令，規則又は処分」についての審査を予定しているが，そもそも違憲審査の対象となるものとしてどのようなものがありうるかが問題となる。

これについては，法律や命令（国の行政機関が制定する法形式の総称で，政令・省令等をさす）などはもちろん，裁判所の行う裁判も対象となると解されている（81条の「処分」に含まれる。最大判1948（昭23）・7・8【百選Ⅱ－195】参照）。また，最高裁は，**百里基地訴訟**（最判1989（平元）・6・20【百選Ⅱ－172】）において，憲法98条1項にいう「国務に関するその他の行為」を「公権力を行使して法規範を定立する国の行為」と解し，私人と対等の立場で行う国の行為（私法上の契約など）はこれにあたらない，としている（ここでは航空自衛隊基地の建設用地に関してなされた，国と私人との間の土地の売買契約が憲法9条に反するかが争われたが，最高裁は上記の判断を前提に，私法上の契約が実質的にみて公権力の発動行為と変わりがないといえるような特段の事情のない限り，憲法9条の直接適用を受けない，と判示している）。これらのほか，次のものが議論されてきた。

条約の違憲審査

条約の内容についての審査は，81条がその対象として掲げていないことや，条約の国内法における効力の理解なども関連して，否定説・肯定説とがあり（それぞれの立場内でも論者でニュアンスを異にする），憲法が条約を対象として明記していない点等から否定する立場も有力であった。最近では，憲法が条約を明記しなかったことはその違憲審査を一切否定することを意味せず，条約によって国民の権利・自由が規制される可能性がある場合に条約が審査対象とならないとすることには重大な問題がある点なども踏まえ，肯定説が主張されている。最高裁は，**砂川事件**（重要判例52）において，当時の日米安全保障条約の合憲性審査について，「一見極めて明白に違憲無効であると認められない限りは，裁判所の司法審査権の範囲外のもの」としたが，これは，条約も違憲審査の対象となることを前提としたものと解されている。

立法の不作為の違憲審査

立法不作為（国会が憲法上制定すべきであると考えられる法律を制定しないこと）は，違憲審査の対象となるか。これは，もともと生存権の具体的権利説との関連で，生存権の趣旨を満たす立法がなされない場合に，その違憲確認訴訟が可能であるか，という問題として議論されてきたものである。立法不作為の違憲審査について，学説では，①肯定的立場として，憲法の明文上あるいは解釈上一定の立法をなすべきことが示されるような場合に，国会は立法義務を負い，それがなされない場合は違憲となる，ということを前提に，立法不作為の違憲性を争う方法として，国家賠償請求訴訟によるべきことが主張されてきた。その際，(i)立法義務の明確性，(ii)当該不作為等が国民の具体的権利に直接影響を及ぼすような処分的性格をもつこと，(iii)立法不作為等と損害との間に具体的・実質的な関連性があること，(iv)一定の「合理的期間」の経過という要素を挙げ，その可能性が追究される。一方，②否定的立場として，憲法規範が特定内容の立法を行う法的義務を国会議員に課していると解することへのそもそもの疑問や，国家賠償法上公務員の「故意又は過失」を要件とすること（同1条1項）との関連で，何百人という数の合議体（国会）の憲法判断上の過失をどう認定できるのか，などといった点から，消極に解する立場も少数ながらみられた。

最高裁判例における立法不作為の違憲審査　最高裁は，かつて，いわゆる**在宅投票制度廃止事件**の上告審（最判1985（昭60）・11・21【百選Ⅱ－197】）において，問題となる立法内容の違憲性と，国家賠償法上の違法性の問題とは区別されるべきであることを前提に，国会議員は立法について，原則として国民全体に対する関係で政治的責任を負うにとどまり，個別の国民の権利に対応した法的義務を負うものではなく，「国会議員の立法行為は，立法の内容が憲法の一義的な文言に違反しているにもかかわらず国会があえて当該立法を行うというごとき，容易に想定し難いような例外的な場合でない限り」，国家賠償法上違法とされない，とした。

この判決には，立法不作為（立法行為）を国家賠償で争う途をきびしく制限することから，学説からの批判も強かった。しかし近年，最高裁は，いわゆる**在外邦人選挙権訴訟**（**重要判例43**）において，この判例を引用しながらも，実際にはその射程を限定するかのような判断枠組みを示した。すなわち，立法内容や立法不作為が，「国民に憲法上保障されている権利を違法に侵害するものであることが明白な場合や，国民に憲法上保障されている権利行使の機会を確保するために所用の立法措置を執ることが必要不可欠であり，それが明白であるにもかかわらず，国会が正当な理由なく長期にわたってこれを怠る場合などには，例外的に，国会議員の立法行為又は立法不作為は，国家賠償法１条１項の適用上，違法の評価を受けるものというべきである」。この判断は，立法不作為（立法行為）をめぐる国家賠償請求が認められるケースを実質的に拡大したものとも評されているが，その射程などについて，議論の進展が期待される（その後の事案として，精神的原因によって投票所に行くのが困難な者が，選挙権行使の機会確保のための立法措置を国会がとらなかったことが国家賠償法上違法であるとして争った，最判2006（平18）・７・13判時1946号41頁や，女性の再婚禁止期間を定める民法733条１項の合憲性が争われた，最大判2015（平27）・12・16参照）。

憲法判断の手法　付随的違憲審査制では，具体的事件の解決に必要な限りにおいて憲法問題が提起され，またその限りにおいて裁判所が憲法判断をするという特質があるといえる。以下では，この点にかかわる憲法判断のルールについてふれておこう。付随的違憲審査制を前提とすると，憲法判断の手法もいくつかこれに特有のものがみられる（ただし抽象的違憲審査制でも用いられうるものもある）。

憲法判断回避の準則　付随的違憲審査制の帰結の１つとして，**憲法判断回避の準則**がいわれる。これは，憲法判断は事件の解決にとって必要な場合以外は行わないという「必要性の原則」に基づいて準則化された一連のルールをいうものとされ，アメリカの憲法判例の中で形成されたものである。わが国でこの論点が裁判例として問題になったのは，**恵庭事件**（**重要判例１**）である。この事件では，自衛隊の通信線を切断した被告人が，自衛隊法全般ないし自衛隊そのものが憲法違反であると主張したところ，裁判所は，本件通信線が自衛隊法121条所定の「その他防衛の用に供する物」にあたらないと判断して無罪判決で処理し，憲法判断をしなかった（この自衛隊法の解釈には議論もあった）。

もっとも，憲法判断回避を大幅に許容することは，違憲審査制の憲法保障にもとるおそれもありうることから，学説では，国民の重要な基本的人権にかかわり，類似の事件が多発するおそれがあり，しかも憲法上の争点が明確であるというような事情がある場合には，裁判所が憲法判断をすることが是認されるべきであろう，といわれている。長沼事件第1審判決（**重要判例2**）は，憲法の基本原理に対する重大な違反状態の発生が疑われ，その結果国民の権利が侵害され（その危険性があり），憲法問題以外の主張を判断して訴訟を終局させた場合には紛争を根本的に解決できないような場合に，裁判所が憲法判断をする義務がある，としている。

「立法事実」の審査

憲法事件で問題となるのは，特定の事件の中で起こった事実（裁判所によって訴訟上認定される事実）だけではない。立法府が立法の資料として収集・認識する事実で，当該法律の目的・その達成手段の合理性を裏づける，社会的・経済的・文化的な一般事実も問題となる。前者は**司法事実・判決事実**（adjudicative facts），後者は**立法事実**（legislative facts）といわれている。わが国でこの立法事実を踏まえた判断をしたものと解される事案として，**薬事法違憲判決**（**重要判例33**）がある。ここでは，薬局等の適正配置規制に関する立法事実について，規制目的が公共の福祉に合致するかどうかといった点や，そのような規制の必要性・合理性の有無の両面にわたって，慎重に審査し，薬事法の合憲性を支えるとされた事実について「単なる観念上の想定にすぎず，確実な根拠に基づく合理的な判断とは認めがたい」，とした。

このように，具体的事件を前提にすると立法事実も視野に入れた審査が重要となるが，場合によっては，立法事実をとくに検証せず，法律の文面を検討するだけで結論を導き出すことができる場合もある，とされる（ある法律の定める事前抑制が「検閲」に該当するか否かといった問題や，罪刑法定主義によって要請される法文の明確性が問題となる事案など）。

法令違憲と適用違憲

違憲判断の方法には，大別して，①法令そのものを違憲とする**法令違憲**の判決と，②法令が当該事件の当事者に適用される限度で違憲であるという**適用違憲**の判決とがありうる。

①の例としては，これまで本書でも扱ってきた，法令そのものが違憲とされた事例，すなわち，尊属殺重罰規定（**重要判例8**），薬事法の薬局適正配置規制

（重要判例33），議員定数不均衡（重要判例9，最大判1985（昭60）・7・17【百選Ⅱ－154】），森林法の共有林分割制限（重要判例34），郵便法上の国家賠償請求制限規定（重要判例42），在外投票制度制限規定（重要判例43）国籍法の国籍取得規定（重要判例7），非嫡出子相続分規定（重要判例6），民法の再婚禁止期間規定（最大判2015（平27）・12・16）などがある。②の例としては，代表的なものとして，郵政事務官であった者が選挙用ポスターの掲示・郵送配布をしたことが国家公務員法・人事院規則違反として起訴された，**猿払事件**第1審判決（旭川地判1968（昭43）・3・25【百選Ⅱ－200】）で，裁判所は，「非管理職である現業公務員で，その職務内容が機械的労務の提供に止まるものが，勤務時間外に，国の施設を利用することなく，かつ職務を利用し，若しくはその公正を害する意図なしで行つた人事院規則……の行為で且つ労働組合活動の一環として行われたと認められる所為に刑事罰を加えることをその適用の範囲内に予定している［国家公務員］法110条1項19号は，このような行為に適用される限度において，行為に対する制裁としては，合理的にして必要最小限度の域を超えたものと断ぜざるを得ない」（傍点筆者付加），として，国家公務員法110条1項19号（政治的行為の制限に違反した場合の処罰規定）が本件被告人の所為に適用される限度で憲法21条・31条に違反する，とした。

このほか，適用違憲の類型としては，違憲の疑いのある法令を合憲的に適用するような解釈は可能であったのにそれをしない場合に適用違憲とされるもの（全逓プラカード事件第1審判決（東京地判1971（昭46）・11・1行集22巻11=12号1755頁））や，法令そのものは合憲でも，その執行者が人権を侵害するようなかたちで解釈適用した場合に，その解釈適用行為が違憲である，とする判決などが挙げられる（家永教科書裁判第2次訴訟第1審判決（東京地判1970（昭45）・7・17【百選Ⅰ－92】））。

違憲判決の効力

このように，さまざまな判断方法で裁判所は法令を違憲としうるが，仮にある法令が違憲とされた場合，その判決は当該法令（規定）を法令集から除去させる，またはそれと同等の効果をもつかどうかが問題となる。これについては，①最高裁の違憲判断が一般的に妥当し，当該法令は議会による廃止の手続なくして無効となるとする**一般的効力説**と，②当該事件に限って適用が排除されるとする**個別的効力説**，そして③法律の定めるところに委ねられるとする**法律委任説**などがある。

有力説は，付随的違憲審査制においては，当該事件の解決に必要な限りで審査がなされ，違憲判断の効力も当該事件に限って及ぶと解されるから，基本的には②を支持する。これは，違憲判決が一般的効力を有するとすると，それは一種の消極的立法作用で，国会が唯一の立法機関であるという憲法41条の原則に反することにもなるとされる。ただし，最高裁判所裁判事務処理規則14条によれば，法律違憲判決要旨の官報による公告，内閣・国会への裁判書正本の送付が定められており，こうした配慮は，違憲判決の効果が当該訴訟事件の範囲にとどまらないことのある種の認識を反映するものであろう，とも指摘されている。

事情判決の法理

議員定数不均衡訴訟では，違憲とされた場合の選挙の効力が問題となった。**重要判例9**では，議員定数配分規定が違憲であるとして選挙を無効とした場合，それによって直ちに憲法に適合する状態がもたらされるわけではなく，この選挙によって選出された議員が当初から無資格となるなど明らかに憲法の所期しない結果が生じることから，行政事件訴訟法31条１項にいう**事情判決**（処分または裁決が違法であるがこれを取り消すことが公の利益に著しい障害を与える場合に，処分等の取消しが公共の福祉に適合しないと認められるときは，裁判所は主文で処分等が違法であることを宣言し，請求を棄却する制度）を「行政処分の取消の場合に限られない一般的な法の基本原則」として援用して，違憲な議員定数配分規定に基づいて選挙がなされた点において違法である旨主文で宣言し，選挙無効とする判決を求める請求を棄却した。

議員定数不均衡訴訟における判決の効力をめぐっては，判例の個別意見ではあるが，是正措置が講じられずに選挙が実施された場合に選挙の効力を否定することについて，その選挙を直ちに無効とすることが相当でないとみられるときは，選挙を無効とするがその効果は一定期間経過後にはじめて発生する（たとえば直近の国会開期中に定数是正がなされるよう，無効判決の効果発生を一定期間延ばす）という内容の判決（**将来効判決**）をすることもありうる旨の指摘がある

(最大判1985（昭60)・7・17【百選Ⅱ－154】の寺田裁判官ほかの補足意見など)。

憲法判決の拘束力

「判例」とは，一般に，広く裁判例のことをいうこともあるが，判決の結論を導く上で必要とされる法的理由づけである「**判決理由**（レイシオ・デシデンダイ ratio decidendi)」のことをさすものとされ，これと関係のない部分は「**傍論**（オビタ・ディクタム obiter dictum)」と呼ばれる。こうした判決理由は，憲法判断の場合，どこまで拘束力をもつか。

一般的には，後に起こる別の事件で同じ法律問題が争点となったとき，その裁判の拠り所となりうる先例として扱われるという意味で，判例は法源性を有するとされ，通説は，これを後の裁判を事実上拘束するにとどまる，と解しているようである。もっとも，最高裁判所の憲法判例の先例拘束性については，最高裁は自らの判例に拘束されるほか，下級裁判所もそれらに拘束されるとし，事実上の拘束力という観念の不明確性などを理由に，先例拘束性を正面から認める立場もある。その理由としては，日本国憲法の司法権がアメリカ流のものと解されることのほか，基本的には同種の事件は同じように扱われなければならないという公正の観念によるものであるとか，平等原則（14条)，裁判を受ける権利（32条)，罪刑法定主義（31条）といった論拠が挙げられる。ただし，一定の拘束性が認められる判例であっても，判例は一般に十分の理由があるときは変更可能と解されていること（裁10条3号は，最高裁大法廷による判例変更を予定している）から，憲法判例もその例外とみるべきではないこと，そして，憲法判例はその法文が抽象的なため裁判所の作用が構成的にならざるをえないことや，歴史の展開につれ変化しうる立法事実をも考慮しなければならないといった点から，一般の判例ほどには憲法判例の拘束力を厳格にとらえるべきではない，との指摘もあわせてなされている。

違憲審査と民主政

以上のように，裁判所による違憲審査は憲法上認められているが，実は裁判所によるこの権限の行使は，場合によっては民主政治と鋭い緊張関係に立つこともありうる。つまり，国民代表機関である国会が制定した法律について，なぜ国民から直接選挙もされず，また国民に政治的に責任も負わない裁判所の裁判官が，違憲審査権によってそれをくつがえすことができるのか，という問題である。

もっとも，日本国憲法は，代表民主政を予定する（43条）と同時に，違憲審査制も認めている（81条）わけだから，憲法がそもそも両者を併存することを予定しているので，その意味では緊張関係は生じない，という考え方もありうる。しかしながら，裁判所の憲法解釈を政治部門に優位させることは，やはり民主政治と原理的には緊張関係をもたらすともいえる。学説では，この点を強く意識し，憲法は，国民の政治参加のプロセスと国会の政策決定が執行されるプロセスの双方を開いており，少数者が排除されないようにしたものであって，民主主義プロセスを保障し，そのプロセスに組織的な機能的障害が発生しないように確保したものであると解して，裁判所は，あくまでこうした民主主義プロセスの機能障害を是正し，民主主義が適切に機能するよう確保する役割が期待されている，とする，「プロセス的司法審査理論」を説く立場がある。

まとめてみよう

違憲審査制の類型についてまとめ，わが国の最高裁判所は現行憲法上どのタイプを採用したと解しているか，まとめてみよう。

考えてみよう

下級裁判所で憲法問題が提起されたとき，下級裁判所は自ら憲法判断をせずに，事案を最高裁判所に移送するよう，裁判所法を改正したとする（最高裁判所大法廷を憲法問題に特化する裁判部とし，民刑事の上告事件は小法廷で処理するものとするよう，あわせて改組する）。この改正の憲法問題について論じてみよう。

第23章
財　　政

この章で学ぶこと

私たちがコンビニで雑誌や飲み物を買ったりすると，商品の代金とあわせて，消費税を払うだろう。何だかめんどくさいなあ，と思うかもしれないが，こうして納められたお金は，国または地方公共団体が各種行政サービスなどを実施する上で，必要な原資としてあてられる。私たちは国にいろいろなことを要望するが，その要望も，先立つものがなければかなわない。この章では，経済的原動力である財政について，とくに国にかかわる憲法の規定を中心に学ぼう。

1　財政の基本原則

財政民主主義

国の活動には巨額の費用が必要であるが，これらのお金はどこからくるのかといえば，基本的には私たち国民が負担する以外にはない。つまり，私たちが納めている税金がこれにあたる。憲法は，**納税の義務**を定め，国民が国の財政を支える主体であることを認めている(30条)。この結果，国は課税権，つまり税金を徴収する権限をもつことになる。しかし，課税とは，個人の財産の一部を強制的に徴収する行為であるから，その権限が濫用されると，国民の財産権が侵害されることにもなりかねない。こうしたことから，近代憲法は，その濫用を防止するため，「気まぐれ」によって課税されず，「法律」によってのみ課税されること，すなわち，課税法律制度が成立した。課税法律制度は，課税のあり方について国民代表議会が決定するものであるが，国民代表機関である以上，議会は，課税の必要性の判断や，政府による濫費防止のため，財政全般や政府による支出目的等に対する統制を及ぼそうとしてきた。こうした営みが成功し，**財政民主主義**が確立した，といわれる。憲法は，「国の財政を処理する権限は，国会の議決に基づいて，これを行使しなければならない」（83条）としているが，これは，国の財政に関する重要な事項について，国民代表議会が関与し，これに統制を加えなければならないという原則である，財政民主主義という基本原則を明らかにしたものといえる。

租税法律主義

国の財政を支えるのは私たち国民が納める租税であると述べたが，この租税を徴収するにあたり，憲法は，「あらたに租税を課し，又は現行の租税を変更するには，法律又は法律の定める条件によることを必要とする」，と定める（84条）。これは**租税法律主義**ともいわれる。租税は国民に対して直接負担を求めるものであるから，必ず国民の同意を得なければならないということが原則とされ，イギリスで古くからいわれた，「**代表なければ課税なし**」という原理に由来するとされる。

憲法84条の意義

①法律で定めるべき事項　ここにいう「法律」によって規定すべき事項について，最高裁は，憲法30条・84条により，「担税者の範囲，担税の対象，担税率等を定めるにつき法律によることを必要としただけでなく，税徴収の方法をも法律によることを要するものとした趣旨と解すべきである」，という（最大判1962（昭37）・2・21刑集16巻2号107頁）。

②「租税」の意味　ここで**租税**とは，「国家が，その課税権に基づき，特別の給付に対する反対給付としてでなく，その経費に充てるための資金を調達する目的をもつて，一定の要件に該当するすべての者に課する金銭給付である」といわれる（サラリーマン税金訴訟（最大判1985（昭60）・3・27【百選Ⅰ－32】））。しかし国は，租税のほか，国民に対して半ば強制的に徴収する各種の金銭を求めることがある（たとえば営業許可に関する手数料や，各種の検定手数料等）。これらも「租税」と同視して，憲法84条の趣旨が及ぶと解すべきか。この点について，学説上さまざまな議論があるが，租税は，上のように，特別の給付に対する反対給付の性質をもたないものに限定すべきで，許認可手数料等で，職業生活に不可欠なもの以外の各種手数料等は，その納付義務等は法律によって定め

るべきものとしても，その金額まで法律で定めることを憲法原則とすることは考えにくい，との指摘がある。

この点で注目すべき事案としては，旭川市が定める国民健康保険事業にかかる条例について，その保険料率の算定基準が不明確であることや，保険料率の定めを条例で明記せず，告示に委任していたことが憲法84条またはその趣旨に反するかどうかなどが争われた事件がある（**旭川市国民健康保険条例事件**（最大判2006（平18）・3・1【百選Ⅱ－203】））。最高裁は，市町村が行う国民健康保険の保険料は，被保険者において保険給付を受け得ることに対する反対給付として徴収されるものであり，「上記保険料に憲法84条の規定が直接に適用されることはないというべきである」としながら，憲法84条は，国民に対する義務の賦課・権利の制限には法律の根拠を要するという法原則を租税について厳格化した形で明文化したものというべきであるから，憲法84条に規定する租税ではないという理由だけでそのすべてが当然に同条に現れた法原則のらち外にあると判断することは相当ではない，として，租税以外の公課であっても，賦課徴収の強制の度合い等の点において租税に類似する性質を有するものについては，憲法84条の趣旨が及ぶと解すべきであるとした。その上で，この場合であっても，租税以外の公課は，租税とその性質が共通する点や異なる点があり，また，賦課徴収の目的に応じて多種多様であるから，その規律のあり方については，当該公課の性質，賦課徴収の目的，その強制の度合い等を総合考慮して判断すべきものである，としている。

2　国の財政支出の過程とその統制

予算をめぐる問題

このように，国会のコントロールを基礎に集められた税金は，国の活動の原資となるが，その使い道を決めるのが，**予算**である。

①予算の作成　　国の収入・支出は，毎年，予算という形式で国会に提出され，審議・議決されるのは，近代国家の大原則である，といわれる。日本国憲

法では，この予算の案を作成するのは，内閣とされている（73条5号，86条）。

②法的性格　　予算は，歳入歳出についての「見積表」ではなく，どういう費目にどの程度出すべきかを指示する点で，一定程度政府の行為を拘束する。しかし，その法的性質について，(a)これは予算という独自の法形式であるのか（**予算法形式説・予算法規範説**），あるいは，(b)法律の一種とみるのか（**予算法律説**），で争いがある。多数説は，予算は政府を拘束するのみで，一般の国民を拘束しないことや，その効力が一会計年度に限られていること，などのほか，提出権が内閣に属しており（73条5号，86条），衆議院に先議権があること（60条1項）といった，議決手続の相違を挙げて，予算を，法律とは異なる「法規範」であるとして，特殊な法形式のものである，と解する。大日本帝国憲法（明治憲法）でも，予算と法律とは異なるものとして扱われていた（64条参照。明治憲法は，当時のドイツ諸国の立憲君主制憲法にならい，予算不成立をめぐる有名なプロイセン政府と議会との「憲法争議」を教訓として，できるだけ議会の財政統制権を弱めたといわれる）。もっとも，予算について法形式説・法律説の対立は，ある議案の国会による議決形式のあり方を問題にするものであって，国の行為の内容・性格の問題（「予算」の法的性格）とは必然的な関係にあるわけではない，との指摘もある。

いずれにしても，支出の原因・目的を示す予算と，それを裏付ける権限を定める法律との間でずれが起こることもあり得る。ここに**予算と法律の不一致**という問題が生じるが，①予算成立・法律未制定の場合は，内閣は法案提出をし，国会の議決を求めることになる（国会に法律制定の義務はない）。②法律制定・予算不成立の場合には，内閣は，法律を誠実に執行する義務（73条1号）を負っているので，補正予算等で対応することになる。

③予算の修正　　予算は内閣によって作成・提出され，国会は，これを審議・議決する（憲86条）。明治憲法下では，議会による予算の廃除削減には制限があった（67条は，憲法上の大権に基づく既定の歳出等については，政府の同意なくして帝国議会が廃除・削減することを禁じていた）。日本国憲法下では，国会は，原案にあるものを廃除削減する修正（マイナス修正）だけでなく，原案にない新

たな款項を設けたり，金額を増額する（プラス修正）ことができると解されている（予算修正の動議や予算増額修正と内閣の意見陳述について定める国会法57条の2・同57条の3は，このことを前提にしていると解されている）。もっとも，政府は，「国会の予算修正については，それがどの範囲で行いうるかは，内閣の予算提案権と国会の審議権の調整の問題であり，憲法の規定からみて，国会の予算修正は内閣の予算提案権を損なわない範囲において可能と考えられる」，との見解を示している（1977（昭52）・2・23）。これに対し，学説には，憲法は内閣に予算作成・国会提出の権能を認めるものの，提出された予算は国会の全面的な審議の対象となるのが憲法の趣旨ではないか，といった批判もある。

予算について，憲法はさらに，「予見し難い予算の不足に充てるため，国会の議決に基づいて予備費を設け，内閣の責任でこれを支出することができる」，と定め，予備費の制度を予定している（87条1項）。予備費の支出についてはすべて，内閣は事後に国会の承諾を得なければならない（同2項）。財政法は，予見し難い予算の不足に充てるため，内閣は，予備費として相当と認める金額を，歳入歳出予算に計上することができる，と定めている（24条）。予備費の管理は財務大臣が行うものとされ，各省各庁の長は，予備費の使用を必要と認めるときは，理由・金額・積算の基礎を明らかにした調書を作成し，財務大臣に送付することとされている（35条1・2項）。

④決算審査　国の収入支出についての決算は，すべて毎年，会計検査院によって検査され，内閣は，次の年度に，その検査報告とともに，国会に提出する（憲90条1項）。

会計検査院は，内閣に対し独立の地位を有し，3人の検査官をもって構成する検査官会議と事務総局をもって組織される（会計検査院法1・2条）。会計検査院の検査官は，両議院の同意を経て内閣が任命し，その長は，検査官のうちから互選した者について，内閣が任命する（3条，4条1項）。会計検査院は，国の毎月の収入支出や国の所有する現金・物品・国有財産の受払などについて検査を行う（必要的検査事項。22条）ほか，院が必要と認めるときまたは内閣の請求があるときにも検査をすることができる（任意的検査事項。23条1項）。会計検査院は，国の収入支出の決算の確認などを掲記した検査報告を作成する（29条）。

決算と検査報告は両議院に提出され，両議院はそれぞれ別個に審査し，承認するか否かを議決するという方法をとっており，先例上，一院が議決しても他の院に送付しないこととされ，いちど提出されれば，その会期中に議院の議決に至らなくとも，再提出されることはないとされている（各院の議決は，「議案」ではなく，いわば「報告」案件とされ，議院の単なる内部慣行という扱いであるといわれる）。こうした運用については，国会への提出を「報告案件」のように扱うのではなく，「議案」として提出され，「国会の議決」の対象とすべきではないのか，といった批判もある。

⑤財政状況報告　　憲法はさらに，内閣は，国会と国民に対し，定期に，少なくとも毎年１回は，国の財政状況について報告すべきことを要求している（91条）。財政法では，内閣は，予算が成立したときは，直ちに予算・前々年度の歳入歳出決算などについて，印刷物・講演その他適当な方法で国民に報告しなければならないと定めている（46条１項）。

公金支出の禁止

先にみたように，憲法は財政民主主義を掲げており，国会の議決による財政運用を原則とする。しかし憲法は，国会の議決によるならばどのような支出も認めるものではなく，公金支出・公物供用等の決定に対して，一定の制約を課している。それが，「公金その他の公の財産は，宗教上の組織若しくは団体の使用，便益若しくは維持のため，又は公の支配に属しない慈善，教育若しくは博愛の事業に対し，これを支出し，又はその利用に供してはならない」，と定める憲法89条である。本条の前段については，「宗教上の組織若しくは団体」への公金支出等を禁止することで，政教分離原則の財政面からの保障を意味するとされる。

後段については，(i)本条の立法趣旨と，(ii)「公の支配」の意味をめぐって，解釈が分かれる。学説は，(i)本条の立法趣旨について，(a)私的な事業への不当な公権力の支配が及ぶことの防止と理解する立場や，(b)慈善や博愛の事業等については，その美名の下に，公の財産が濫用されるおそれがあるので，この公費濫用を防止したと解するものなどがある。また，(ii)「**公の支配**」については，(α)事業運営の基本について公権力による決定権がなければならないものと解するか，また，(β)一定の監督が及んでいれば足りるとか，(γ)国家機関による財政処分と同様，一般の財政処分が服するような執行統制を内容とするもの，など諸説がある。実際には，たとえば私立学校への助成や（私立学校振興助成法4条等），社会福祉事業等（社会福祉法58条）について，国または地方公共団体が公費を助成することができることになっているが，こうした規定に定める監督では不十分であって，合憲としないのがα説である。

まとめてみよう

国会の財政に関する権能について，租税の徴収と，予算の作成それぞれに関してまとめてみよう。

考えてみよう

介護保険に参入する介護サービスを提供する株式会社に，A市が，介護施設に関する整備への補助として補助金を支出することは，憲法89条後段に反しないか。

第24章
地方自治

この章で学ぶこと

国だけでなく多額の借金をかかえている地方公共団体も多い。そこで，納税者が住んでいる自治体ではなく，故郷や応援したい自治体を選んで寄付をする「ふるさと納税」などによって，地方行政を元気にしようとしている。ところで，そもそも地方自治はなぜ必要なのだろう。国政だけの方が，行政サービスの地域間格差がなくなり，人員削減できて税負担も減るのではないか。そのような疑問を感じたことはないだろうか。この章では，地方自治がなぜ大切なのか，自治体はどんな権限をもっているのかなどについて学ぶことにしよう。

1　地方自治の意義

地方自治は，「民主主義の学校である」といわれる。身近な地方の政治で民主主義を実現し，それを国政に反映させるとともに，中央への権力集中をおさえ，権力を地方に分散させるという重要な意義を有する。

地方自治制の沿革

大日本帝国憲法には地方自治に関する規定はなく，憲法制定と同時期に法律で地方制度が整備された（1888年市制及町村制，1890年府県制・郡制）。しかし，府県知事・郡長が国の官吏であるなど官僚的色彩が濃く，中央政府の地方出先機関に近いものであった。その後，市町村および府県の自治権が拡張されたが，戦時下に入り中央政府の監督体制が強化された。

日本国憲法は第８章「地方自治」を設け，４箇条から成る地方自治に関する基本原則を規定した。その憲法の趣旨に基づいて地方自治法が制定され（憲法と同日施行)，地方分権と地方行政の民主化が図られた。しかし，実際には中央集権的色彩が強く，事務配分・財源の面で自治が大幅に制限されていた。

1970年代から地方の時代といわれ，公害・教育・福祉等の問題に独自性を打ち出すようになってきたが，財政・権限上の理由で困難が生じたため，地方分権の推進が課題となった。そこで，1993年から地方分権改革が行われ，住民に身近な行政はできるだけ地方公共団体に委ねられ，地方公共団体の自主性・自立性を図ることとなった。1999年には地方分権一括法が制定され，同年，地方自治法の大改正も行われた。

地方自治の本旨

憲法は，「地方公共団体の組織及び運営に関する事項は，地方自治の本旨に基づいて，法律でこれを定める」(92条)と規定する。これは，地方の政治制度が法律によって定められなければならないこと，および，その法律が地方自治の本旨に基づいていなければならないことを意味している。**地方自治の本旨**とは，一般に，住民自治と団体自治の要素から成ると解されている。**住民自治**とは，住民が地域的な行政需要を住民の意思に基づいて自らの責任で行うことである。また，**団体自治**とは，国から独立した地方公共団体が，自己の事務を自己の機関により自己の責任において処理することである。

地方自治保障の性質

地方自治保障の性質について，従来から(a)**固有権説**，(b)**承認説**（**伝来説**），(c)**制度的保障説**が主張されている。a説は，フランス革命期の「地方権」の思想に起源を有し，地方公共団体の自治権は地方公共団体に固有な自然権的基本権と解する。b説は，地方公共団体の自治権は国が承認する限り認められ，国家の主権から伝来したもので，その範囲は法律によって定められると解する。国が地方自治保障の範囲を法律で定めることができるのであれば，憲法で規定した意味がなくなってしまうなどと批判され，今日，この説を支持する見解はみられない。c説（多数説）は，「地方自治という歴史的・伝統的・理念的な公法上の制度を保障したとみる立場」で，その本質的内容（議会の設置，首長直接公選制，条例制定権等）は法律でも侵害できないとする。最近，地方自治権拡大の要請の下，地方自治の本質論の再検討がなされており，「実定憲法を援用しつつ，自治権の自然権的性格」を主張する**新固有権説**（憲法伝来説）も有力に主張されている。憲法の国民主権原理と基本的人権保障に従って，地方自治の本旨を解釈することが求められている。

2 地方公共団体の意味と機関

（1） 地方公共団体の意味

地方公共団体の具体的組織については法律に委ねられている。地方自治法は，**普通地方公共団体**（都道府県・市町村）と**特別地方公共団体**（特別区・地方公共団体の組合・財産区・地方開発事業団）を規定する（自治１条の３）。

二段階制 地方自治法は，市町村を「基礎的な地方公共団体」（同２条３項），都道府県を「市町村を包括する広域の地方公共団体」（同５項）と定めている。都道府県と市町村という二段階制について，(a)憲法上の要請と解する説と，(b)立法政策と解する説が主張されている。さらに，ａ説の中でも，（a_1）都道府県と市町村という固定的な二重構造を憲法上保障していると解する説と，（a_2）市町村のほか，**都道府県制**を維持するか**道州制**等とするかは，地方自治の本旨に反しない限り，立法政策に委ねられていると解する説（多数説）に分かれる。a_1説は歴史的経緯を強調し，a_2説は歴史的経緯を尊重しつつ広域行政の必要性を考慮している。

特　別　区 東京都の23区は**特別区**であるが（自治281条），特別区が憲法上の地方公共団体にあたるとすれば，特別区の長は住民の直接選挙によって選ばれなければならないことになる（93条２項）。地方自治法制定当初は区長の公選制が採用されていたが，1952年に議会が知事の同意を得て選任する方法に変更され，1974年，地方自治法改正によって公選制が復活した。

現在では，特別区にも共同体意識や地方自治の機能が備わっており，判例（**重要判例54**）の基準によっても地方公共団体にあたると解されている。なお，1999年の法改正により，特別区は「基礎的な地方公共団体」として，「大都市

コラム⑭　市町村合併

地方自治法には，市町村の規模の適正化に配慮することが規定されている（同2条15項）。地方分権改革を推進するためには，市町村の規模・能力を充実強化させることが必要である。そこで，1995年の合併特例法に始まり，市町村の合併が強力に推し進められ，特に2005年前後にピークを迎えた。国は，財政支援策，中核市や特例市などの創設，市や政令指定都市への昇格の際の人口要件緩和などによって，市町村の自主的合併を促してきた。この「平成の大合併」の結果，市町村の数は3232（1999年3月31日）から1719（2012年10月1日）に減少した。合併も一区切りがついたため，2010年に新合併特例法が改正されて，目的も「合併の推進」から「合併の円滑化」に改められた。

における行政の一体性及び統一性の確保の観点から」（自治281条の2・1項），都が一般的に処理するとされているものを除き，市町村が処理する事務を処理する（同281条の2・2項）。

重要判例54　東京都特別区区長選挙事件（最大判1963（昭38）・3・27【百選Ⅱ－207】）

渋谷区議会における区長選任をめぐって贈収賄事件が起こった。第1審は，特別区は憲法93条2項の地方公共団体にあたり，長の選出には住民の選挙が必要であるため，地方自治法281条の2（特別区の区長は議会が都知事の同意を得て選任）は違憲無効である。よって，区議会議員には区長選任権限がないので，贈収賄罪が成立しないと判示した。最高裁は，憲法上の地方公共団体というには「事実上住民が経済的文化的に密接な共同生活を営み，共同体意識を持っているという社会的基盤が存在し，沿革的にみても，また現実の行政の上においても，相当程度の自主立法権，自主行政権，自主財政権等地方自治の基本的機能を附与された地域団体であることを必要とする」として，特別区は憲法上の地方公共団体ではなく，区長を公選とするか否かは立法政策の問題にすぎないとした。

（2）機　関

議　　会　地方公共団体には議事機関として議会がおかれ，議会の議員と長および法律の定めるその他の吏員は，住民の直接選挙によらなければならない（93条）。議員の被選挙資格は選挙権を有する満25歳以上の者で，任期は4年である（自治19条，93条，13条）。しかし，住民からの解職・解散請求が認められており（同76条，80条），また，「地方公共団体の議会の解散に関する特例法」により，自主解散も定められている。

選挙区への議員定数配分は，人口に従って条例で定められる（同90条，91条）。議員定数配分規定の適法性に関して，最高裁は，「人口比例を最も重要かつ基本的な基準」とし，投票価値の平等が憲法上求められることを認め，最大較差1対5.45を公職選挙法15条8項違反とした（**東京都議会議員定数不均衡訴訟**（最判1984（昭59）・5・17【百選Ⅱ－156】）。国会の議員定数不均衡については本書65頁）。

長　地方公共団体の執行機関として，長が住民の直接選挙によって選出される。都道府県に知事が，市町村に市町村長がおかれる（自治139条）。長の任期は4年，被選挙資格は，知事は満30歳以上，市町村長は満25歳以上の日本国民である（同140条，19条）。住民からの解職請求と議会の不信任決議が認められている（同13条，81条，178条）。

首長主義　執行機関と議事機関との関係について憲法に明示規定はないが，憲法は地方政治について執行機関の**首長制**を採用したと解されている。そして，地方自治法は，首長制を基本として議院内閣制の要素を取り入れている。議会は長の不信任議決をなすことができ，その場合には長は議会の解散権を有する（自治178条）。

3　地方公共団体の権能

憲法94条は，地方公共団体の権能として，財産管理，事務処理，行政の執行，条例制定を挙げている。財産管理および事務処理は非権力的な公共事業関連作用，行政の執行は権力的作用，条例制定は自主立法権である。

事　務　1999年の地方自治法改正前は，普通地方公共団体の事務として，公共事務（固有事務），団体委任事務，行政事務の3種が存在した。これらは自らの責任で行う自治事務であるが，この他に，法律で国の事務と定めたものにつき地方公共団体の長に執行を委任した**機関委任事務**

（国選・統計・生活保護・義務教育・免許等）が存在した。機関委任事務については，議会の権限が制約され国の包括的な指揮監督を受けるなど，国の下請的な役割を担わされていた。しかも，都道府県の事務全体の7割〜8割にも達していたため（3割自治），地方自治の観点から問題性を指摘されていた。

改正自治法は機関委任事務を廃止した。従来の機関委任事務については，事務自体を廃止したもの（外国人登録原票の写真の送付等に関する都道府県の経由事務等），国が直接行うもの（国立公園の管理等）以外は，地方公共団体の事務となった。地方公共団体の事務は自治事務と法定受託事務に区分されている（自治2条8項）。**自治事務**は，「地方公共団体が処理する事務のうち，法定受託事務以外のもの」である。**法定受託事務**は，国等が本来果たすべき事務のうち，法律で都道府県・市町村・特別区が処理すると定められたものである（同2条9項，国選，旅券の発給，国道の管理など）。これらは地方公共団体自体の事務であり，これに関して条例も制定でき，監査委員等による統制も可能である。

地方公共団体の事務に対して国または都道府県が関与する場合には，法令の根拠が必要である（自治245条の2）。関与はその目的を達成するために必要な最小限度のものとし，地方公共団体の自主性・自立性に配慮しなければならない（同245条の3第1項）。また，国と地方公共団体間の法的紛争を処理するため，第三者機関として国地方係争処理委員会が設置された（同250条の7〜252条）。

国は，「本来果たすべき役割を重点的に担い，住民に身近な行政はできる限り地方公共団体にゆだねる」。国が本来果たすべき役割とは，国際社会における国家としての存立にかかわる事務，全国的に統一して定めることが望ましい国民活動もしくは地方自治に関する基本的準則に関する事務，全国規模・視野で行わなければならない施策・事業の実施である（自治1条の2）。具体的には，外交・防衛・通貨・司法・生活保護基準・公的年金等が挙げられる。

財　政　権

「財産を管理」すなわち財産を取得・利用・処分する権限を有する。収入源として，地方税・手数料・地方債などの自主財源のほか（自治223条〜227条，230条），国から交付される地方交付税・地方譲与税・国庫支出金などの依存財源がある。自主財源が乏しく（3割～4割），地方交付税，国庫補助金などに大きく依存してきたため，「補助金行政」などと批判された。そこで，1995年，地方分権推進法で「国と地方公共団体との役割分担に応じた地方税財源の充実確保」（6条）の方針が規定され，それに基づいて地方財政法が改正された（2000年施行）。2001年から2005年まで，国庫補助金の廃止・縮減，地方への税源の移譲，地方交付税の見直しを一体として行う**三位一体の改革**が行われた。

条例制定権

条例制定権（94条）は，住民の意思を条例で実現できるという点で，民主主義の実現にとって重要な権限である。条例の意味について，地方議会の議決によって制定された条例に限るという説（狭義説），長の制定する規則も含むという説（広義説），さらに委員会規則等も含むという説（最広義説，多数説）がある。

条例制定権の根拠について，(a)自治権の1つとして92条に含まれるという説，(b)94条が創設的に付与したという説，(c)92条・94条を根拠とする説，(d)条例を法律の授権に基づく委任立法とし，地方自治法14条1項が一般的授権条項であると解する説などがある。最高裁は，「憲法94条により法律の範囲内において制定する権能を認められた自治立法」（最大判1962（昭37）・5・30【百選Ⅱ-215】）とし，bまたはc説の立場に立った。学説の多数説も同様である。

法律留保事項

条例は地方公共団体の自主立法であるから，住民の基本的人権の制約も可能である。ただ，憲法の法律留保事項を条例で規制できるかが問題となる。

①財産権の規制　憲法は，「財産権の内容」は法律で定めると規定するが（29条2項），この法律に条例が含まれるだろうか。(a)財産権は全国的な取引の対象となるので，法律で統一的に内容・制限を定めるべきとして，条例で規制するには法律の具体的委任を必要とするという説がある。また，(b)「財産権の内容」を法制度自体のありようをさすものと限定して，これについては法律によらなければならないが，既存の法制度下での具体的権利行使については条例による制約の対象となるという主張もある。これに対しては，内容と行使を截

然と区別することは困難であるという批判がある。(c)94条は41条の例外を規定したこと，条例は住民の代表機関である議会によって民主的に制定されたので，実質的には法律に準じるものであることなどから，地方的な事情により地方公共団体が規制するのが適切な場合には，条例による内容の規制も許されると主張する（通説)。最高裁も，**奈良県ため池条例事件**において違憲ではないとした（最大判1963（昭38）・6・26【百選Ⅰ－103】)。

②**罰　則**　　憲法31条は法律の手続によらないで刑罰を科すことを禁止しており，73条6号も命令への罰則の一般的委任を禁じている。しかし，地方自治法14条3項は条例による罰則を認めているため，その合憲性が問題となる。(a)条例制定権はその実効性を担保するため当然に罰則制定権を含むと解する憲法直接授権説，(b)実質的に条例を法律に準じるものとして，条例への罰則の委任は一般的・包括的でよいとする一般的・包括的法律授権説，(c)条例は地方議会によって制定される自治立法であり，法律に類するものであるから，相当程度に具体的な内容の授権で足りるとする限定的法律授権説が主張されている。最高裁は，**大阪市売春取締条例事件**においてc説の立場をとった（最大判1962（昭37）・5・30【百選Ⅱ－215】)。学説もc説が多数説であるが，最近ではa説，b説も有力となっている。

③**課　税**　　憲法84条は**租税法律主義**を定めているが，この法律に条例が含まれるだろうか。「行政を執行する権能」(94条）の中に課税権も含まれていること，租税法律主義は行政権による専断的な課税を禁じるもので，民主的立法である条例は法律に準じるものと考えられることから，条例で課税することもできると解されている。地方税法は条例で地方税の賦課徴収について定められると規定し（地税3条)，憲法の趣旨を確認している。

大牟田市電気税事件において，裁判所は，地方公共団体は独立の統治権を有している以上，事務遂行の実効性を確保するため，「自主財政権ひいては財源確保の手段としての課税権も」憲法は認めていると判示した（福岡地判1980（昭55)・6・5訟月26巻9号1572頁)。

法令上の限界　憲法は条例制定権を「法律の範囲内」(94条）で認めており，さらに，地方自治法は「法令に違反しない限りにおいて」，自治事務・法定受託事務に関して制定できるとする（自治14条1項)。そのため，法律と条例の関係が問題となる。学説は，従来，法令が明示的・黙示的に先占している事項については，法律の明示的委任がなければ条例を制定できないという**法律先占論**に立った上で，先占領域の範囲を法令が条例による規制を認めていないことが明らかな場合に限定する見解が支配的であった。しかし，公害が深刻な問題であった1960年代後半，公害規制条例の中に，法律より厳しい規制を定める**上乗せ条例**や，規制対象を法律よりも拡大する**横出し条例**が多くみられた。これらの条例は住民の生存権という人権保障を目的としており，また，国の規制は全国的な最低基準を定めたものであって，地方公共団体が必要に応じて条例を定めることを禁ずる趣旨ではないとして，多くの学説の支持を得てきた。今日，地方自治行政の核心部分は「固有の自治事務領域」として，第一次責任と権限が地方公共団体に留保されるべきであり，国が法律で規制措置を定めたとしても，それは全国的に適用される最低基準と解すべきという見解が有力に主張されている（「固有の自治事務領域」法律規制**ナショナル・ミニマム論**)。

最高裁は，**徳島市公安条例事件**において，「条例が国の法令に違反するかどうかは，……それぞれの趣旨，目的，内容及び効果を比較し，両者の間に矛盾抵触があるかどうかによって」決定すべきとした。そして，①特定事項について規律する法令がない場合でも，法令全体からみて規制すべきでない趣旨と解されるときは，これに関する条例は法令に違反する。②特定事項について法令と条例が併存しても，条例が国の法令とは別の目的に基づいており，法令の目的と効果を阻害しないときは法令違反ではない。③法令と条例が同一目的であっても，法令が全国的に一律に同一内容の規制を施す趣旨ではなく，地方の実情に応じた規制を容認すると解されるときは法令違反ではないとした（最大判1975（昭50)・9・10【百選Ⅰ－88】)（**重要判例24**)。

法人事業税に外形標準課税が導入されるまでの間の臨時特例措置として，神奈川県は条例を制定して臨時特例企業税を創設した。最高裁は，法人事業税についても法人税と同様に，「法人の税負担をできるだけ均等化して公平な課税を行うという趣旨，目的から，地方税法の規定によって欠損金の繰越控除の必要的な適用が定められて」いる。しかし，本件条例は，欠損金の繰越控除を一部排除する効果を有するものであり，それは許されないとした（最判2013（平25）・3・21【百選Ⅱ－208】）。税に関する条例が法律に違反しないかについては，自治体も課税権を有するので柔軟に判断されるべきという批判がある。

4　住民の権利

憲法は，地方自治の本旨の内容である住民自治を保障するために，地方公共団体の長や議会の議員などの住民による**直接選挙**（93条），**地方特別法に対する住民投票**（95条）を規定している。

選　挙　権　地方公共団体の構成員である住民とは，日本国籍の有無を問わず，「市町村の区域に住所を有する者」（自治法10条1項）であるが，普通地方公共団体の選挙権を有するのは，日本国民たる満18歳以上の者で，引き続き3ヶ月以上市町村の区域内に住所を有する者である（公職選挙法9条，自治法11，18条）（外国人の選挙権については本書172頁）。

地方特別法の住民投票　憲法は，「一の地方公共団体のみに適用される特別法」に関する**住民投票**を定める（95条）。特別法による地方自治権の侵害の防止，地方公共団体の個性および平等権の尊重，住民の意思の尊重等が目的と考えられている。「一の」は，特定のという意味であり複数の地方公共団体であってもよい（たとえば，横須賀・呉・佐世保・舞鶴に適用された旧軍港市転換法）。地方自治特別法は，1950年前後に制定された15の法律のみで，その後はまったく制定されていない。そのため，制度が有効に利用されていない，また，住民投票実施の判断基準が明確でないといった批判がある。

直接請求権，住民訴訟　地方自治法は，住民の**直接請求**として，条例の制定改廃の請求（自治74条～74条の4），監査の請求（同75条），議会の解散請求（同76条～79条），議員・長・役員の解職請求（同80条～88条）など，直接民主制的諸制度を定める。また，**民衆訴訟**の一形態として**住民訴訟**があり（同242条の2），津地鎮祭訴訟など政教分離原則違反を争う憲法訴訟が提起されている。これらは代表民主制の欠陥を補い，民主主義と立憲政治の展開に重要な役割を果たしている。

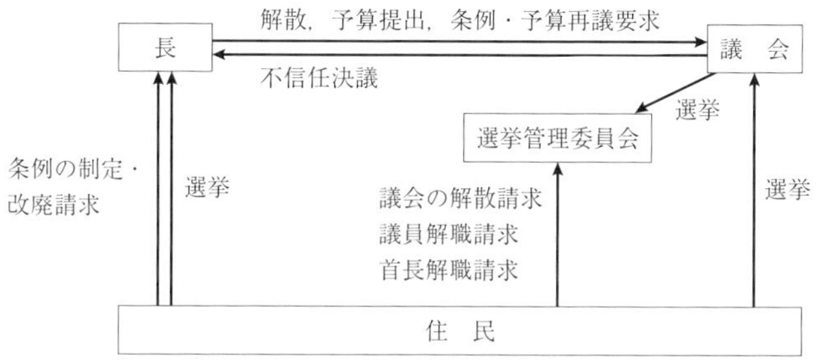

住民投票条例　地方公共団体が**住民投票条例**を制定し，特定の施策（原子力発電所・産業廃棄物処理施設設置，市町村合併等）について住民投票を行い，住民の意思を問う場合がある。住民投票は代表民主制を補完し，民主主義の理念にかなうものであるなど，積極的に評価される反面，政治権力者を正当化するプレビシットとして機能する危険，情報不足や分析能力欠如による世論操作の危険等が指摘されている。憲法は地方自治において直接民主制的制度を否定してはいないが，憲法に基づく地方自治法には住民投票に関して根拠規定が定められていない。そこで，多数説は，議会や長の法的権限を侵害せず，法的拘束力をもたない諮問的なものである限り許されると主張している。

米軍基地建設の是非を問う住民投票の結果，反対総数が過半数を占めたが，名護市長は基地受入れを表明したために，住民が訴えを提起した。裁判所は，「仮に，住民投票の結果に法的拘束力を肯定すると，間接民主制によって市政を執行しようとする現行法の制度原理と整合しない」。「過半数の意思に従うべき法的義務があるとまで解することはできず」，「参考とするよう要求しているにすぎない」とした（那覇地判2000（平12）・5・9判時1058号124頁）。

まとめてみよう

議院内閣制とも大統領制とも異なる，地方公共団体の議会と長の関係についてまとめてみよう。

考えてみよう

1. 都道府県制を廃止して道州制にすることは，憲法上可能であるか，論じてみよう。さらに，道州制のあり方について地方自治の本旨に従って考えてみよう。
2. 憲法95条の地方自治特別法の規定は，現在，まったく使われていないため，廃止論も主張されている。それに対して，もっと活用するよう検討すべきだという説もある。この問題について考えてみよう。
3. 住民投票条例，あるいは，自治基本条例の中に住民投票条文が，次々と制定されている。住民自治の点から考えてみよう。

第25章
憲法改正と改憲論議

この章で学ぶこと

日本国憲法も20世紀半ばの歴史的産物であることから，制定後の社会の変化とともに歴史的限界に直面するということも当然起こりうる。そこで，日本国憲法は自らの内に改正規定をおいているが，他方で，「国の最高法規」である日本国憲法を安易な改正から護るためにきわめて厳格な要件を設けていることを検討する。また，日本国憲法は，成立後間もない時期から改憲論議にさらされ続けてきており，改憲の是非をめぐって激しい攻防が繰り広げられてきたことを検討する。

1　憲 法 改 正

（1）　憲法改正とは，何か

憲法改正・憲法制定・憲法変遷

憲法改正とは，成文憲法典について，所定の改正手続に従って明示的な変更を加えることであり，新しい**憲法の制定**とは区別され（成文憲法典の制定は，一般に，政治的大変動の後にそれまでの旧い法秩序を否定し新しい法秩序を創造するために行われる（本書８頁）），憲法の規定はそのままでありながら国家機関の解釈・運用などによってその意味を事実上変更する**憲法変遷**とも区別される。この憲法変遷については，憲法の規定に反する現実が長期にわたって存在したり国民の同意が存するような場合に，憲法改正と同様の法的効果を生じると解することができるかどうかが問題とされる。しかし，「憲法の規定に反する現実」とは，要するに違憲だということであり，それを正式の改正手続によらずに憲法変遷によって合憲とすることはできないはずである。

憲法保障　一般に，憲法が法律などの下位の法規範や国家の違憲的行為によって崩壊させせられようとする事態を事前・事後に防止・是正するための仕組みを設けておくことが必要となる。これは，**憲法保障**と呼ばれるが，日本国憲法は，自ら「国の最高法規」であると述べ（98条），公務員（権力担当者）に憲法尊重擁護義務を課し（99条），違憲審査制を設ける（81条）などの工夫をしている。憲法96条が次にみるようにきわめて厳格な改正手続を規定していることも，憲法保障の仕組みの1つと位置づけられる。

また，憲法保障との関係で**国家緊急権**が論じられることがある。国家緊急権は，一般に，「戦争・内乱・恐慌・大規模な自然災害など，平時の統治機構をもっては対処できない非常事態において，国家の存立を維持するために，国家権力が，立憲的な憲法秩序を一時停止して非常措置をとる権限」のことだとされる。大日本帝国憲法は国家緊急権に関する規定を設けていたが（8条（緊急命令権），14条（戒厳宣告権），31条（非常大権）など），日本国憲法は国家緊急権規定をもっていない。これは，日本国憲法が国家緊急権を積極的に否定したことを示していると解される。なお，近年のさまざまな憲法改正案の中には，国家緊急権をおくべきだとするものがある。

（2）　日本国憲法と憲法改正

憲法改正手続　日本国憲法の改正については，96条がその厳格な手続を定めている（硬性憲法（本書5頁））。それによると，①衆・参各議院の総議員の3分の2以上の賛成で国会が発議し，②国民投票で過半数の賛成があったときに成立する。なお，公布は天皇が「国民の名で」行うとされるが（7条1号参照），これは憲法改正が主権者である国民の意思によるものだということを明らかにする趣旨だとされる。

憲法改正手続の問題点　国会の「**発議**」とは，国会が国民に提案する憲法改正案を決定することである。ここで，憲法改正原案の提出権（発案権）を誰が有するのかが問題となる。具体的には，各議員が発案権を有することのほかに，内閣が発案権を有するかが問題となる。内閣の法律案提出権と同様に考えて肯定する説と否定説とがある。否定説は，憲法改正は通常の法律の場合とは異なる特別の作用だとする。

①審議について，定足数が問題となる。憲法改正手続の特別な性格からすると，定足数を総議員の3分の2以上とすることなどが考えられる。

②議決について，各議院における総議員の3分の2以上という場合の「総議員」の意味が問題となり，法定議員数か現在議員数かで考え方が分かれる。

③国民の承認について，承認の要件である「その過半数」の意味が問題となり，「その」が投票総数か有効投票数か有権者数かで考え方が分かれる。

以下で扱う憲法改正国民投票法において，①②については特別の規定はおかれず，③については有効投票数（賛成票と反対票の合計数）の過半数とする規定をおいている（98条2項）。

また，国民のいわば国民投票運動はどのように扱われるのか，投票権者の範囲をどうするのか，複数の条文の改正案が提示されるとき一箇条ごとに投票するのか，投票率に要件を設けるのかなど多くの検討課題がある。

憲法改正国民投票法

2007年，憲法96条が規定する憲法改正に関して「国民の承認に係る投票に関する手続」を定めおよび「憲法改正の発議に係る手続の整備」を行う（国会法改正）ことを目的とする**「日本国憲法の改正手続に関する法律」**（国民投票法）が制定された。

①憲法改正原案を提出するには，衆議院では議員100人以上，参議院では50人以上の賛成が必要である（国会68条の2）。憲法改正原案は，次の②で扱う憲法審査会も提出できる（同102条の7）。また，憲法改正原案の提出は，「内容において関連する事項ごとに区分して行う」ものとされた（同68条の3）が実際にどのように発議されるのかは不明である。なお，内閣の憲法改正原案の提出手続については規定されていない。

②日本国憲法および日本国憲法に密接に関連する基本法制についての広範かつ総合的な調査権限を有し，憲法改正原案，日本国憲法に係る改正の発議または国民投票に関する法律案等の審査権限を有する憲法審査会が各議院に設置されることとなった（国会102条の6）。

③国民投票の投票権者は，日本国民で満18歳以上の者とされた（国民投票法3条)。この規定との関係で，民法など他の法律の改正が問題となっている（2014年の法改正で投票日が2018年6月20日までの国民投票においては年齢満20年以上の者が投票権となるとされた)。

④国および地方公共団体の公務員等は，その地位を利用して国民投票運動をすることができないとされた（国民投票法103条1項)。憲法改正国民投票に関わる公務員の政治的行為については，「国民投票運動」と「憲法改正に関する意見の表明」に限り行うことができるとされ，他は先送りされた（2014年改正)。また，教育者は，「学校の児童，生徒及び学生に対する教育上の地位」を利用して国民投票運動をすることができないとされた（同103条2項)。これらは，表現の自由との関係で問題となる。

⑤過半数の賛成があった場合でも，一定の投票率に達しない限りは国民投票は不成立であったとして，「国民の承認」を得られなかったものとする「最低投票率制度」は，設けられなかった。

憲法改正の限界

憲法改正に関する1つの重要な理論問題は，憲法改正手続によればどのような改正も行えるのかということであり，**憲法改正の限界**の問題として論じられる。これについては，一定の限界があるとする憲法改正限界論が通説であるが，憲法が定める改正手続に従えば憲法の内容にどのような変更を加えることも可能であるとする憲法改正無限界論も主張されている。限界論にもいろいろあるが，一般に憲法制定権力という考え方を用いて説明される（**コラム⑮**参照)。そして，日本国憲法の三大原理（人権保障，主権在民，平和主義）は憲法改正手続によっても変更しえないとされ，あるいは，憲法96条が規定する改正手続に定められる**国民投票制**は，国民主権原理にとって必要不可欠のものと位置づけられるものであるとして改正はできないとされる。これに対して，無限界論には，そもそも憲法制定権力という考え方を認めないもの，あるいは憲法制定権力と憲法改正権とを同視し憲法改正は憲法の定める手続に拘束される以外は自由に行えるとするものなどがある。

コラム⑮　憲法制定権力（制憲権）

憲法典は，憲法典の外にある憲法制定権力（制憲権）によって作られる。つまり，憲法を作り憲法上の諸機関に権限を付与する権力として制憲権というものを考えるわけである。この制憲権は，憲法が作られた後は，憲法典の中に取り込まれ，国民主権の原則として宣言される。そして，制憲権の考え方は，憲法改正権限を国民に付与する憲法改正規定に具体化され，憲法改正権は，「制度化された制憲権」などと呼ばれる。

このような考え方をすると，憲法改正によって，改正権の根拠となる制憲権の所在としての国民主権原理を変更することは背理だということになるし，国民の制憲権の考え方の具体化である憲法改正国民投票を廃止したりすることもできないことが説明できるということになる。

2　改憲論議

日本国憲法は，戦後を通じて政権党の地位にあった政党が「**自主憲法制定**」を党是としていることもあって，一貫して改憲論議にさらされてきた。その場合，改憲論が一貫して標的としてきたのは憲法９条であった。しかし，ながらく「**55年体制**」の一方の地位を占めてきた野党は，国民の中にある強い反戦意識に支えられた平和運動の展開と重なり合いながら，改憲反対の立場をとってきた。かくして，日本国憲法をめぐって，「改憲」対「護憲」・「憲法改悪反対」という構図の下で激しい議論が戦わされてきた。しかし，1990年代以降は東西冷戦構造の崩壊あるいは「55年体制」の崩壊などがあって改憲論の内容（ただし，改憲の標的が９条であることは一貫している）や改憲をめぐる政治的配置にも大きな変化がみられるようになった。

1950年代の改憲論議

1950年代には，自衛隊を憲法上の存在にすることを中心にした復古的な内容による「自主憲法制定」をめざした改憲構想が主流であった。具体的には，自衛隊の合憲化に加え，天皇の元首化や権限の拡大，人権の法律による制限，家族制度の強調などを内容としていた。

1960年代から80年代の改憲論議

1960年代には，1964年**憲法調査会**（1956年憲法調査会法により内閣に設置。当時，日本社会党は，憲法改正への布石だとして参加を許否）が膨大な報告書を出したが（改憲論と改憲不要論を併記），空前絶後の全国民的規模での60年日米安保条約改定反対運動を経て高度経済成長の時代に入り，自衛隊の漸次的増強という現実的路線がとられた。1980年代には，1980年自民党憲法調査会活動再開，1982年同中間報告の公表，1981年「日本を守る国民会議」結成などによる下からの「草の根改憲運動」が展開された。

1990年代の改憲論議

1990年代には，湾岸戦争を機に情勢は大きく変化した。それまでの改憲論は，自衛隊を憲法上の存在にするということを中心的論点としてきたが，1990年代前半には「国際貢献」論が盛んに論じられる中で，改憲論は，自衛隊の「海外派遣」の合憲化を中心的論点とし，あわせて「新しい人権」（本書48頁）の明記や憲法裁判所の設置などを提起しながら全面的改憲論となって展開された。さらにその後，「海外派遣」された自衛隊の海外での武力行使の合憲化が問題となっている。

2000年代の改憲論

1999年国会法改正により**憲法調査会**が，「日本国憲法について広範かつ総合的に調査を行うため」，両議院に設置された（前述の1956年設置の憲法調査会とは別のものである）。2005年最終報告書を提出したが，さまざまな意見を集めただけのものとなった。

改憲の主張は，代表的新聞社の１つによっても行われることとなった。読売新聞社は，1994年に憲法改正試案を公表していたが，2000年には第二次試案を公表した。いくつか特徴的な点を拾ってみると，①政党に関する規定を新設して，「政党は，国民主権の原理を尊重し，民主政治の発展に努めなければならない」とする（３条），②９条を改正して，「日本国は，自らの平和と独立を守り，その安全を保つため，自衛のための軍隊をもつことができる」とし（12条），「確立された国際的機構の活動に，積極的に協力」し，「自衛のための軍隊の一部を提供することができる」とする（14条），③人権制限規定をおいて，「国民は，常に相互に自由及び権利を尊重し，国の安全や公の秩序，国民の健全な生活環境その他の公共の利益との調和を図り，これを濫用してはなら

コラム⑯　9条の会（アピール文）

日本国憲法は，いま，大きな試練にさらされています。

ヒロシマ・ナガサキの原爆にいたる残虐な兵器によって，5千万を越える人命を奪った第二次世界大戦。この戦争から，世界の市民は，国際紛争の解決のためであっても，武力を使うことを選択肢にすべきではないという教訓を導きだしました。

侵略戦争をしつづけることで，この戦争に多大な責任を負った日本は，戦争放棄と戦力を持たないことを規定した9条を含む憲法を制定し，こうした世界の市民の意思を実現しようと決心しました。

しかるに憲法制定から半世紀以上を経たいま，9条を中心に日本国憲法を「改正」しようとする動きが，かつてない規模と強さで台頭しています。その意図は，日本を，アメリカに従って「戦争をする国」に変えるところにあります。そのために，集団的自衛権の容認，自衛隊の海外派兵と武力の行使など，憲法上の拘束を実際上破ってきています。また，非核三原則や武器輸出の禁止などの重要施策を無きものにしようとしています。そして，子どもたちを「戦争をする国」を担う者にするために，教育基本法をも変えようとしています。これは，日本国憲法が実現しようとしてきた，武力によらない紛争解決をめざす国の在り方を根本的に転換し，軍事優先の国家へ向かう道を歩むものです。私たちは，この転換を許すことはできません。

アメリカのイラク攻撃と占領の泥沼状態は，紛争の武力による解決が，いかに非現実的であるかを，日々明らかにしています。なにより武力の行使は，その国と地域の民衆の生活と幸福を奪うことでしかありません。1990年代以降の地域紛争への大国による軍事介入も，紛争の有効な解決にはつながりませんでした。だからこそ，東南アジアやヨーロッパ等では，紛争を，外交と話し合いによって解決するための，地域的枠組みを作る努力が強められています。

20世紀の教訓をふまえ，21世紀の進路が問われているいま，あらためて憲法9条を外交の基本にすえることの大切さがはっきりしてきています。相手国が歓迎しない自衛隊の派兵を「国際貢献」などと言うのは，思い上がりでしかありません。

憲法9条に基づき，アジアをはじめとする諸国民との友好と協力関係を発展させ，アメリカとの軍事同盟だけを優先する外交を転換し，世界の歴史の流れに，自主性を発揮して現実的にかかわっていくことが求められています。憲法9条をもつこの国だからこそ，相手国の立場を尊重した，平和的外交と，経済，文化，科学技術などの面からの協力ができるのです。

私たちは，平和を求める世界の市民と手をつなぐために，あらためて憲法9条を激動する世界に輝かせたいと考えます。そのためには，この国の主権者である国民一人ひとりが，9条を持つ日本国憲法を，自分のものとして選び直し，日々行使していくことが必要です。それは，国の未来の在り方に対する，主権者の責任です。日本と世界の平和な未来のために，日本国憲法を守るという一点で手をつなぎ，「改憲」のくわだてを阻むため，一人ひとりができる，あらゆる努力を，いますぐ始めることを訴えます。

2004年6月10日

井上ひさし(作家)　梅原猛(哲学者)　大江健三郎(作家)　奥平康弘(憲法研究者)　小田実(作家)　加藤周一(評論家)　澤地久枝(作家)　鶴見俊輔(哲学者)　三木睦子(国連婦人会)

ない」とする（17条），④環境権や犯罪被害者の権利などを新設する（29条，46条），⑤緊急事態に関する規定を新設する（88条以下）などである。

一方，長らく政権党であった自民党は立党50年となる2005年に**新憲法草案**を発表した（なお，自民党案は，「改正」案ではなく，「新憲法」草案とされていた）。その後，自民党は，2012年，「日本国憲法改正草案」を発表した。その主要な内容は，①憲法前文を全文書き換え「日本国は，長い伝統と固有の文化を持ち，国民統合の象徴である天皇を戴く国家であって」で始まるものとし，②天皇を「元首」とするとともに，国旗・国歌（日の丸・君が代）に対する国民の尊重義務を規定する，③第二章の表題を「戦争の放棄」から「安全保障」に替え，自衛権（個別的自衛権，集団的自衛権を含む）を明記するとともに，「国防軍」の保持をうたい，その任務として「国防」に加えて「国際社会の平和と安全を確保するために国際的に強調して行われる活動」を掲げ，さらに，軍事審判所の設置を規定する，④人権について，「自由及び権利には責任及び義務が伴う」ことを明記し，「公益及び公の秩序」による制限を規定する，⑤政党条項，緊急事態条項を新設し，⑥改正規定を緩和し，⑦国民の憲法尊重義務を新設するなど全面的改正をめざすものとなっている。

このような改憲の主張に対し，憲法擁護の主張も展開され（その一例として，「９条の会」のアピール文を掲げておく（**コラム⑯**参照）），国民一人ひとりが日本国憲法をどのように受けとめるかが問われている。そのためには，さまざまな憲法学習の機会をさまざまに確保することが必要かつ重要である。

まとめてみよう

憲法改正に限界はあるか。憲法改正手続によって，憲法改正手続自体を改正して国民投票を廃止することができるか。

考えてみよう

具体的な改憲案を調べて，憲法改正の是非について考えてみよう。

参考文献

（編著者名による50音順）

芦部信喜『憲法学Ⅰ』（有斐閣，1992年）
芦部信喜『憲法学Ⅱ』（有斐閣，1994年）
芦部信喜『憲法学Ⅲ〔増補版〕』（有斐閣，2000年）
芦部信喜（高橋和之補訂）『憲法〔第6版〕』（岩波書店，2015年）
阿部照哉・畑博行編『世界の憲法集〔第4版〕』（有信堂高文社，2009年）
市川正人『基本講義　憲法』（新世社，2014年）
伊藤正己『憲法〔第3版〕』（弘文堂，1995年）
『岩波講座　憲法　全6巻』（岩波書店，2007年）
浦部法穂『憲法学教室〔全訂第2版〕』（日本評論社，2006年）
大石眞『憲法講義Ⅰ〔第3版〕』（有斐閣，2014年）
大石眞『憲法講義Ⅱ〔第2版〕』（有斐閣，2012年）
大石眞・石川健治編『憲法の争点』（有斐閣，2008年）
岡田信弘編著『憲法のエチュード〔第3版〕』（八千代出版，2012年）
小栗実編著『新・検証日本国憲法〔第3版〕』（法律文化社，2007年）
覚道豊治『憲法〔改訂版〕』（ミネルヴァ書房，1979年）
君塚正臣編『ベーシックテキスト憲法〔第2版〕』（法律文化社，2011年）
憲法判例研究会編『判例プラクティス憲法』（信山社，2012年）
小嶋和司『憲法概説』（信山社出版，2004年）
小山剛・駒村圭吾編『論点探求　憲法〔第2版〕』（弘文堂，2013年）
小山剛・山本龍彦・新井誠編『憲法のレシピ』（尚学社，2007年）
佐藤幸治『日本国憲法論』（成文堂，2011年）
渋谷秀樹・赤坂正浩『憲法1〔第5版〕』（有斐閣，2013年）
渋谷秀樹・赤坂正浩『憲法2〔第5版〕』（有斐閣，2013年）
初宿正典『憲法2〔第3版〕』（成文堂，2010年）
初宿正典・大石眞・松井茂記・市川正人・高井裕之・藤井樹也・土井真一・毛利透・松本哲治・中山茂樹・上田健介『憲法 Cases and Materials 憲法訴訟』（有斐閣，2007年）
初宿正典・大沢秀介・高橋正俊・常本照樹・高井裕之編著『目で見る憲法〔第4版〕』（有斐閣，2011年）
初宿正典・辻村みよ子編『新解説世界憲法集〔第3版〕』（三省堂，2014年）
高橋和之『立憲主義と日本国憲法〔第3版〕』（有斐閣，2013年）
高橋和之編『新版　世界憲法集〔第2版〕』（岩波書店，2012年）
辻村みよ子『憲法〔第4版〕』（日本評論社，2012年）
戸波江二『憲法〔新版〕』（ぎょうせい，1998年）

中村睦男『憲法30講〔新版〕』（青林書院，1999年）
野中俊彦・中村睦男・高橋和之・高見勝利『憲法Ⅰ〔第５版〕』（有斐閣，2012年）
野中俊彦・中村睦男・高橋和之・高見勝利『憲法Ⅱ〔第５版〕』（有斐閣，2012年）
長谷部恭男『憲法〔第６版〕』（新世社，2014年）
長谷部恭男『憲法入門』（羽鳥書店，2010年）
長谷部恭男・石川健治・宍戸常寿編『憲法判例百選Ⅰ〔第６版〕（別冊ジュリスト）』（有斐閣，2013年）
長谷部恭男・石川健治・宍戸常寿編『憲法判例百選Ⅱ〔第６版〕（別冊ジュリスト）』（有斐閣，2013年）
樋口陽一『憲法〔第３版〕』（創文社，2007年）
樋口陽一『国法学〔補訂版〕』（有斐閣，2007年）
樋口陽一・大須賀明編『日本国憲法資料集〔第４版〕』（三省堂，2000年）
樋口陽一・佐藤幸治・中村睦男・浦部法穂『憲法Ⅰ』（青林書院，1994年）
樋口陽一・佐藤幸治・中村睦男・浦部法穂『憲法Ⅱ』（青林書院，1997年）
樋口陽一・佐藤幸治・中村睦男・浦部法穂『憲法Ⅲ』（青林書院，1998年）
樋口陽一・佐藤幸治・中村睦男・浦部法穂『憲法Ⅳ』（青林書院，2004年）
樋口陽一・野中俊彦編『憲法の基本判例〔第２版〕』（有斐閣，1996年）
松井茂記『日本国憲法〔第３版〕』（有斐閣，2007年）

判例索引

最高裁判所

高等裁判所

地方裁判所

事項索引

さ　行

た　行

な　行

は 行

ま 行

や 行

ら 行

わ 行

【資料】 日本国憲法

朕は，日本国民の総意に基いて，新日本建設の礎が，定まるに至つたことを，深くよろこび，枢密顧問の諮詢及び帝国憲法第73条による帝国議会の議決を経た帝国憲法の改正を裁可し，ここにこれを公布せしめる。

御　名　御　璽

昭和21年11月３日

内閣総理大臣兼外務大臣		吉田　茂
国務大臣	男爵	幣原喜重郎
司法大臣		木村篤太郎
内務大臣		大村　清一
文部大臣		田中耕太郎
農林大臣		和田　博雄
国務大臣		斎藤　隆夫
逓信大臣		一松　定吉
商工大臣		星島　二郎
厚生大臣		河合　良成
国務大臣		植原悦二郎
運輸大臣		平塚常次郎
大蔵大臣		石橋　湛山
国務大臣		金森徳次郎
国務大臣		膳　桂之助

日本国憲法

日本国民は，正当に選挙された国会における代表者を通じて行動し，われらとわれらの子孫のために，諸国民との協和による成果と，わが国全土にわたつて自由のもたらす恵沢を確保し，政府の行為によつて再び戦争の惨禍が起ることのないやうにすることを決意し，ここに主権が国民に存することを宣言し，この憲法を確定する。そもそも国政は，国民の厳粛な信託によるものであつて，その権威は国民に由来し，その権力は国民の代表者がこれを行使し，その福利は国民がこれを享受する。これは人類普遍の原理であり，この憲法は，かかる原理に基くものである。われらは，これに反する一切の憲法，法令及び詔勅を排除する。

日本国民は，恒久の平和を念願し，人間相互の関係を支配する崇高な理想を深く自覚するのであつて，平和を愛する諸国民の公正と信義に信頼して，われらの安全と生存を保持しようと決意した。われらは，平和を維持し，専制と隷従，圧迫と偏狭を地上から永遠に除去しようと努めてゐる国際社会において，名誉ある地位を占めたいと思ふ。われらは，全世界の国民が，ひとしく恐怖と欠乏から免かれ，平和のうちに生存する権利を有することを確認する。

われらは，いづれの国家も，自国のことのみに専念して他国を無視してはならないのであつて，政治道徳の法則は，普遍的なものであり，この法則に従ふことは，自国の主権を維持し，他国と対等関係に立たうとする各国の責務であると信ずる。

日本国民は，国家の名誉にかけ，全力をあげてこの崇高な理想と目的を達成することを誓ふ。

第１章　天　　皇

第１条〔天皇の地位，国民主権〕　天皇は，日本国の象徴であり日本国民統合の象徴であつて，この地位は，主権の存する日本国民の総意に基く。

第2条〔皇位の継承〕　皇位は，世襲のものであって，国会の議決した皇室典範の定めるところにより，これを継承する。

第3条〔天皇の国事行為に対する内閣の助言と承認〕　天皇の国事に関するすべての行為には，内閣の助言と承認を必要とし，内閣が，その責任を負ふ。

第4条〔天皇の権能の限界・天皇の国事行為の委任〕　①　天皇は，この憲法の定める国事に関する行為のみを行ひ，国政に関する権能を有しない。

②　天皇は，法律の定めるところにより，その国事に関する行為を委任することができる。

第5条〔摂政〕　皇室典範の定めるところにより摂政を置くときは，摂政は，天皇の名でその国事に関する行為を行ふ。この場合には，前条第1項の規定を準用する。

第6条〔天皇の任命権〕　①　天皇は，国会の指名に基いて，内閣総理大臣を任命する。

②　天皇は，内閣の指名に基いて，最高裁判所の長たる裁判官を任命する。

第7条〔天皇の国事行為〕　天皇は，内閣の助言と承認により，国民のために，左の国事に関する行為を行ふ。

1　憲法改正，法律，政令及び条約を公布すること。

2　国会を召集すること。

3　衆議院を解散すること。

4　国会議員の総選挙の施行を公示すること。

5　国務大臣及び法律の定めるその他の官吏の任免並びに全権委任状及び大使及び公使の信任状を認証すること。

6　大赦，特赦，減刑，刑の執行の免除及び復権を認証すること。

7　栄典を授与すること。

8　批准書及び法律の定めるその他の外交文書を認証すること。

9　外国の大使及び公使を接受すること。

10　儀式を行ふこと。

第8条〔皇室の財産授受〕　皇室に財産を譲り渡し，又は皇室が，財産を譲り受け，若しくは賜与することは，国会の議決に基かなければならない。

第2章　戦争の放棄

第9条〔戦争の放棄，軍備及び交戦権の否認〕

①　日本国民は，正義と秩序を基調とする国際平和を誠実に希求し，国権の発動たる戦争と，武力による威嚇又は武力の行使は，国際紛争を解決する手段としては，永久にこれを放棄する。

②　前項の目的を達するため，陸海空軍その他の戦力は，これを保持しない。国の交戦権は，これを認めない。

第3章　国民の権利及び義務

第10条〔国民の要件〕　日本国民たる要件は，法律でこれを定める。

第11条〔基本的人権の享有〕　国民は，すべての基本的人権の享有を妨げられない。この憲法が国民に保障する基本的人権は，侵すことのできない永久の権利として，現在及び将来の国民に与へられる。

第12条〔自由・権利の保持の責任とその濫用の禁止〕　この憲法が国民に保障する自由及び権利は，国民の不断の努力によつて，これを保持しなければならない。又，国民は，これを濫用してはならないのであつて，常に公共の福祉のためにこれを利用する責任を負ふ。

第13条〔個人の尊重，生命・自由・幸福追求の権利の尊重〕　すべて国民は，個人として尊重される。生命，自由及び幸福追求に対する国民の権利については，公共の福祉に反しない限り，立法その他の国政の上で，最大の尊重を必要とする。

第14条〔法の下の平等，貴族制度の否認，栄典〕　①　すべて国民は，法の下に平等であつて，人種，信条，性別，社会的身分又は門地により，政治的，経済的又は社会的関係において，差別されない。

②　華族その他の貴族の制度は，これを認めない。

③　栄誉，勲章その他の栄典の授与は，いかなる特権も伴はない。栄典の授与は，現にこれを有し，又は将来これを受ける者の一代に限り，その効力を有する。

第15条〔公務員の選定及び罷免権，公務員の本質，普通選挙・秘密投票の保障〕　①　公務員を選定し，及びこれを罷免することは，国民固有の権利である。

②　すべて公務員は，全体の奉仕者であつて，一部の奉仕者ではない。

③　公務員の選挙については，成年者による普通選挙を保障する。

④　すべての選挙における投票の秘密は，これを侵してはならない。選挙人は，その選択に関し公的にも私的にも責任を問はれない。

第16条〔請願権〕　何人も，損害の救済，公務員の罷免，法律，命令又は規則の制定，廃止又は改正その他の事項に関し，平穏に請願する権利を有し，何人も，かかる請願をしたためにいかなる差別待遇も受けない。

第17条〔国及び公共団体の賠償責任〕　何人も，公務員の不法行為により，損害を受けたときは，法律の定めるところにより，国又は公共団体に，その賠償を求めることができる。

第18条〔奴隷的拘束及び苦役からの自由〕　何人も，いかなる奴隷的拘束も受けない。又，犯罪に因る処罰の場合を除いては，その意に反する苦役に服させられない。

第19条〔思想及び良心の自由〕　思想及び良心の自由は，これを侵してはならない。

第20条〔信教の自由〕　①　信教の自由は，何人に対してもこれを保障する。いかなる宗教団体も，国から特権を受け，又は政治上の権力を行使してはならない。

②　何人も，宗教上の行為，祝典，儀式又は行事に参加することを強制されない。

③　国及びその機関は，宗教教育その他いかなる宗教的活動もしてはならない。

第21条〔集会・結社・表現の自由，検閲の禁止，通信の秘密〕　①　集会，結社及び言論，出版その他一切の表現の自由は，これを保障する。

②　検閲は，これをしてはならない。通信の秘密は，これを侵してはならない。

第22条〔居住・移転及び職業選択の自由，外国移住・国籍離脱の自由〕　①　何人も，公共の福祉に反しない限り，居住，移転及び職業選択の自由を有する。

②　何人も，外国に移住し，又は国籍を離脱する自由を侵されない。

第23条〔学問の自由〕　学問の自由は，これを保障する。

第24条〔家庭生活における個人の尊厳と両性の平等〕　①　婚姻は，両性の合意のみに基いて成立し，夫婦が同等の権利を有することを基本として，相互の協力により，維持されなければならない。

② 配偶者の選択，財産権，相続，住居の選定，離婚並びに婚姻及び家族に関するその他の事項に関しては，法律は，個人の尊厳と両性の本質的平等に立脚して，制定されなければならない。

第25条〔生存権，国の社会的使命〕 ① すべて国民は，健康で文化的な最低限度の生活を営む権利を有する。

② 国は，すべての生活部面について，社会福祉，社会保障及び公衆衛生の向上及び増進に努めなければならない。

第26条〔教育を受ける権利，教育を受けさせる義務，義務教育の無償〕 ① すべて国民は，法律の定めるところにより，その能力に応じて，ひとしく教育を受ける権利を有する。

② すべて国民は，法律の定めるところにより，その保護する子女に普通教育を受けさせる義務を負ふ。義務教育は，これを無償とする。

第27条〔勤労の権利及び義務，勤労条件の基準，児童酷使の禁止〕 ① すべて国民は，勤労の権利を有し，義務を負ふ。

② 賃金，就業時間，休息その他の勤労条件に関する基準は，法律でこれを定める。

③ 児童は，これを酷使してはならない。

第28条〔勤労者の団結権・団体交渉権その他の団体行動権〕 勤労者の団結する権利及び団体交渉その他の団体行動をする権利は，これを保障する。

第29条〔財産権〕 ① 財産権は，これを侵してはならない。

② 財産権の内容は，公共の福祉に適合するやうに，法律でこれを定める。

③ 私有財産は，正当な補償の下に，これを公共のために用ひることができる。

第30条〔納税の義務〕 国民は，法律の定めるところにより，納税の義務を負ふ。

第31条〔法定手続の保障〕 何人も，法律の定める手続によらなければ，その生命若しくは自由を奪はれ，又はその他の刑罰を科せられない。

第32条〔裁判を受ける権利〕 何人も，裁判所において裁判を受ける権利を奪はれない。

第33条〔逮捕の要件〕 何人も，現行犯として逮捕される場合を除いては，権限を有する司法官憲が発し，且つ理由となつてゐる犯罪を明示する令状によらなければ，逮捕されない。

第34条〔抑留，拘禁の要件，不法拘禁に対する保障〕 何人も，理由を直ちに告げられ，且つ，直ちに弁護人に依頼する権利を与へられなければ，抑留又は拘禁されない。又，何人も，正当な理由がなければ，拘禁されず，要求があれば，その理由は，直ちに本人及びその弁護人の出席する公開の法廷で示されなければならない。

第35条〔住居侵入・捜索・押収に対する保障〕 ① 何人も，その住居，書類及び所持品について，侵入，捜索及び押収を受けることのない権利は，第33条の場合を除いては，正当な理由に基いて発せられ，且つ捜索する場所及び押収する物を明示する令状がなければ，侵されない。

② 捜索又は押収は，権限を有する司法官憲が発する各別の令状により，これを行ふ。

第36条〔拷問及び残虐刑の禁止〕 公務員による拷問及び残虐な刑罰は，絶対にこれを禁ずる。

第37条〔刑事被告人の権利〕 ① すべて刑事事件においては，被告人は，公平な裁判所の迅速な公開裁判を受ける権利を有する。

② 刑事被告人は，すべての証人に対して審問する機会を充分に与へられ，又，公費で自己のために強制的手続により証人を求める権利を有する。

③ 刑事被告人は，いかなる場合にも，資格を有する弁護人を依頼することができる。被告人が自らこれを依頼することができないときは，国でこれを附する。

第38条〔自己に不利益な供述の強要禁止，自白の証拠能力〕 ① 何人も，自己に不利益な供述を強要されない。

② 強制，拷問若しくは脅迫による自白又は不当に長く抑留若しくは拘禁された後の自白は，これを証拠とすることができない。

③ 何人も，自己に不利益な唯一の証拠が本人の自白である場合には，有罪とされ，又は刑罰を科せられない。

第39条〔遡及処罰の禁止，一事不再理〕 何人も，実行の時に適法であつた行為又は既に無罪とされた行為については，刑事上の責任を問はれない。又，同一の犯罪について，重ねて刑事上の責任を問はれない。

第40条〔刑事補償〕 何人も，抑留又は拘禁された後，無罪の裁判を受けたときは，法律の定めるところにより，国にその補償を求めることができる。

第4章　国　　会

第41条〔国会の地位，立法権〕 国会は，国権の最高機関であつて，国の唯一の立法機関である。

第42条〔両院制〕 国会は，衆議院及び参議院の両議院でこれを構成する。

第43条〔両議院の組織〕 ① 両議院は，全国民を代表する選挙された議員でこれを組織する。

② 両議院の議員の定数は，法律でこれを定める。

第44条〔議員及び選挙人の資格〕 両議院の議員及びその選挙人の資格は，法律でこれを定める。但し，人種，信条，性別，社会的身分，門地，教育，財産又は収入によつて差別してはならない。

第45条〔衆議院議員の任期〕 衆議院議員の任期は，4年とする。但し，衆議院解散の場合には，その期間満了前に終了する。

第46条〔参議院議員の任期〕 参議院議員の任期は，6年とし，3年ごとに議員の半数を改選する。

第47条〔選挙に関する事項の法定〕 選挙区，投票の方法その他両議院の議員の選挙に関する事項は，法律でこれを定める。

第48条〔両院議員兼職の禁止〕 何人も，同時に両議院の議員たることはできない。

第49条〔議員の歳費〕 両議院の議員は，法律の定めるところにより，国庫から相当額の歳費を受ける。

第50条〔議員の不逮捕特権〕 両議院の議員は，法律の定める場合を除いては，国会の会期中逮捕されず，会期前に逮捕された議員は，その議院の要求があれば，会期中これを釈放しなければならない。

第51条〔議員の発言・表決の無責任〕 両議院の議員は，議院で行つた演説，討論又は表決について，院外で責任を問はれない。

第52条〔常会〕 国会の常会は，毎年1回これを召集する。

第53条〔臨時会〕 内閣は，国会の臨時会の召集を決定することができる。いづれかの議院の総議員の4分の1以上の要求があれば，内閣は，その召集を決定しなければならない。

第54条〔衆議院の解散，特別会，参議院の緊急集会〕　①　衆議院が解散されたときは，解散の日から40日以内に，衆議院議員の総選挙を行ひ，その選挙の日から30日以内に，国会を召集しなければならない。

②　衆議院が解散されたときは，参議院は，同時に閉会となる。但し，内閣は，国に緊急の必要があるときは，参議院の緊急集会を求めることができる。

③　前項但書の緊急集会において採られた措置は，臨時のものであつて，次の国会開会の後10日以内に，衆議院の同意がない場合には，その効力を失ふ。

第55条〔議員の資格争訟〕　両議院は，各〻その議員の資格に関する争訟を裁判する。但し，議員の議席を失はせるには，出席議員の３分の２以上の多数による議決を必要とする。

第56条〔議事議決の定足数・表決〕　①　両議院は，各〻その総議員の３分の１以上の出席がなければ，議事を開き議決することができない。

②　両議院の議事は，この憲法に特別の定のある場合を除いては，出席議員の過半数でこれを決し，可否同数のときは，議長の決するところによる。

第57条〔会議の公開・会議の記録・表決の会議録への記載〕　①　両議院の会議は，公開とする。但し，出席議員の３分の２以上の多数で議決したときは，秘密会を開くことができる。

②　両議院は，各〻その会議の記録を保存し，秘密会の記録の中で特に秘密を要すると認められるもの以外は，これを公表し，且つ一般に頒布しなければならない。

③　出席議員の５分の１以上の要求があれば，各議員の表決は，これを会議録に記載しなければならない。

第58条〔議長等の選任・議院の自律権〕　①　両議院は，各〻その議長その他の役員を選任する。

②　両議院は，各〻その会議その他の手続及び内部の規律に関する規則を定め，又，院内の秩序をみだした議員を懲罰することができる。但し，議員を除名するには，出席議員の３分の２以上の多数による議決を必要とする。

第59条〔法律案の議決・衆議院の優越〕　①　法律案は，この憲法に特別の定のある場合を除いては，両議院で可決したとき法律となる。

②　衆議院で可決し，参議院でこれと異なつた議決をした法律案は，衆議院で出席議員の３分の２以上の多数で再び可決したときは，法律となる。

③　前項の規定は，法律の定めるところにより，衆議院が，両議院の協議会を開くことを求めることを妨げない。

④　参議院が，衆議院の可決した法律案を受け取つた後，国会休会中の期間を除いて60日以内に，議決しないときは，衆議院は，参議院がその法律案を否決したものとみなすことができる。

第60条〔衆議院の予算先議・予算議決に関する衆議院の優越〕　①　予算は，さきに衆議院に提出しなければならない。

②　予算について，参議院で衆議院と異なつた議決をした場合に，法律の定めるところにより，両議院の協議会を開いても意見が一致しないとき，又は参議院が，衆議院の可決した予算を受け取つた後，国会休会中の期間を除いて30日以内に，議決しないときは，衆議院の議決を国会の議決とする。

第61条〔条約の国会承認・衆議院の優越〕 条約の締結に必要な国会の承認については，前条第２項の規定を準用する。

第62条〔議院の国政調査権〕 両議院は，各〻国政に関する調査を行ひ，これに関して，証人の出頭及び証言並びに記録の提出を要求することができる。

第63条〔国務大臣の議院出席の権利と義務〕 内閣総理大臣その他の国務大臣は，両議院の１に議席を有すると有しないとにかかはらず，何時でも議案について発言するため議院に出席することができる。又，答弁又は説明のため出席を求められたときは，出席しなければならない。

第64条〔弾劾裁判所〕 ① 国会は，罷免の訴追を受けた裁判官を裁判するため，両議院の議員で組織する弾劾裁判所を設ける。

② 弾劾に関する事項は，法律でこれを定める。

第５章　内　　閣

第65条〔行政権〕 行政権は，内閣に属する。

第66条〔内閣の組織・国会に対する連帯責任〕 ① 内閣は，法律の定めるところにより，その首長たる内閣総理大臣及びその他の国務大臣でこれを組織する。

② 内閣総理大臣その他の国務大臣は，文民でなければならない。

③ 内閣は，行政権の行使について，国会に対し連帯して責任を負ふ。

第67条〔内閣総理大臣の指名・衆議院の優越〕 ① 内閣総理大臣は，国会議員の中から国会の議決で，これを指名する。この指名は，他のすべての案件に先だつて，これを行ふ。

② 衆議院と参議院とが異なつた指名の議決をした場合に，法律の定めるところにより，両議院の協議会を開いても意見が一致しないとき，又は衆議院が指名の議決をした後，国会休会中の期間を除いて10日以内に，参議院が，指名の議決をしないときは，衆議院の議決を国会の議決とする。

第68条〔国務大臣の任命及び罷免〕 ① 内閣総理大臣は，国務大臣を任命する。但し，その過半数は，国会議員の中から選ばれなければならない。

② 内閣総理大臣は，任意に国務大臣を罷免することができる。

第69条〔衆議院の内閣不信任〕 内閣は，衆議院で不信任の決議案を可決し，又は信任の決議案を否決したときは，10日以内に衆議院が解散されない限り，総辞職をしなければならない。

第70条〔内閣総理大臣の欠缺・総選挙後の総辞職〕 内閣総理大臣が欠けたとき，又は衆議院議員総選挙の後に初めて国会の召集があつたときは，内閣は，総辞職をしなければならない。

第71条〔総辞職後の内閣の職務〕 前２条の場合には，内閣は，あらたに内閣総理大臣が任命されるまで引き続きその職務を行ふ。

第72条〔内閣総理大臣の職権〕 内閣総理大臣は，内閣を代表して議案を国会に提出し，一般国務及び外交関係について国会に報告し，並びに行政各部を指揮監督する。

第73条〔内閣の職権〕 内閣は，他の一般行政事務の外，左の事務を行ふ。

1 法律を誠実に執行し，国務を総理すること。
2 外交関係を処理すること。
3 条約を締結すること。但し，事前に，

時宜によつては事後に，国会の承認を経ることを必要とする。

4　法律の定める基準に従ひ，官吏に関する事務を掌理すること。

5　予算を作成して国会に提出すること。

6　この憲法及び法律の規定を実施するために，政令を制定すること。但し，政令には，特にその法律の委任がある場合を除いては，罰則を設けることができない。

7　大赦，特赦，減刑，刑の執行の免除及び復権を決定すること。

第74条〔法律・政令の署名〕　法律及び政令には，すべて主任の国務大臣が署名し，内閣総理大臣が連署することを必要とする。

第75条〔国務大臣の訴追〕　国務大臣は，その在任中，内閣総理大臣の同意がなければ，訴追されない。但し，これがため，訴追の権利は，害されない。

第6章　司　　法

第76条〔司法権，特別裁判所の禁止，裁判官の職務の独立〕　①　すべて司法権は，最高裁判所及び法律の定めるところにより設置する下級裁判所に属する。

②　特別裁判所は，これを設置することができない。行政機関は，終審として裁判を行ふことができない。

③　すべて裁判官は，その良心に従ひ独立してその職権を行ひ，この憲法及び法律にのみ拘束される。

第77条〔最高裁判所の規則制定権〕　①　最高裁判所は，訴訟に関する手続，弁護士，裁判所の内部規律及び司法事務処理に関する事項について，規則を定める権限を有する。

②　検察官は，最高裁判所の定める規則に従はなければならない。

③　最高裁判所は，下級裁判所に関する規則を定める権限を，下級裁判所に委任することができる。

第78条〔裁判官の身分の保障〕　裁判官は，裁判により，心身の故障のために職務を執ることができないと決定された場合を除いては，公の弾劾によらなければ罷免されない。裁判官の懲戒処分は，行政機関がこれを行ふことはできない。

第79条〔最高裁判所の裁判官・国民審査〕　①　最高裁判所は，その長たる裁判官及び法律の定める員数のその他の裁判官でこれを構成し，その長たる裁判官以外の裁判官は，内閣でこれを任命する。

②　最高裁判所の裁判官の任命は，その任命後初めて行はれる衆議院議員総選挙の際国民の審査に付し，その後10年を経過した後初めて行はれる衆議院議員総選挙の際更に審査に付し，その後も同様とする。

③　前項の場合において，投票者の多数が裁判官の罷免を可とするときは，その裁判官は，罷免される。

④　審査に関する事項は，法律でこれを定める。

⑤　最高裁判所の裁判官は，法律の定める年齢に達した時に退官する。

⑥　最高裁判所の裁判官は，すべて定期に相当額の報酬を受ける。この報酬は，在任中，これを減額することができない。

第80条〔下級裁判所の裁判官〕　①　下級裁判所の裁判官は，最高裁判所の指名した者の名簿によつて，内閣でこれを任命する。その裁判官は，任期を10年とし，再任されることができる。但し，法律の定める年齢に達した時には退官する。

② 下級裁判所の裁判官は，すべて定期に相当額の報酬を受ける。この報酬は，在任中，これを減額することができない。

第81条〔最高裁判所の法令等審査権〕 最高裁判所は，一切の法律，命令，規則又は処分が憲法に適合するかしないかを決定する権限を有する終審裁判所である。

第82条〔裁判の公開〕 ① 裁判の対審及び判決は，公開法廷でこれを行ふ。

② 裁判所が，裁判官の全員一致で，公の秩序又は善良の風俗を害する虞があると決した場合には，対審は，公開しないでこれを行ふことができる。但し，政治犯罪，出版に関する犯罪又はこの憲法第3章で保障する国民の権利が問題となつてゐる事件の対審は，常にこれを公開しなければならない。

第7章 財　　政

第83条〔財政処理の基本原則〕 国の財政を処理する権限は，国会の議決に基いて，これを行使しなければならない。

第84条〔課税の要件〕 あらたに租税を課し，又は現行の租税を変更するには，法律又は法律の定める条件によることを必要とする。

第85条〔国費の支出及び債務負担〕 国費を支出し，又は国が債務を負担するには，国会の議決に基くことを必要とする。

第86条〔予算〕 内閣は，毎会計年度の予算を作成し，国会に提出して，その審議を受け議決を経なければならない。

第87条〔予備費〕 ① 予見し難い予算の不足に充てるため，国会の議決に基いて予備費を設け，内閣の責任でこれを支出することができる。

② すべて予備費の支出については，内閣は，事後に国会の承諾を得なければならない。

第88条〔皇室財産，皇室の費用〕 すべて皇室財産は，国に属する。すべて皇室の費用は，予算に計上して国会の議決を経なければならない。

第89条〔公の財産の支出又は利用の制限〕 公金その他の公の財産は，宗教上の組織若しくは団体の使用，便益若しくは維持のため，又は公の支配に属しない慈善，教育若しくは博愛の事業に対し，これを支出し，又はその利用に供してはならない。

第90条〔決算審査・会計検査院〕 ① 国の収入支出の決算は，すべて毎年会計検査院がこれを検査し，内閣は，次の年度に，その検査報告とともに，これを国会に提出しなければならない。

② 会計検査院の組織及び権限は，法律でこれを定める。

第91条〔財政状況の報告〕 内閣は，国会及び国民に対し，定期に，少くとも毎年1回，国の財政状況について報告しなければならない。

第8章 地方自治

第92条〔地方自治の基本原則〕 地方公共団体の組織及び運営に関する事項は，地方自治の本旨に基いて，法律でこれを定める。

第93条〔地方公共団体の機関とその直接選挙〕 ①地方公共団体には，法律の定めるところにより，その議事機関として議会を設置する。

② 地方公共団体の長，その議会の議員及び法律の定めるその他の吏員は，その地方公共団体の住民が，直接これを選挙する。

第94条〔地方公共団体の権能〕　地方公共団体は，その財産を管理し，事務を処理し，及び行政を執行する権能を有し，法律の範囲内で条例を制定することができる。

第95条〔1の地方公共団体のみに適用される特別法〕　1の地方公共団体のみに適用される特別法は，法律の定めるところにより，その地方公共団体の住民の投票においてその過半数の同意を得なければ，国会は，これを制定することができない。

第9章　改　　正

第96条〔憲法改正の手続・憲法改正の公布〕

①　この憲法の改正は，各議院の総議員の3分の2以上の賛成で，国会が，これを発議し，国民に提案してその承認を経なければならない。この承認には，特別の国民投票又は国会の定める選挙の際行はれる投票において，その過半数の賛成を必要とする。

②　憲法改正について前項の承認を経たときは，天皇は，国民の名で，この憲法と一体を成すものとして，直ちにこれを公布する。

第10章　最高法規

第97条〔基本的人権の本質〕　この憲法が日本国民に保障する基本的人権は，人類の多年にわたる自由獲得の努力の成果であつて，これらの権利は，過去幾多の試錬に堪へ，現在及び将来の国民に対し，侵すことのできない永久の権利として信託されたものである。

第98条〔憲法の最高法規性，条約・国際法規の遵守〕　①　この憲法は，国の最高法規であつて，その条規に反する法律，命令，詔勅及び国務に関するその他の行為の全部又は一部は，その効力を有しない。

②　日本国が締結した条約及び確立された国際法規は，これを誠実に遵守することを必要とする。

第99条〔憲法尊重擁護の義務〕　天皇又は摂政及び国務大臣，国会議員，裁判官その他の公務員は，この憲法を尊重し擁護する義務を負ふ。

第11章　補　　則

第100条〔憲法の施行期日・準備手続〕　①　この憲法は，公布の日から起算して6箇月を経過した日から，これを施行する。

②　この憲法を施行するために必要な法律の制定，参議院議員の選挙及び国会召集の手続並びにこの憲法を施行するために必要な準備手続は，前項の期日よりも前に，これを行ふことができる。

第101条〔経過規定〕　この憲法施行の際，参議院がまだ成立してゐないときは，その成立するまでの間，衆議院は，国会としての権限を行ふ。

第102条〔同前〕　この憲法による第1期の参議院議員のうち，その半数の者の任期は，これを3年とする。その議員は，法律の定めるところにより，これを定める。

第103条〔同前〕　この憲法施行の際現に在職する国務大臣，衆議院議員及び裁判官並びにその他の公務員で，その地位に相応する地位がこの憲法で認められてゐる者は，法律で特別の定をした場合を除いては，この憲法施行のため，当然にはその地位を失ふことはない。但し，この憲法によつて，後任者が選挙又は任命されたときは，当然その地位を失ふ。

執筆者紹介

小泉　洋一（こいずみ　よういち）	元・甲南大学法学部教授	（第 4，7，8，14，18，19 章執筆）
倉持　孝司（くらもち　たかし）	南山大学法科大学院教授	（第 1，2，3，15，16，25 章執筆）
尾形　　健（おがた　たけし）	同志社大学法学部教授	（第 9，11，12，13，21，22，23 章執筆）
福岡久美子（ふくおか　くみこ）	同志社女子大学現代社会学部准教授	（第 5，6，10，17，20，24 章執筆）
櫻井　智章（さくらい　ともあき）	甲南大学法学部教授	（第 4，7，8，14，18，19 章補訂）

憲法の基本〔第3版〕

2008年6月10日　初　版第1刷発行
2011年4月10日　第2版第1刷発行
2016年4月25日　第3版第1刷発行

著　者　小泉洋一・倉持孝司
　　　　尾形　健・福岡久美子
　　　　櫻井智章

発行者　田靡純子

発行所　株式会社 法律文化社

〒603-8053
京都市北区上賀茂岩ヶ垣内町71
電話 075(791)7131　FAX 075(721)8400
http://www.hou-bun.com/

＊乱丁など不良本がありましたら，ご連絡ください。
お取り替えいたします。

印刷：共同印刷工業㈱／製本：新生製本㈱
装幀：前田俊平

ISBN978-4-589-03711-4